Die volkswirtschaftlichen Kosten von Umweltpolitik

Michael Schröder

Die volkswirtschaftlichen Kosten von Umweltpolitik

Kosten-Wirksamkeitsanalysen mit einem Angewandten Gleichgewichtsmodell

Mit 36 Abbildungen

Physica-Verlag Heidelberg

Reihenherausgeber
Werner A. Müller
Peter Schuster

Autor
Dr. Michael Schröder
Schillerstraße 34
D-6831 Plankstadt

ISBN-13: 978-3-7908-0535-2

CIP-Titelaufnahme der Deutschen Bibliothek

Schröder, Michael:
Die volkswirtschaftlichen Kosten von Umweltpolitik: Kosten-Wirksamkeitsanalysen mit einem angewandten Gleichgewichtsmodell / Michael Schröder. - Heidelberg: Physica-Verl., 1991
(Umwelt und Ökonomie; 1)
Zugl.: Mannheim, Univ., Diss., 1990
ISBN-13: 978-3-7908-0535-2 e-ISBN-13: 978-3-642-99761-7
DOI: 10.1007/978-3-642-99761-7
NE: GT

7120/7130-543210

Meinen Eltern

Vorwort

Die vorliegende Arbeit entstand während meiner Tätigkeit als wissenschaftlicher Assistent am Lehrstuhl für Volkswirtschaftslehre, insb. Mikroökonomie, bei Prof. Dr. Klaus Conrad. Die Arbeit wurde im November 1990 von der Fakultät für Volkswirtschaftslehre und Statistik der Universität Mannheim als Dissertation angenommen. Dissertationsgutachter waren Prof. Dr. Klaus Conrad und Prof. Dr. Heinz König.

Mein besonderer Dank gilt Prof. Dr. Klaus Conrad, der mit konstruktiver Kritik und wertvollen Anregungen zum Zustandekommen der Dissertation beitrug. Ebenso möchte ich Prof. Dr. Heinz König für die Übernahme des Zweitgutachtens danken.

Mannheim, November 1990 Michael Schröder

INHALTSVERZEICHNIS

Verzeichnis der Tabellen

Verzeichnis der Abbildungen

Einleitung

Seit Anfang der siebziger Jahre wurden in der Bundesrepublik zahlreiche Gesetze erlassen, die dazu dienen, die Emissionen von Luftschadstoffen zu regulieren.[1] Ziel der Gesetzgebung auf diesem Gebiet ist es, schädigende Einflüße von Luftschadstoffen auf den Menschen und die Umwelt zu verhindern.

Für eine rationale wirtschaftspolitische Entscheidung ist es notwendig, sowohl die Kosten von Umweltverschmutzung zu kennen, als auch diejenigen Kosten, die durch Umweltpolitik verursacht werden.
Es gibt nun zahlreiche Studien, die versuchen, die volkswirtschaftlichen Kosten umweltpolitischer Maßnahmen quantitativ zu erfassen. Wie die Analyse dieser empirischen Studien in Kapitel (1) allerdings zeigt, weisen die bisher durchgeführten Studien jedoch größere methodische Mängel auf, die ihre Aussagekraft wesentlich einschränken. In dieser Arbeit wird zunächst aufgezeigt, welche Eigenschaften ökonomische Modelle aufweisen sollten, damit sie geeignet sind, die gesamtwirtschaftlichen und sektoralen Kosten von Umweltpolitik zu erfassen.
Der am häufigsten eingesetzte empirische Modellansatz zur Analyse der gesamtwirtschaftlichen und der sektoralen Kosten von Umweltpolitik ist die Input-Output-Analyse. I/O-Modell sind allerdings wegen ihrer fest vorgegebenen Produktions- und Endnachfragestrukturen prinzipiell ungeeignet, die ökonomischen Auswirkungen von Umweltpolitik zu erfassen: die wesentlichen Wirkungen von Umweltpolitik liegen gerade darin, die Produktions- und Endnachfragestrukturen zu so beeinflussen, daß die Emissionsintensität der Volkswirtschaft abnimmt.

Weiterentwicklungen der I/O-Analyse führen zu einem neuen Modellansatz, der Angewandten Gleichgewichtsanalyse, der die ge-

---

[1] Vgl. das Bundesimmissionsschutz-Gesetz mit mehreren Verordnungen, insbesondere der Großfeuerungsanlagen-Verordnung und der TA-Luft'86; abgedruckt in Feldhaus/Hansel (1986).

eignete Flexibilität besitzt, um die wichtigsten Rückwirkungen von Umweltpolitik über Preisänderungen und Mengenanpassungen zu erfassen. Gleichzeitig ist dieser Modellansatz theoretisch fundiert, da er auf der Allgemeinen Gleichgewichtstheorie aufbaut. Er erlaubt sowohl quantitative Analysen wirtschaftspolitischer Maßnahmen, als auch eine fundierte ökonomische Interpretation der Resultate.

Nach einer ausführlichen Diskussion der wichtigsten bisher vorhandenen Modelle zur Quantifizierung der ökonomischen Wirkungen von Umweltpolitik in Kapitel (1) wird in Kapitel (2) das vom Autor entwickelte ENEAS-Modell dargestellt.[2] Das ENEAS-Modell ist ein angewandtes Gleichgewichtsmodell, das zur Bewertung der gesamtwirtschaftlichen und sektoralen Kosten von Umweltpolitik verwendet wird.

Eine methodische Besonderheit des Modells ist die Modellierung der Investitionsnachfrage der Produzenten, die unter Verwendung eines flexiblen Akzeleratoransatzes bei Vorliegen von internen Anpassungskosten erfolgt. Beim Konsumentenverhalten ist besonders erwähnenswert, daß die Nachfrage nach dauerhaften Konsumgütern berücksichtigt wird. Dadurch ist es möglich, eine komplementäre Beziehung zwischen der Nachfrage nach fossilen Brennstoffen und den Beständen an dauerhaften Konsumgütern herzustellen.

Die Anwendungen des ENEAS-Modells werden in Kapitel (3) beschrieben und interpretiert. Es handelt sich bei (fast) allen Anwendungen um Kosten-Wirksamkeits-Analysen, d.h., bei den Simulationen wird jeweils die gleiche Reduktion der in die Analyse einbezogenen Schadstoffe Staub, Schwefeldioxid, Stickoxide und Kohlendioxid als zu erreichendes Ziel vorgegeben. Es ist dadurch möglich, auf die Berücksichtigung der Schäden, die durch die Schadstoffemissionen ausgelöst werden zu verzichten: bei allen Simulationen sind die Schäden jeweils gleich und spielen daher keine Rolle bei der Beurteilung der Kosten der

---

2 ENEAS ist die Abkürzung für **En**vironmental-**E**conomic **A**nalysi**s**.

verschiedenen umweltpolitischen Instrumente.
Die hauptsächliche Emissionsquelle der vier genannten Schadstoffe besteht in der Verbrennung fossiler Brennstoffe. Zur Abbildung der Emissionen werden daher vor allem inputabhängige Emissionsfaktoren verwendet.
Die Produzenten können auf umweltpolitische Maßnahmen durch den Aufbau von end-of-pipe Entsorgungsanlagen und die Substitution von Inputfaktoren reagieren. Die Konsumenten können die Struktur und die Höhe ihrer Güternachfrage verändern, um auf umweltpolitische Regulierungsmaßnahmen zu reagieren.

Der Schwerpunkt der Anwendungen von Kapitel (3) besteht im Vergleich der ökonomischen Wirkungen unterschiedlicher umweltpolitischer Instrumente.
Als Vergleichspunkt für die verschiedenen Simulationen dient ein Basislauf, der die Wirkungen der gegenwärtig geltenden Luftreinhaltevorschriften abbildet. Dabei werden die Berechnungen speziell für die Volkswirtschaft Baden-Württembergs durchgeführt.
Die Wirkungen der im Basislauf abgebildeten Umweltpolitik werden verglichen mit den Wirkungen, die durch effiziente Emissionssteuern und Subventionen auf beseitigte Schadstoffe ausgelöst werden.
Es schließt sich an die Berechnung der volkswirtschaftlichen Kostenminderungen, die durch die Einführung von 3-Wege-Katalysatoren bei PKW und von Wirbelschichtfeuerungen bei Kohlekraftwerken bewirkt werden sowie eine Bewertung der inländischen Kostensenkungsmöglichkeiten, wenn im europäischen Ausland Schadstoffentsorgung betrieben wird.
Eine weitere Simulationsreihe behandelt die Frage, inwieweit sich die ökonomischen Kosten einer eigentlich effizienten einheitlichen Emissionssteuer je Schadstoff erhöhen, wenn das Aufkommen an Emissionssteuern nicht mehr allokationsneutral zurückverteilt wird.
Die abschließende Simulationsreihe des Kapitels (3) quantifiziert die ökonomischen Kosten, die durch eine Reduktion von

Kohlendioxid-Emissionen entstehen.

Der erste Schwerpunkt dieser Arbeit befasst sich mit einer methodischen Fragestellung: die Eigenschaften und Anwendungsmöglichkeiten von angewandten Gleichgewichtsmodellen und insbesondere des ENEAS-Modells werden im Hinblick auf die Bewertung ökonomischer Effekte von Umweltpolitik diskutiert. Dabei wird auch ein ausführlicher Vergleich mit konkurrierenden Modellansätzen durchgeführt.

Der zweite Schwerpunkt besteht in der Anwendung des ENEAS-Modells auf konkrete umweltpolitische Fragestellungen und die Interpretation der Resultate der Simulationen.
Es ist durch die dabei erzielten Ergebnisse möglich, die gesamtwirtschaftlichen und sektoralen Wirkungen verschiedener umweltpolitischer Instrumente miteinander zu vergleichen. Dabei besteht das ausdrückliche Ziel, mit den Anwendungen des ENEAS-Modells wichtige, praktisch relevante Fragen der ökonomischen Umweltpolitik zu beantworten.

1. Modelle zur Bewertung der volkswirtschaftlichen Kosten des Umweltschutzes

Es ist der Zweck dieses Kapitels, einen Überblick über gesamtwirtschaftliche, disaggregierte Modelle zu vermitteln, die zur Ermittlung volkswirtschaftlicher Kosten des Umweltschutzes entwickelt wurden. Der Schwerpunkt liegt auf der Darstellung und Analyse der beiden wichtigsten Modellgruppen: Input-Output-Modelle und allgemeine Gleichgewichtsmodelle. Es wird allerdings keine vollständige Erfassung aller vorhandenen Modelle angestrebt. Vielmehr werden die zwei oben genannten Modellgruppen anhand typischer Beispiele erläutert und aufgrund ihrer Verwendbarkeit für die theoretische und empirische Analyse bewertet.
Input-Output-Modelle, als mehr pragmatisch orientierte Modellgruppe, werden häufig für die Lösung praktisch relevanter ökonomischer Probleme des Umweltschutzes verwandt. Durch ihre restriktiven Modellannahmen sind sie allerdings nur für relativ wenige empirische Fragestellungen tatsächlich einsetzbar.
Allgemeine Gleichgewichtsmodelle sind dagegen im Hinblick auf Produktions- und Konsumfunktionen und die Verbindung der ökonomischen Akteure sehr flexibel gestaltet. Die Verwendbarkeit für praktische Fragen des Umweltschutzes wird jedoch durch fehlende Operationalität und die nur qualitative Interpretierbarkeit ihrer Resultate eingeschränkt.
Im Anschluß an die Analyse dieser Modelle wird gezeigt, daß eine Kombination beider Modellgruppen zu einer sowohl für praktisch relevante Probleme des Umweltschutzes sehr leistungsfähigen, als auch theoretisch gut fundierten neuen Klasse von Modellen führt, den empirischen Gleichgewichtsmodellen.

Bevor die gesamtwirtschaftlichen umweltökonomischen Modelle dargestellt werden, ist es allerdings sinnvoll, kurz die wichtigsten, empirisch eingesetzten umweltökonomischen Partialmodelle zu analysieren.

1.1 Umweltökonomische Partialmodelle

Empirische Partialmodelle wurden und werden im Bereich der Umweltökonomie hauptsächlich dazu verwendet, (a) industriespezifische Auswirkungen verschiedener umweltpolitischer Maßnahmen zu berechnen und (b) die Entsorgungskosten zu vergleichen, die durch die Verwendung unterschiedlicher umweltpolitischer Instrumente verursacht werden.
Für jeden dieser beiden Bereiche werden im folgenden einige typische Beispiele beschrieben.

1.1.1 Industriespezifische Modelle

Im Auftrag des Staatsministeriums Baden-Württemberg wurden Mitte der achtziger Jahre drei Studien erstellt, die die Entsorgungstechniken und -kosten für Kraftwerke in Baden-Württemberg untersuchten.[3] Die Studien erfassen sämtliche öffentlichen und industriellen Kraftwerke und beziehen sich auf die Entsorgung und Vermeidung der Schadstoffe Schwefeldioxid und Stickoxide. Neben der detailierten Erfassung von Entsorgungsmaßnahmen und deren einzelwirtschaftlichen Kosten werden Szenarien über die Entwicklung von Emissionen unter verschiedenen umweltpolitischen Maßnahmen erstellt.[4] Aus den Ergebnissen über die einzelwirtschaftlichen Entsorgungskosten werden gesamtwirtschaftliche Grenzkostenkurven hergeleitet.

---

3 Staatsministerium (1983), (1984) und (1986). Weiterentwicklungen dieser Studien sind Voß/Reuter (1988) und Lingg (1989).

4 Es handelt sich um Simulationsmodelle. Im Modell wird keine Minimierung der Produktions- und Entsorgungskosten durchgeführt. Es wird vielmehr eine Reihung von Entsorgungsmaßnahmen nach steigenden durchschnittlichen Kosten aufgestellt, so daß eine direkte Zuordnung von durchschnittlichen Entsorgungskosten und beseitigten Schadstoffe möglich ist. Die kostenminimale Auswahl geeigneter Entsorgungsmaßnahmen wird somit außerhalb des eigentlichen Simulationsmodells durchgeführt. Vgl. z. B. Staatsministerium (1986,112-147) und Voß/Reuter (1988,74).

Vergleichbare Studien sind auch für andere Staaten, z. B. für Großbritannien, entwickelt worden.[5]

Ein ähnlicher Ansatz besteht darin, die Produktions- und Entsorgungsmöglichkeiten der öffentlichen Kraftwerke durch ein LP-Programm abzubilden.[6] Dieser Weg wird z. B. mit dem MESSAGE-Modell beschritten, das ebenfalls zahlreiche energie- und umweltpolitische Anwendungen für Baden-Württemberg gefunden hat.[7] Es ist in diesem Modell möglich, außer dem Ziel der Kostenminimierung des Energieumwandlungssektors auch noch andere energie- und umweltpolitische Ziele in die Zielfunktion des LP-Programms zu integrieren.[8]
Das MESSAGE-Modell wurde dazu verwendet, Projektionen für Emissionen unter unterschiedlichen umweltpolitischen Restriktionen zu erstellen. Dabei ist es auch möglich, die durch Umweltpolitik bedingten Veränderungen der Energieversorgungsstruktur und der Struktur der wichtigsten Industriezweige Baden-Württembergs zu bestimmen. Der gewählte LP-Ansatz mit den unterschiedlichen Zielkriterien in der Zielfunktion läßt es zu, trade-off Beziehungen zwischen den einzelnen Zielkriterien zu ermitteln, z.B. zwischen Wirtschaftlichkeit und Umweltverbesserung.
LP-Modelle mit vergleichbarer Struktur und ähnlichen Anwendungen wurden in den siebziger Jahren auch für ausgewählte Industriezweige in den USA entwickelt.[9]

---

5 Highton/Webb (1981) und (1984).

6 Die Ähnlichkeit bezieht sich nicht auf das konkrete Lösungsverfahren des Modells, sondern auf die Art der Fragestellung, die Modellanwendungen und die detailierte Abbildung konkreter industriespezifischer Entsorgungsmaßnahmen.

7 Rentz/Hanicke/Hempelmann (1981), Haasis (1987) und Haasis/Rentz (1988).

8 In Haasis (1987,165) werden als Ziele Wirtschaftlichkeit, Umweltfreundlichkeit, Versorgungssicherheit und technische Effizienz genannt.

9 Vgl. Bower (1975) und Russell/Vaughan (1974).

Kritik der Modelle. Ein Partialmodell unterscheidet sich von einem allgemeinen Gleichgewichtsmodell dadurch, daß wichtige ökonomische Variable wie beispielsweise das Faktoreinkommen und die inländischen Preise für Güter und Vorleistungen exogen sind. In einem Partialmodell wird z. B. untersucht, wie sich Umweltpolitik auf die Produktionsstrukturen des Energieversorgungsbereichs einer Volkswirtschaft auswirkt. Unberücksichtigt bleiben dabei die Effekte, die von dem Energieversorgungsbereich auf alle anderen Bereiche der Volkswirtschaft ausgehen wie z. B. die Wirkungen veränderter Elektrizitätspreise und Faktoreinkommen. Diese Charakterisierung trifft auf alle oben beschriebenen Modelle zu.
Insbesondere werden die Wirkungen der durch die Umweltpolitik erhöhten Produktionskosten auf die Preise der Endprodukte vernachlässigt. Es wird also auch nicht berücksichtigt, daß gestiegene Endproduktpreise die Nachfrage nach diesen Produkten sowohl von Seiten der Konsumenten, als auch der Produzenten vermindert. Eine wesentliche erwünschte Wirkung von Umweltpolitik wird somit durch die Modelle nicht abgebildet.
Die beschriebenen Modelle konzentrieren sich auf die Abbildung der technologischen Auswirkungen im Primärenergiebereich und die daran gekoppelten Emissionsänderungen.[10] Sie berücksichtigen die Technologie- und Brennstoffsubstitution, die sich aus einer optimalen Anpassung an geänderte Umweltvorschriften ergeben. Dabei werden auch Grenzkostenfunktionen für Entsorgungsmaßnahmen in einzelnen Sektoren berechnet.
Die Anwendungsmöglichkeiten der Modelle beschränkt sich wegen der fehlenden gesamtwirtschaftlichen Rückkoppelungen auf die direkten Produktions- und Kostenveränderungen in den Sektoren, die in den Modellen jeweils berücksichtigt werden.
In diesem Zusammenhang ist es nicht korrekt, die Modellanwendungen als Kosten-Effektivitäts- oder Kosten-Wirksamkeits-Ana-

---

10 "Demzufolge sind Emissionsminderungsstrategien nur hinsichtlich ihrer technologischen, primärenergieseitigen und emissionsrelevanten Auswirkungen analysierbar." Haasis (1987,183).

lysen zu bezeichnen, wie es von einigen Autoren getan wird.[11] Die Bezeichnung "Kosten-Wirksamkeits-Analyse" wird normalerweise für gesamtwirtschaftliche Analysen verwendet und nicht für sektorspezifische.
Auch der Versuch, Auswirkungen auf die Wettbewerbsfähigkeit der baden-württembergischen Industrie zu ermitteln, liegt außerhalb der Anwendungsmöglichkeiten der Modelle.[12] Die berechneten direkten Kostensteigerungen aus Umweltschutzmaßnahmen können von den gesamten Kosteneffekten (direkte plus indirekte Effekte) völlig verschieden sein. Ähnlich sind auch die mit den LP-Modellen berechneten trade-off Beziehungen zwischen gesamtwirtschaftlichen Zielen zu kritisieren: die berechneten trade-off Beziehungen sind ausschließlich für den Energieumwandlungsbereich aussagekräftig.
Es wäre allerdings als zusätzliches Anwendungsgebiet prinzipiell sinnvoll, diese Modelle in ein gesamtwirtschaftliches Umweltmodell zu integrieren, das damit eine realitätsnahe Abbildung der technologischen Möglichkeiten zur Schadstoffvermeidung aufweisen würde.

1.1.2 Vergleichende Analyse umweltpolitischer Instrumente mit Partialmodellen

Es gibt zahlreiche umweltökonomische Partialmodelle, die dazu verwendet wurden, die Kostenminderungen zu berechnen, die durch den Einsatz von effizienten umweltpolitischen Instrumenten anstelle von ineffizienten erreichbar sind.
Ausgangspunkt ist jeweils eine durch Umweltgesetze vorgegebene ineffiziente Regulierung von Emissionen durch Emissionsstandards. Die Ineffizienz besteht darin, daß die Grenzkosten der Entsorgung für die verschiedenen Verursacher unterschiedlich hoch sind.[13] Ein Ausgleich der Grenzkosten wird durch eine ein-

---

[11] Vgl. Voß/Reuter (1988) und Lingg (1989).

[12] Vgl. die Anwendungen in Staatsministerium (1986,164-9).

[13] Vgl. Siebert (1987,44-54).

heitliche Emissionssteuer oder die Einführung von handelbaren Emissionslizenzen erreicht. Wenn die Grenzkosten der Entsorgung für alle Emittenten gleich sind, dann wird die Schadstoffentsorgung mit minimalen Kosten durchgeführt. Die Höhe der Restemissionen ist dabei in den ineffizienten Fällen und dem effizienten Fall jeweils identisch.
Diese Studien sind deshalb hier von besonderem Interesse, weil den meisten der in Kapitel (3) beschriebenen, mit dem ENEAS-Modell durchgeführten Simulationsrechnungen, ähnliche Fragestellungen und prinzipielle Vorgehensweisen zugrunde liegen.

Im einzelnen sind folgende Studien besonders erwähnenswert:

(1) Welsch (1989) geht von einem ähnlichen technologisch orientierten Simulationsmodell aus, wie es in Kapitel (1.1.1) beschrieben wurde. Er berechnet die Kostenminderungseffekte, die entstehen, wenn in den Staaten Westeuropas eine einheitliche Emissionshöchstmenge für SO_2 für alle Staaten zusammen eingeführt wird, anstelle nur national gültiger Emissionsstandards. Das gemeinsame Emissionsziel wird durch handelbare Emissionslizenzen erreicht. Ausgangspunkt der Studie ist die Ermittlung der Entsorgungskosten in Abhängigkeit der entsorgten Schadstoffmengen für die Kraftwerkssektoren der einzelnen westeuropäischen Staaten.
Als Ergebnis des Kostenvergleichs ergibt sich, daß in jedem westeuropäischen Staat der Kraftwerkssektor von einer effizienten Umweltpolitik bei der SO_2-Regulierung profitieren kann. Die Kostensenkungen liegen zwischen 3,5% für Irland und 21% für Schweden.[14] Ein weiteres Ergebnis ist, daß die Möglichkeiten zur Kostensenkung mit der Zunahme des notwendigen Entsorgungsgrades abnehmen. Wenn der notwendige Entsorgungsgrad so groß ist wie das technisch mögliche Maximum, dann können durch den Einsatz flexibler Regulierungsinstrumente auch keine Kostensen-

[14] Vgl. Welsch (1989,56).

kungen mehr erreicht werden.[15]

Zu sehr ähnlichen Resultaten bezüglich der Kosteneinsparungen durch die Einführung handelbarer Emissionslizenzen kommt auch die Simulationsstudie von Maloney/Yandle (1984). Diese Studie befaßt sich mit der Regulierung von Kohlenwasserstoff-Emissionen in einer hypothetischen Region in den USA.[16]

Die **Kritik** an diesen Modellansätzen ist im wesentlichen identisch mit der Kritik zu den Modellen in Kapitel (1.1.1). Diese Modellansätze sind eigentlich nur als Teile eines gesamtwirtschaftlichen Umweltmodells sinnvoll, da sonst nur die direkten Veränderungen in den Entsorgungskosten der jeweils betrachteten Sektoren berücksichtigt werden.
Interessant an beiden Modellen ist allerdings, im Vergleich zu den Modellen aus Kapitel (1.1.1), daß hier der Kostenvergleich zwischen einer ineffizienten und einer effizienten Umweltpolitik im Mittelpunkt steht.

(2) Eine Reihe von umweltökonomischen LP-Modellen untersuchen die Höhe der Entsorgungskosten, die durch verschiedene umweltpolitische Maßnahmen zur Einhaltung einer vorgegebenen Luftqualität entstehen.[17] Gesetzlich vorgeschriebene Emissionsstandards werden mit effizienten Maßnahmen zur Emissionsregulierung verglichen. Die letzteren nehmen direkt Bezug auf die Einhaltung der Luftqualität, indem die Schadstoffausbreitung vom Emittenten bis zu bestimmten Kontrollpunkten mit berücksichtigt

---

15 Vgl. Welsch (1989,56).

16 Untersucht werden die Unterschiede in den Entsorgungskosten zwischen 1. anlagebezogenen Emissionsstandards, 2. auf mehrere Anlagen bezogene Emissionsglocken und 3. in der gesamten Region handelbaren Emissionslizenzen. Vgl. Maloney/Yandle (1984,255-7).

17 Atkinson/Lewis (1974) und (1976) befassen sich mit der Regulierung von staubförmigen Emissionen in der St. Louis Region in den USA. Seskin/Anderson/Reid (1983) untersuchen die Regulierung von Stickstoffdioxid-Emissionen in der Umgebung von Chicago. Allen drei Studien liegt im wesentlichen der gleiche Modellansatz und die gleiche Fragestellung zugrunde.

wird. Die erlaubten Emissionen eines Emittenten richten sich dabei auch nach den meteorologischen Charakteristika seines Standortes, die wesentlich die Ausbreitung der Schadstoffe beeinflussen. Die Einhaltung der vorgebenen Luftqualität wird durch Emissionssteuern erreicht, die für jeden Emittenten eine spezifische Höhe haben.[18]
Eine andere Regulierungsmethode befaßt sich nur mit der effizienten Verminderung von Emissionen, ohne die Schadstoffausbreitung mit einzubeziehen. In diesem Falle genügt für die Implementierung eine einheitliche Emissionssteuer.[19]
Die LP-Studien beziehen jeweils alle relevanten Emittenten (Kraftwerke, Industrie) und deren unterschiedliche Entsorgungskosten in der untersuchten Region mit ein.
Für das Ziel der Aufrechterhaltung einer vorgegebenen Luftqualität ist diejenige Maßnahme am kostengünstigsten, die die Schadstoffausbreitung explizit berücksichtigt. Den zweiten Platz nimmt die Methode ohne Berücksichtigung der Schadstoffausbreitung ein, während die Anwendung der gesetzlich vorgeschriebenen Emissionstandards die höchsten Entsorgungskosten verursacht.[20]

Die **Kritik** an den Modellen kann wieder an dem Partialansatz der vorgestellten Modelle ansetzen. Gesamtwirtschaftliche Rückwirkungen von Umweltpolitik und selbst die Berücksichtigung der

---

[18] Die Emissionssteuern müssen für jeden Emittenten spezifisch sein, da die meteorologischen Eigenschaften der jeweiligen Produktionsstandorte verschieden sind. Die meteorologischen Gegebenheiten sind wesentlich verantwortlich für die Veränderung der Luftqualität durch die Emissionen und bewirken, daß bei gleicher Emissionsmenge die Auswirkungen auf die Luftqualität unterschiedlich sein können.

[19] Die beiden umweltpolitischen Strategien werden bezeichnet als: "ambient least cost (ALC)-" und "emission least cost (ELC)-strategy".
Vgl. Atkinson/Lewis (1974,237-8).

[20] Vgl. Atkinson/Lewis (1974,245 und 247-9). Die Autoren quantifizieren in ihrer Studie die Unterschiede in den Entsorgungskosten zwischen den drei untersuchten umweltpolitischen Maßnahmen.

Wirkungen auf die Nachfrage der Endprodukte fehlen. Dieser Mangel kontrastiert besonders stark mit dem sonst sehr detaillierten Aufbau der Modelle und der Datenbasen. Den in den siebziger Jahren entwickelten Modellen muß man allerdings zugute halten, daß für die untersuchten Fragestellungen wohl kein adäquates, empirisch anwendbares gesamtwirtschaftliches Modell zur Verfügung stand.

(3) Thomas (1980) untersucht in seiner Studie die Wohlfahrtsverluste, die durch die Anwendung verschiedener ineffizienter Emissionsstandards bei der Regulierung von staubförmigen Emissionen bei der Stahlherstellung entstehen. Thomas bezieht in seine Modellrechnungen nicht nur die Entsorgungskosten, sondern auch die Nachfragefunktion nach dem Endprodukt Stahl mit ein. Die Produktionsfunktion, die Entsorgungskostenfunktion und die Nachfragefunktion werden ökonometrisch geschätzt. Als Wohlfahrtsmaß dient ihm die Summe aus Produzenten- und Konsumentenrente.

Kritik des Modells. Das von Thomas entwickelte Modell enthält alle wesentlichen Elemente, die ein Partialmodell, das der Bewertung von Umweltpolitik dient, enthalten sollte. Es ist mit diesem Modell möglich, die durch ineffiziente Umweltregulierung auf dem Markt für Stahl entstehenden Wohlfahrtsverluste zu berechnen.[21] Damit die Ergebnisse nicht nur ceteris paribus für diesen Markt Gültigkeit haben, müßte allerdings nachgewiesen werden, daß die Verflechtung der Stahlbranche mit der übrigen Volkswirtschaft hier vernachlässigbar ist.

---

21 Die Wohlfahrtsverluste umfassen hier nicht nur die höheren Entsorgungskosten der Produzenten, sondern die gesamte Verminderung ihres Gewinnes sowie den Rückgang der Konsumentenrente. Vgl. Thomas (1980,91-2).

1.2 Input-Output-Modelle und Umwelt

Anfang der siebziger Jahre wurden Input-Output-Modelle entwikkelt, die bei der Güterproduktion entstehende Schadstoffe sowie Entsorgungsaktivitäten in den Rahmen der bestehenden Input-Output-Analyse integrierten.[22] Es war das Ziel dieser Modellentwicklungen, die mit der I/O-Analyse gegebene disaggregierte Abbildung von Produktion und Güternachfrage einer realen Volkswirtschaft zur Quantifizierung der Wirkungen von Umweltverschmutzung und Umweltpolitik zu benutzen.
In diesem Kapitel wird zunächst das sogenannte erweiterte Leontief-Modell dargestellt und analysiert. Dieses von Leontief (1970) entwickelte I/O-Modell stellt den Anfang einer langen Reihe von theoretischen und empirischen Arbeiten dar, die auf dieses Modell Bezug nehmen. Obwohl das erweiterte Leontief-Modell in seiner ursprünglichen Form nie für empirische Analysen eingesetzt werden konnte,[23] haben sich die dem Modell zugrunde liegenden Ideen als sehr fruchtbar für weitergehende Forschungen erwiesen. Dies ist auch der Grund dafür, dieses I/O-Modell als Bezugspunkt des vorliegenden Kapitels zu wählen.

1.2.1 Das erweiterte Leontief-Modell

Ausgangspunkt des erweiterten Leontief-Modells ist das Standard-Modell der I/O-Analyse, das statische offene I/O-Modell. Dieses Standard-Modell wird um Spalten und Zeilen erweitert, die der Abbildung von Entsorgungsaktivitäten, Emissionsstan-

---

[22] Für einen Überblick über wichtige Veröffentlichungen auf diesem Gebiet siehe Börlin (1974), James/Jansen/Opschoor (1978,97-186) und Briassoulis (1986).

[23] Die wichtigsten Gründe dafür, daß sich das erweiterte Leontief-Modell für empirische umweltökonomische Analysen nicht durchsetzen konnte, sind: 1. die Datenbasis für einige Teile des Modells ist nicht oder nur sehr schwer zu erstellen und 2. die restriktiven Annahmen des Modells lassen nur relativ wenige, ausgewählte Anwendungen sinnvoll erscheinen.
Beide Punkte werden im weiteren Verlauf des Kapitels (1.2) noch ausführlicher behandelt.

dards und der Schadstoffemissionen dienen.
Das durch diese Erweiterungen entstehende I/O-Modell verbindet Produktion und Güternachfrage mit den Entsorgungsaktivitäten, die dafür notwendig sind, daß die bei der Produktion enstehenden Schadstoffe eine vorgegebene Höhe nicht übersteigen.
Das erweiterte Leontief-Modell besteht wie das Standard-I/O-Modell aus zwei Teilen, dem Mengenmodell und dem Preismodell.

1.2.1.1 Das Mengenmodell

Zunächst wird kurz das Mengenmodell des statischen offenen I/O-Modells dargestellt.[24]
Eine Volkswirtschaft wird in n Sektoren unterteilt, die jeweils ein homogenes Gut herstellen. Für jedes Gut gilt, daß Angebot und Nachfrage gleich sind. Die gesamte Nachfrage nach einem Gut i besteht aus der exogen gegebenen Endnachfrage f_i und der Vorleistungsnachfrage x_{ij} des Sektors j in Sektor i.
Es gilt:

$$(1.1)\quad x_i = \sum_{j=1}^{n} x_{ij} + f_i \qquad i=1,...,n.$$

Dabei ist x_i der Output des Sektors i.

Zwischen dem Output des Sektors j und seiner Vorleistungsnachfrage x_{ij} besteht eine feste Relation:

$$(1.2)\quad x_{ij} = a_{ij}\, x_j \quad \text{mit} \quad a_{ij} \geq 0 \qquad i,j=1,...,n.$$

Den Gleichungen (1.1) wurden von Leontief weitere Spalten hinzugefügt. Sie bilden die Vorleistungsnachfrage ab, die für die Entsorgung von Schadstoffen benötigt wird. Jeder hinzugefügten Spalte entspricht ein Entsorgungssektor, der einen homogenen Schadstoff beseitigt.[25]

---

[24] Vgl. Schumann (1968,29-33)

[25] Vgl. für die folgenden Ausführungen Leontief (1970).

$$(1.3)\quad x_i = \sum_{j=1}^{n} x_{ij} + \sum_{k=n+1}^{z} x_{ik} \qquad i=1,...,n.$$

x_{ik} ist die Nachfrage nach Vorleistungen aus Sektor i zur Entsorgung des Schadstoffes k.

Zwischen der Menge des entsorgten Schadstoffes k und der Vorleistungsnachfrage besteht die lineare Beziehung:

$$(1.4)\quad x_{ik} = a_{ik}\, x_k \quad \text{mit} \quad a_{ik} \geq 0 \qquad i=1,...,n;\ k=n+1,...,z.$$

Es ist dabei x_k die entsorgte Menge des Schadstoffes k.

Das Standard-I/O-Modell wird nun um Zeilen erweitert, die eine Beziehung herstellen zwischen dem Emissionsstandard f_k des Schadstoffes k und den Netto-Emissionen (= Summe der bei der Produktion erzeugten Schadstoffmengen abzüglich der beseitigten Emissionsmengen). Die Netto-Emissionen müssen gleich dem Emissionstandard sein.[26] Da jedem Schadstoff genau ein Entsorgungssektor zugeordnet ist, entspricht die Anzahl der hinzugefügten Zeilen der Anzahl der hinzugefügten Spalten.
Es gilt:

$$(1.5)\quad \sum_{j=1}^{n} x_{kj} - x_k = f_k \qquad k=n+1,...,z.$$

x_{kj} ist die in Sektor j anfallende Menge von Schadstoff k.

Es besteht eine fixe Relation zwischen den in den Produktionssektoren anfallenden Schadstoffen und der Höhe des Outputs. Es gilt somit:

$$(1.6)\quad x_{kj} = a_{kj}\, x_j \quad \text{mit} \quad a_{kj} \geq 0 \qquad k=n+1,...,z;\ j=1,...,n.$$

Die Emissionsfaktoren a_{kj} sind definiert als Mengeeinheit eines

---

[26] Die Netto-Emissionen müssen kleiner oder gleich dem Emissionsstandard sein. Hier wird jedoch angenommen, daß die Emissionsstandards bindende Restriktionen darstellen, so daß die Höhe der Netto-Emissionen identisch mit den Emissionsstandards ist. Ein Emissionsstandard definiert also die maximal zulässigen Emissionen eines Schadstoffes in einer Ökonomie.

Schadstoffes k je Outputeinheit des Sektors j.

Im erweiterten Leontief-Modell fragen sowohl die Produktionssektoren, als auch die Entsorgungssektoren Primärfaktoren nach.[27] Die Nachfrage nach dem Primärfaktor i durch Sektor j ist:

$$(1.7)\quad x_{ij} = a_{ij}\, x_j \qquad \text{mit } a_{ij} \geq 0 \qquad i=z+1,\ldots,m;\ j=1,\ldots,z.$$

Die Gleichungen (1.3) bis (1.7) stellen eine vollständige Abbildung des erweiterten Mengenmodells dar.[28] Das Modell läßt sich allerdings wesentlich übersichtlicher in Matrixnotation darstellen.[29] Der Einfachheit halber wird auf die Abbildung der Nachfrage nach Primärfaktoren verzichtet.

$$(1.8)\quad \begin{bmatrix} (I - A_{11}) & -A_{12} \\ -A_{21} & I \end{bmatrix} \cdot \begin{bmatrix} X_1 \\ X_2 \end{bmatrix} = \begin{bmatrix} F_1 \\ -F_2 \end{bmatrix}$$

Dabei ist A_{11} die (nxn)-Vorleistungsverflechtungsmatrix, X_1 ist der Vektor des Outputs der n Sektoren und F_1 ist der Vektor für die Endnachfrage nach den n Produkten. A_{12} ist die (nx(z-n))-Matrix der Vorleistungskoeffizienten für die Entsorgung der Schadstoffe und A_{21} ist die ((z-n)xn)-Matrix der Emissionsfaktoren für die bei der Produktion entstehenden Schadstoffe. X_2 ist der Vektor für die Menge der entsorgten Schadstoffe und F_2 ist der Vektor der gesetzlich vorgeschriebenen Emissionsstandards.[30]

---

[27] Primärfaktoren sind hier wie üblich Arbeit, Kapital, etc.

[28] Leontief (1970) und die meisten der darauf Bezug nehmenden Arbeiten beziehen auch noch diejenigen Emissionen mit ein, die in den Entsorgungssektoren verursacht werden. Bei der hier gewählten Darstellung des erweiterten Leontief-Modells wird jedoch angenommen, daß die Entsorgungssektoren keine Schadstoffe emittieren. Dies hat jedoch keinerlei Einfluß auf die Interpretation des Modells und seiner Anwendungen.

[29] Vgl. z. B. Leontief (1970,271).

[30] Die mit I bezeichneten Einheitsmatrizen sind hier und in allen weiteren Kapiteln nicht durch die Anzahl ihrer Zeilen differenziert angegeben. Durch Vergleich mit den Koeffizien-

Die Lösung des Mengenmodells ergibt sich durch Inversion der erweiterten (zxz)-Koeffizientenmatrix:

$$(1.9) \qquad \begin{pmatrix} X_1 \\ X_2 \end{pmatrix} = \begin{pmatrix} (I - A_{11}) & - A_{12} \\ - A_{21} & I \end{pmatrix}^{-1} \cdot \begin{pmatrix} F_1 \\ -F_2 \end{pmatrix}$$

Eine ökonomisch sinnvolle Lösung des Modells mit nicht-negativen Werten für die Vektoren X_1 und X_2 ist jedoch allein durch die Existenz der Inversen der erweiterten Koeffizientenmatrix noch nicht gesichert. Die Gültigkeit der Hawkins-Simon-Bedingung stellt für das Standard-Modell der I/O-Analyse eine notwendige und hinreichende Bedingung für die Nicht-Negativität der Lösung des Modells dar.[31]

Die Hawkins-Simon-Bedingung gilt allerdings nicht für das erweiterte Leontief-Modell. Das Modell (1.8) läßt sich zeilenweise in zwei Teilmodelle zerlegen.[32] Das erste Teilmodell ist:

$$(1.10) \qquad (I - A_{11})\, X_1 = F_1 + A_{12}\, X_2$$

Wenn für $(I - A_{11})$ die Hawkins-Simon-Bedingung erfüllt ist, dann existiert für jeden nicht-negativen Entsorgungsvektor X_2 eine positive Lösung für den Outputvektor X_1.

Das zweite Teilmodell ist:

$$(1.11) \qquad X_2 = A_{21}\, X_1 - F_2$$

Wie man aus dem Gleichungssystem (1.11) sieht, ergibt sich immer dann ein negativer Vektor X_2 für die entsorgten Schadstoffmengen, wenn die Emissionsstandards F_2 größer sind als die entstehenden Emissionen $A_{21}\, X_1$. Für praktische Anwendungen des Mo-

---

tenmatrizen, auf die sie sich beziehen, ist der Rang der jeweiligen Einheitsmatrix jedoch unschwer ermittelbar.

31 Vgl. z. B. Schumann (1968,40-1). Die Hawkins-Simon-Bedingung ist dann erfüllt, wenn alle Hauptminoren der Koeffizientenmatrix positiv sind. In diesem Fall ist die Koeffizientenmatrix positiv definit.

32 Vgl. für die folgenden Ausführungen Steenge (1978,483).

dells stellt dies allerdings kein Problem dar, da Emissionsstandards normalerweise so festgelegt werden, daß sie eine Beschränkung der Emissionen darstellen. Sollte diese Annahme für einen Schadstoff nicht gegeben sein, dann ist es nötig, den entsprechenden Entsorgungssektor und die Emissionsgleichung dieses Schadstoffes aus dem Modell zu entfernen. Eine nicht-negative Lösung für den Entsorgungsvektor X_2 ist dadurch für alle praktisch relevanten Fälle gegeben.[33]

1.2.1.2 Das Preismodell

Als erstes wird das zum statischen offenen I/O-Modell gehörende Preismodell kurz dargestellt.[34]
Ausgangspunkt des Preismodells ist die Annahme, daß für jeden Sektor eine Nullgewinnbedingung gilt.

$$(1.12) \quad p_j = \sum_{i=1}^{n} a_{ij}\, p_i + v_j \qquad j=1,...,n.$$

v_j ist dabei die Summe der je Outputeinheit des Sektors j entstehenden Kosten für die (m-z) Primärfaktoren:[35]

---

[33] Lee (1982) entwickelt einen verallgemeinerten Ansatz des Modells (1.8). Er formuliert das zweite Teilmodell in Form einer Ungleichung, so daß die emittierten Schadstoffe kleiner oder gleich den Emissionsstandards sein müssen. Er führt in dieses Gleichungssystem Schlupfvariablen ein, die positiv sind, wenn Ungleichungen gelten und gleich Null sind, wenn die Gleichheitsbedingungen erfüllt sind. Es ist Lee dadurch möglich, das Modell ungeachtet der Relation von Emissionsstandards zu den emittierten Schadstoffen in einem Ansatz zu lösen. Da, wie im Text betont, das Nicht-Negativitätsproblem für alle praktisch bedeutsamen Fälle nicht existent ist, erübrigt sich allerdings die Verwendung des von Lee entwikkelten Modells.

[34] Vgl. z. B. Schumann (1968,61-4).

[35] Der Index für die Primärfaktoren müßte eigentlich bei (n+1) beginnen und nicht bei (z+1). Der Indexbeginn bei (z+1) wird jedoch gewählt, um mit den Bezeichnungen des erweiterten Mengenmodells nicht in Widerspruch zu geraten.

$$(1.13)\quad v_j = \sum_{i=z+1}^{m} a_{ij}\, p_i \qquad j=1,\dots,n.$$

Im erweiterten Preismodell werden zusätzlich die Gleichungen zur Bestimmung der Preise der Entsorgungssektoren benötigt:

$$(1.14)\quad p_k = \sum_{i=1}^{n} a_{ik}\, p_i + v_k \qquad k=n+1,\dots,z.$$

Dabei ist v_k gleich den Primärfaktorkosten, die je entsorgter Schadstoffeinheit entstehen. v_k wird analog (1.13) berechnet. Die Gleichungen (1.12) und (1.14) lassen sich in übersichtlicher Matrixnotation folgendermaßen darstellen:

$$(1.15)\quad \begin{pmatrix} (I - A'_{11}) & 0 \\ - A'_{12} & I \end{pmatrix} \cdot \begin{pmatrix} P_1 \\ P_2 \end{pmatrix} = \begin{pmatrix} V_1 \\ V_2 \end{pmatrix}$$

P_1 ist der Preisvektor der n produzierenden Sektoren und V_1 enthält die nach (1.13) berechneten Kosten für Primärfaktoren dieser Sektoren. Für die (z-n) Entsorgungssektoren sind P_2 und V_2 die entsprechenden Vektoren. Die Auflösung nach den Preisvektoren ergibt:

$$(1.16)\quad \begin{pmatrix} P_1 \\ P_2 \end{pmatrix} = \begin{pmatrix} (I - A'_{11}) & 0 \\ - A'_{12} & I \end{pmatrix}^{-1} \cdot \begin{pmatrix} V_1 \\ V_2 \end{pmatrix}$$

Die Lösung für P_1 ist aus (1.15) auch folgendermaßen darstellbar:

$$(1.17)\quad P_1 = (I - A'_{11})^{-1}\, V_1$$

Der Vektor P_1 aus (1.17) ist identisch mit dem Preisvektor, der sich für das statische offene I/O-Modell ohne Erweiterung um Umwelt ergibt.

Der Grund dafür ist, daß im hier beschriebenen erweiterten Preismodell das Verursacherprinzip nicht gilt. Die Entsorgungssektoren produzieren im Modell eine öffentliche Dienstleistung,

die beispielsweise über eine Steuer auf das Einkommen der Konsumenten finanziert werden könnte.[36]
In Modell (1.15) wird sich eine Veränderung der gesetzlich vorgegebenen Emissionsstandards F_2 in keiner Weise auf die Höhe der sektoralen Produktionskosten auswirken.
Der einzige Effekt einer Verschärfung von Emissionsstandards ist die Zunahme der entsorgten Schadstoffmengen im erweiterten Mengenmodell. Dies führt zu einer entsprechenden Zunahme der Gesamtkosten für Entsorgung $X_2'P_2$ bei gleichbleibenden durchschnittlichen Entsorgungskosten P_2.

Durch eine relativ einfache Modifizierung von (1.12) ist es möglich, das Verursacherprinzip in das erweiterte Preismodell zu integrieren. Die Entsorgungskosten werden dadurch von den sie verursachenden produzierenden Sektoren finanziert, und nicht mehr von der Allgemeinheit.
Es ist dazu nötig, zusätzliche Variablen einzuführen, die je Schadstoff den durch die Emissionsstandards bewirkten Entsorgungsgrad angeben:[37]

$$(1.18) \quad \alpha_k = x_k/(x_k + f_k) \qquad \text{mit} \quad 0 \le \alpha_k \le 1 \qquad ;k=n+1,...,z.$$

Die zur Berechnung erforderlichen Werte können der Lösung des erweiterten Mengenmodells entnommen werden.

Die Nullgewinnbedingung für die produzierenden Sektoren hat nun folgendes Aussehen:

$$(1.19) \quad p_j = \sum_{i=1}^{n} a_{ij}\, p_i + \sum_{k=n+1}^{z} \alpha_k\, a_{kj}\, p_k + v_j \qquad ;j=1,...,n.$$

Der neu hinzugekommene zweite Summand ist gleich den Kosten, die in Sektor j für die vorgeschriebene Entsorgung der Schadstoffe entstehen. Die Entsorgungsgrade α_k sind hier für alle n

36 Vgl. Leontief (1970,268-9) und Lehbert (1972,307).
37 Vgl. z. B. Leontief (1970,269) und Lehbert (1972,308-13).

Sektoren identisch.
Die Gleichungen (1.14) für die Kosten der Entsorgungssektoren verändern sich nicht, da annahmegemäß in den Entsorgungssektoren keine Schadstoffe entstehen.

In Matrixnotation lassen sich die Gleichungen (1.14) und (1.19) wie folgt darstellen:

$$(1.20) \qquad \begin{bmatrix} (I - A'_{11}) & -A'_{21}\alpha \\ -A'_{12} & I \end{bmatrix} \cdot \begin{bmatrix} P_1 \\ P_2 \end{bmatrix} = \begin{bmatrix} V_1 \\ V_2 \end{bmatrix}$$

Dabei ist α eine Diagonalmatrix, die die Entsorgungsgrade α_k auf der Hauptdiagonalen enthält.
Die Gesamtkosten jedes Sektors enthalten nun die anteiligen Entsorgungskosten. Die sich aus (1.20) ergebenden Preisvektoren sind größer als die Preisvektoren, die sich in (1.16) ergeben, sofern mindestens ein Entsorgungsgrad α_k größer als Null ist.

Für die Konsumenten hat sich mit der Einführung des Verursacherprinzips in das erweiterte Preismodell allerdings nichts geändert. In Modell (1.15) zahlen die Konsumenten die Entsorgungskosten direkt über Steuern und in Modell (1.20) indirekt über die gestiegenen Preise für die Endprodukte.[38]
Die Lösung des erweiterten Mengenmodells (1.9) wird durch die Wahl des erweiterten Preismodells ((1.15) oder (1.20)) ebenfalls nicht berührt. Die Wahl der Finanzierung der Entsorgungskosten verändert nicht das Aktivitätsniveau der Produktions- und Entsorgungssektoren. Das erweiterte Mengenmodell ist somit unabhängig vom erweiterten Preismodell lösbar, was allerdings umgekehrt nicht gilt, da die Matrix α aus der Lösung des erweiterten Mengenmodells berechnet wird.

38 Vgl. Leontief (1970,269).

1.2.1.3 Kritische Würdigung des erweiterten Leontief-Modells und seiner Anwendungsmöglichkeiten

Die folgenden Ausführungen dienen dazu, die Anwendbarkeit des erweiterten Leontief-Modells zur Bestimmung der sektoralen und gesamtwirtschaftlichen Kosten des Umweltschutzes zu untersuchen. Eine darüber hinaus gehende, umfassendere Kritik des Input-Output-Ansatzes ist hier nicht beabsichtigt. Einige der folgenden Kritikpunkte und Anmerkungen beziehen sich allerdings auch auf die Verwendbarkeit von Standard-I/O-Modellen zur Analyse der Effekte von Umweltschutz.

1. Der Vektor X_1 als Lösung des erweiterten Mengenmodells (1.9) gibt an, wie groß der Output der Sektoren sein muß, um die gesamte Nachfrage, einschließlich der Vorleistungsnachfrage der Entsorgungssektoren, zu befriedigen.
Aus den Gleichungen (1.10) ist ersichtlich, daß eine Zunahme der entsorgten Schadstoffmengen X_2 gleichbedeutend ist mit einer Zunahme der Endnachfrage. Eine Verschärfung der Umweltschutzvorschriften wird daher in jedem Falle zu einer Erhöhung des Outputs der produzierenden Sektoren führen.
Die Erhöhung des Aktivitätsniveaus der produzierenden Sektoren führt zu einer Steigerung der Nachfrage nach Primärfaktoren. Daraus ergibt sich unmittelbar eine Erhöhung der Faktoreinkommen der privaten Haushalte. Die Zunahme des Einkommens entspricht aber genau der direkt (über Steuern) oder indirekt (über höhere Produktpreise) zu zahlenden Entsorgungskosten.[39]
Die privaten Haushalte befinden sich somit nach Einführung der Emissionsstandards in der gleichen ökonomischen Situation wie zuvor. Entsprechend verändert sich weder ihr Konsum an Gütern, noch ihr Nutzenniveau.
Die gestiegene Nachfrage nach Primärfaktoren bedeutet für den Faktor Arbeit, daß sich die bestehende Anzahl an Arbeitslosen vermindert und für den Faktor Kapital, daß der Auslastungsgrad eines bestehenden Kapitalstocks steigt.

---

[39] Vgl. Leontief (1970,268-9).

Umweltpolitik hat im Rahmen eines erweiterten Leontief-Modells somit immer die Wirkung eines Beschäftigungsprogrammes. Es ist deshalb auch nicht sinnvoll, ein solches I/O-Modell zu verwenden, um die Beschäftigungseffekte von Umweltpolitik zu untersuchen.[40]

Diese Eigenschaft des erweiterten Leontief-Modells hat folgende Ursachen:

a) die zusätzliche Nachfrage nach Primärfaktoren zur Durchführung von Schadstoffentsorgung bedeutet nicht, daß die entsprechenden Ressourcen für die Produktion fehlen. Arbeit und Kapital stehen im Modell vielmehr im Überfluß zur Verfügung, so daß Umweltpolitik nur den Beschäftigungsgrad erhöht und die Nutzung des Produktiv-Kapitalstocks nicht einschränkt.[41]

b) die durch Umweltpolitik induzierten zusätzlichen Kosten können in vollem Umfange auf die Endverbraucher überwälzt werden. Weder die Unternehmen, noch die Konsumenten verändern die Struktur ihrer Güternachfrage. Eine Emissionssteuer auf Schadstoffemissionen, deren Steueraufkommen rückverteilt wird,[42] verursacht daher in einem erweiterten Leontief-Modell keinen excess burden. Der Volkswirtschaft entstehen durch Umwelt-

---

[40] Es ist natürlich möglich, positive Beschäftigungswirkungen von Umweltpolitik mit einem I/O-Modell abzuschätzen. Allerdings können aus den entsprechenden Modellergebnissen im allgemeinen keinerlei Schlußfolgerungen bezüglich der gesamten Beschäftigungswirkungen gezogen werden, da negative Wirkungen im Modell nicht berücksichtigt werden können.

[41] Im Kontext eines statischen Modells könnte eine solche Nutzungseinschränkung ausgelöst werden durch die nachfrageinduzierte Erhöhung des Kapitalpreises bei gegebenem Kapitalangebot. Ein Teil des Kapitalstocks würde für Entsorgung verwendet werden, so daß für Produktionszwecke weniger Kapital zu einem höheren Preis zur Verfügung stünde als zuvor. Im erweiterten Leontief-Modell wird der Kapitalstock für Entsorgung aufgebaut, ohne daß sich irgendeine Rückwirkung auf die Nutzungsmöglichkeiten des Produktiv-Kapitalstocks ergibt.

[42] Die Rückverteilung eines Emissionssteueraufkommens kann in einem I/O-Modell immer nur allokationsneutral erfolgen.

politik somit keinerlei Kosten.[43]

Eine mögliche Anwendung des erweiterten Leontief-Modells besteht darin, die kurzfristigen sektoralen Nachfrageeffekte abzuschätzen, die durch Umweltpolitik induziert werden. Mit "kurzfristig" wird dabei ein Zeitraum bezeichnet, der so klein ist, daß die durch die Umweltrestriktionen gestiegenen Preise noch keine Substitutionsprozesse in Gang gesetzt haben.[44]
Der kurzfristige Outputvektor X_1 kann allerdings bezüglich der Höhe der sektoralen Produktionsmengen und ihrer intersektoralen Struktur beträchtlich von seinem langfristigen Ergebnis abweichen.[45]

2. Der Preisvektor P_1, den man unter der Annahme des Verursacherprinzips aus (1.20) erhält, gibt die sektoralen Durchschnittskosten an, die durch Produktion und Entsorgung zusammen verursacht werden. Dabei werden über die I/O-Verflechtung sämtliche indirekten Preiseffekte, die durch die Nachfrage nach Vorleistungen entstehen, erfaßt.
Die so berechneten Preise können als Obergrenze für die sich

---

43 Der von Lehbert (1972) für seinen Artikel gewählte Titel "Die volkswirtschaftlichen Kosten des Umweltschutzes" ist in diesem Zusammenhang mißverständlich. Der Volkswirtschaft entstehen in dem von Lehbert verwendeten Modell im eigentlichen Sinne, d.h., in Form einer Verminderung der Wohlfahrt, keine Kosten. Kosten entstehen nur in Form höherer Produktionskosten für die Unternehmen durch die nun notwendig gewordene Schadstoffentsorgung. Es handelt sich dabei aber nur um einzelwirtschaftliche Kosten, die sich für die gesamte Volkswirtschaft im Kontext des erweiterten Leontief-Modells nicht negativ auswirken.

44 Im Rahmen dieser Anwendung muß allerdings angenommen werden, daß die Mengeneffekte in Form der gestiegenen Nachfrage nach Gütern für Entsorgung zeitlich vor den Preis- und Substitutionseffekten eintreten.

45 Es ist zu erwarten, daß langfristig emissionsintensive Inputs in geringerer Menge als Vorleistungen in der Produktion eingesetzt werden. Ebenso werden Produkte, die relativ emissionsintensiv produziert werden, von den Konsumenten in geringerem Umfang nachgefragt werden.
Einen guten Überblick über weitere mögliche Wirkungen von Emissionssteuern gibt Siebert (1976,26-31).

nach Einführung von Schadstoffrestriktionen[46] einstellenden tatsächlichen Preise aufgefaßt werden. Langfristig werden in einer Volkswirtschaft durch die Preisveränderungen Substitutionsprozesse eingeleitet, die die Emissionsintensität der sektoralen Produktionsstrukturen vermindern.[47] Weniger emissionsintensive Produktionsstrukturen sind aber von Schadstoffrestriktionen in geringerem Ausmaß betroffen, so daß bei ihnen auch die umweltpolitisch induzierten Kostensteigerungen geringer ausfallen.
Aber auch hier gilt, daß sich ein langfristiges Ergebnis stark von den kurzfristigen, mit dem erweiterten Leontief-Modell berechneten Preisen unterscheiden kann. Dies betrifft nicht nur die Höhe der Preise, sondern auch ihre Struktur, denn die Sektoren können möglicherweise in unterschiedlichem Ausmaß durch Substitutionsmaßnahmen auf veränderte relative Preise reagieren.[48]

3. Ein besonderes Problem stellt die Abbildung der Entsorgungssektoren im erweiterten Leontief-Modell dar.

a) Leontief (1970) mußte für jeden Schadstoff genau einen Entsorgungssektor einführen, damit das resultierende Modell wieder quadratisch ist und durch Matrixinversion gelöst werden kann. Ein Entsorgungssektor ist nun allerdings nicht notwendigerweise als für sich bestehender, eigenständiger Sektor aufzufassen. In diesem Falle wäre die praktische Anwendung des erweiterten Leontief-Modells auf sehr wenige Fälle beschränkt, wie z. B. auf die Abbildung der Inputstrukturen von Kläranlagen und

---

46 Mit Schadstoffrestriktionen sind hier alle umweltpolitischen Maßnahmen gemeint, die die Höhe der Schadstoffemissionen einschränken.

47 Vgl. Siebert (1976,27-9).

48 Der Ausdruck "Substitutionsmaßnahmen" bezieht sich nicht nur auf veränderte Inputstrukturen, sondern auch auf die Installierung neuer Produktionsverfahren und (Schadstoff-) Vermeidungstechnologien sowie Verfahren zur Beseitigung bzw. Umwandlung von Schadstoffen.

Abfalldeponien.
Die Entsorgungssektoren fassen vielmehr alle Prozesse, die in den produzierenden Sektoren für die Entsorgung eines Schadstoffes eingesetzt werden, in einem künstlichen Sektor zusammen.[49] Diese Zusammenfassung aller Entsorgungsprozesse für einen Schadstoff in einem einzigen speziellen Sektor erlaubt es nicht, Entsorgungsaktivitäten nach den sie nachfragenden produzierenden Sektoren zu differenzieren. Genausowenig ist im erweiterten Preismodell (1.20) eine sektorale Differenzierung der Entsorgungsgrade möglich.
Im folgenden wird eine Variation des erweiterten Leontief-Modells vorgestellt, die beide genannten Differenzierungen möglich macht.[50]
Das erweiterte Mengenmodell (1.3) bis (1.6) wird jetzt mit Hilfe aller Koeffizienten folgendermaßen formuliert:

$$(1.21) \quad x_i = \sum_{j=1}^{n} a_{ij}\, x_j + \sum_{j=1}^{n} \sum_{k=n+1}^{z} \alpha_{kj}\, a_{kj}\, b_{ijk}\, x_j \quad ;i=1,\ldots,n.$$

Dabei ist ($a_{kj}\, x_j$) wie in (1.6) die Menge von Schadstoff k, die in Sektor j entsteht. ($\alpha_{kj}\, a_{kj}\, x_j$) ist die zu entsorgende Menge von Schadstoff k in Sektor j, wobei α_{kj} den exogen vorgegebenen Entsorgungsgrad für Schadstoff k in Sektor j angibt.
Und ($\alpha_{kj}\, a_{kj}\, b_{ijk}\, x_j$) gibt an, welche Menge des Inputs i in Sektor j für die Entsorgung von Schadstoff k benötigt wird. b_{ijk} ist ein I/O-Koeffizient für Entsorgung mit (i,j=1,...,n; k=n+1,...,z).

In (1.21) kann der Output x_j hinter die Summanden gestellt werden. Der dabei entstehende Faktor vor x_j kann als neuer, von den Entsorgungsgraden α_{kj} abhängiger I/O-Koeffizient interpretiert werden:

---

49 Vgl. Lehbert (1972,302).

50 Vgl. die ähnlichen Ansätze in Rentz (1976,220-1) und Steenge (1978,484-5).

$$(1.22)\quad \tilde{a}_{ij} = a_{ij} + \sum_{k=n+1}^{z} \alpha_{kj}\, a_{kj}\, b_{ijk} \qquad i,j=1,\ldots,n.$$

Das erweiterte Preismodell (1.19) läßt sich durch Einsetzen des expliziten Ausdrucks für die Preise der Entsorgungssektoren (1.14) ebenso umformen:

$$(1.23)\quad p_j = \sum_{i=1}^{n} \left(a_{ij} + \sum_{k=n+1}^{z} \alpha_{kj}\, a_{kj}\, b_{ijk}\right) p_i + \tilde{v}_j \quad ;j=1,\ldots,n.$$

Hierbei setzen sich die Kosten für die Primärfaktoren aus den für die Produktion und den für die Entsorgung notwendigen Primärfaktorkosten zusammen:

$$(1.24)\quad \tilde{v}_j = v_j + \sum_{k=n+1}^{z} \alpha_{kj}\, a_{kj}\, v_k \qquad j=1,\ldots,n.$$

Das hier dargestellte Mengenmodell (1.21) und das Preismodell (1.23) unterscheiden sich von dem erweiterten Leontief-Modell im wesentlichen nur durch die größeren Differenzierungen der Emissionsfaktoren und der Entsorgungstechnologien, sowie durch die Art der Darstellung. Die Interpretation der Modellresultate und der Anwendungsmöglichkeiten hat sich dagegen nicht sehr verändert.[51]

b) Es ist in der Realität zu beobachten, daß die durchschnitt-

---

[51] Bei der Lösung des Mengenmodells und des Preismodells wird hier allerdings nicht mehr eine erweiterte Koeffizientenmatrix benötigt. Es wird vielmehr eine Korrektur der Matrix der Produktionskoeffizienten vorgenommen. Bei stärkerer Differenzierung des Modells bleibt gleichzeitig immer eine quadratische Modellform erhalten. Dadurch ist da Modell immer durch Matrixinversion lösbar.
Ein weiterer Vorteil des Modells (1.21) bis (1.24) gegenüber dem erweiterten Leontief-Modell besteht darin, daß sich die I/O-Koeffizienten der sektoral differenzierten Entsorgungsprozesse b_{ijk} besser ermitteln lassen, als die Koeffizienten der Entsorgungssektoren des erweiterten Leontief-Modells. Denn die letzteren stellen eine für das Modell geschaffene Fiktion dar und können wohl nur über Aggregation der Entsorgungsprozesse der einzelnen Sektoren berechnet werden.

lichen Entsorgungskosten mit dem Entsorgungsgrad überproportional zunehmen.[52] Im erweiterten Leontief-Modell sind die durchschnittlichen Entsorgungskosten jedoch entweder konstant (1.16) oder linear (1.19) in den Entsorgungsgraden α_k. Damit das erweiterte Leontief-Modell überproportional steigende durchschnittliche Entsorgungskosten in α_k besitzen kann, müßten alle oder einige der I/O-Koeffizienten für Entsorgung in adäquater Weise von den α_k abhängig sein. Da die Entsorgungsgrade exogen vorgegeben werden können, ist eine solche Modifikation der Vorleistungkoeffizienten für Entsorgung im Rahmen des erweiterten Leontief-Modells problemlos möglich.

4. Im folgenden werden zwei Problembereiche angesprochen, die als Kritik am erweiterten Leontief-Modell formuliert wurden, aber auch die meisten anderen ökonomischen Umweltmodelle betreffen: a) die Einbeziehung von sogenannten Materialbilanzen und b) die Abbildung ökologischer Prozesse, die durch Schadstoffe ausgelöst werden.

a) Materialbilanzmodelle bauen explizit auf dem ersten thermodynamischen Hauptsatz auf, der besagt, daß Energie (bzw. Masse) nur in andere Energieformen (bzw. Masseformen) umgewandelt, aber nicht zerstört werden kann. Dieses Energie- (bzw. Masse-) Erhaltungsprinzip wird auf alle Materialströme einer Ökonomie angewandt, indem z. B. ein allgemeines Gleichgewichtsmodell in Form eines I/O-Modells um Materialbilanzgleichungen erweitert wird.[53] Diese Bilanzgleichungen erfassen im Prinzip alle Material-"Entnahmen" aus der Umwelt und alle Rückflüsse von Mate-

---

[52] Vgl. für den Bereich der Entsorgung von Luftschadstoffen z. B. Rentz (1976,224-5) sowie den Verlauf der durchschnittlichen Entsorgungskostenkurven in Staatsministerium (1986, 140,142,147,157,161-3).

[53] Vgl. dazu einen der ersten Materialbilanzansätze: Ayres/Kneese (1969,288-291).

rial an die Umwelt.[54]
Konkrete Anwendungen dieses Modellansatzes nehmen eine detaillierte Erfassung von Umwandlungs- und Transportvorgängen von Schadstoffen in der Natur vor.[55] Es handelt sich dabei aber lediglich um eine Art buchhalterische Erfassung der Schadstoffumwandlungen mit Hilfe konstanter Koeffizienten. Die ökonomischen Verhaltensgleichungen sind genauso modelliert wie in einem statischen offenen I/O-Modell.
Materialbilanzgleichungen können prinzipiell auch dem erweiterten Leontief-Modell (1.3) bis (1.6) hinzugefügt werden. Die Berechnung der Materialströme könnte dann, ähnlich wie die Berechnung der Nachfrage nach Primärfaktoren, außerhalb des eigentlichen Modells erfolgen.
Wenn das erweiterte Leontief-Modell nicht um Materialbilanzgleichungen ergänzt wird, dann bleibt die Abbildung der Schadstoffumformungen unvollständig. Es wird in diesem Falle z. B. nicht im Modell erfaßt, was mit den entsorgten, d.h., chemisch oder physikalisch umgewandelten Schadstoffen geschieht.[56]
Die Erstellung von Materialbilanzen kann jedoch, je nach dem angestrebten Detailiertheitsgrad, recht kostenintensiv sein. Sie sollten deshalb nur dann in ein ökonomisches Modell integriert werden, wenn zu erwarten ist, daß die Umwandlungsprodukte, die bei der Schadstoffentsorgung entstehen, nennenswerte ökonomische Auswirkungen haben könnten und deshalb nicht unberücksichtigt bleiben dürfen.

b) Ein oft geäußerter Kritikpunkt ist, daß ökonomische Umweltmodelle keine integrierten ökologischen Module enthalten, die die durch Schadstoffe ausgelöste Prozesse innerhalb der Natur

---

[54] Der Begriff Material umfasst im Kontext eines solchen Modells Rohstoffe, natürliche Energiequellen sowie Abfälle und Schadstoffemissionen.

[55] Vgl. Cumberland/Stram (1973,563-7), Korbach (1973) und Rentz (1976,209,220).

[56] Beispielsweise werden die bei der Rauchgasentschwefelung anfallenden Umwandlungsprodukte wie z. B. Gips, Ammoniak und Schlamm nicht mehr im Modell erfaßt.

berücksichtigen.[57] Sogenannte integrierte ökonomisch-ökologische Modelle haben dagegen zum Ziel, die wechselseitigen Einflüsse zwischen Umwelt und Ökonomie mit zu berücksichtigen. Sie stellen damit den Versuch dar, Modelle, die ihre Wurzeln in Einzeldisziplinen haben, miteinander zu verbinden, um eine umfassende Abbildung und Analyse ökonomisch-ökologischer Abläufe zu ermöglichen.[58]

Eine solche Totalanalyse hat aber offenbar eine ganz andere Zielsetzung als ein ökonomisches Umweltmodell wie z. B. das erweiterte Leontief-Modell. Denn dort werden nur die wirtschaftlichen Wirkungen von Umweltpolitik analysiert, die nach erfolgter Festlegung von Umweltgesetzen entstehen. Die ökologischen Wirkungen von Schadstoffen, die den Anlaß zu Umweltpolitik gaben, sowie die Festlegung der Umweltgesetze selbst sind dem eigentlichen Modell vorgelagert.

Dies scheint eine nützliche Arbeitsteilung zu sein, da eine im obigen Sinne angestrebte Totalanalyse ökonomisch-ökologischer Prozesse sehr zeit- und kostenintensiv ist und die mit der Modellverknüpfung erreichbaren Ergebnisse durchaus zweifelhaft sind.[59]

1.2.1.4 Empirische umweltökonomische Anwendungen von I/O-Modellen

Das erweiterte Leontief-Modell wurde in seiner ursprünglichen Form nicht für empirische Analysen verwendet. Der Grund dafür liegt in der Konstruktion der Entsorgungssektoren, die jedem

---

[57] Vgl. Briassoulis (1986), Braat/Lierop (1987), Rentz (1976, 210)

[58] Vgl. Braat/Lierop (1987,62-67).

[59] Vgl. Briassoulis (1986,30). Ein gutes Beispiel für die angestrebten Ziele mit integrierten ökonomisch-ökologischen Modellen und die zahlreichen unterschiedlichen Modellelemente gibt Ikeda (1987). Es ist dabei leicht ersichtlich, welcher große Aufwand für ein solches Modell nötig ist. Unklar bleibt allerdings, warum nicht getrennte ökologische und ökonomische Modelle ebenso gut geeignet wären, anstelle eines Gesamtmodells.

Schadstoff genau einen hochaggregierten fiktiven Entsorgungsprozeß zuweist. Bei dieser Konstruktion war und ist es kaum möglich, geeignete Daten für die I/O-Koeffizienten der Entsorgungssektoren zu ermitteln.[60]
Es gibt allerdings zahlreiche empirische umweltökonomische Anwendungen von I/O-Modellen, die im allgemeinen leicht modifizierte statische offene I/O-Modelle als Grundlage haben. Die wichtigsten dieser Anwendungen werden im Verlauf dieses Kapitels dargestellt. Die Darstellung kann sich dabei auf die Beschreibung der Untersuchungsziele, typischer Modellstrukturen und einiger Ergebnisse beschränken, da die meisten Teile der Kritik am erweiterten Leontief-Modells und die Einschränkungen bezüglich der Modellaussagen auch auf die folgenden Modellstudien zutreffen. Insbesondere ist die Verwendbarkeit der Ansätze auf kurzfristig orientierte Analysen beschränkt, da keine Substitution berücksichtigt wird.

a) Es gibt mehrere Studien, die das Ziel haben, die durch Umweltschutzvorschriften induzierten sektoralen Preiseffekte zu bestimmen.[61] Der üblicherweise zugrundeliegende Ansatz hat folgendes Aussehen:[62]

$$(1.25) \quad PD = (I - A'_{11})^{-1} E$$

Die durch die Umweltschutzvorschriften ausgelösten Preiserhöhungen PD sind hier allein Ursache der für Entsorgung benötigten Primärfaktoren Arbeit und Kapital. Der Wert der je Sektor benötigten zusätzlichen Primärfaktoren wird im Vektor E erfaßt. Die mit (1.25) erzielbaren Ergebnisse sind nicht sehr von den-

60 Vgl. Leontief/Ford (1972,269) und Den Hartog/Houweling (1976,397).

61 Vgl. Leontief/Ford (1972,22-26), Den Hartog/Houweling (1976), Pasurka (1984) und Førsund (1985,334).

62 Vgl. Pasurka (1984,381-2) und Leontief/Ford (1972,24-6). Für die Notation vgl. außerdem die Gleichungen des erweiterten Leontief-Modells (1.8) und (1.16).

jenigen des erweiterten Preismodells (1.20) verschieden, da die Kosten für Primärfaktoren im allgemeinen den größten Teil der Entsorgungskosten ausmachen.
Dieser Modellansatz wurde in abgewandelter Form auch dazu verwendet, die Wirkungen von Umweltpolitik auf die personelle und regionale Einkommensverteilung zu untersuchen.[63]

b) Eine häufige Anwendung von I/O-Modellen besteht in der Erstellung von Projektionen von zukünftigen Schadstoffemissionen.[64] In der Notation des erweiterten Leontief-Modells (1.8) ergibt sich folgender Ansatz:

$$(1.26) \quad Z = B \cdot F_1 \qquad \text{mit} \quad B = A_{21} \, (I - A_{11})^{-1}$$

Dabei ist Z der Vektor der projektierten Schadstoffe und F_1 bezeichnet den Vektor der Endnachfrage. Die sich als Zwischenresultat ergebende Matrix B der indirekten Emissionskoeffizienten gibt an, welche Mengen der einzelnen Schadstoffe für die Herstellung einer Einheit der Endnachfrage F_1 anfallen. Sie berücksichtigt damit auch alle durch die Vorleistungsnachfrage entstehenden Schadstoffmengen.

c) Eine insbesondere für die Bundesrepublik Deutschland häufige Anwendung von I/O-Modellen besteht in der Bestimmung von Beschäftigungseffekten des Umweltschutzes.[65]
Bei der üblichen Vorgehensweise wird zunächst die Nachfrage nach Gütern, die für die Einhaltung von Umweltschutzvorschriften benötigt werden, ermittelt. Die daraus resultierende Erhöhung der Endnachfrage bewirkt im statischen offenen I/O-Modell eine Zunahme der Produktion und parallel dazu eine Erhöhung der

---

63 Vgl. Yan u.a. (1975).

64 Vgl. Leontief/Ford (1972,18-22), Førsund/Strøm (1976), Førsund (1985,332).

65 Vgl. die umfangreiche Zusammenfassung und Bewertung von Studien zu Beschäftigungseffekten von Umweltpolitik in Sprenger (1989).

Nachfrage nach Arbeitskräften.[66]
Wie schon in Kapitel (1.2.1.3) bei der Kritik am erweiterten Leontief-Modell erwähnt, können im statischen offenen I/O-Modellen nur positive Beschäftigungswirkungen aus Umweltpolitik entstehen. Entsprechend kann ein solcher Modellansatz kein geeignetes Instrument sein, die gesamten Effekte von umweltpolitischen Maßnahmen auf die Beschäftigung zu bestimmen.
Das gleiche trifft auch für die Ermittlung von umweltschutzbedingten Outputänderungen zu, da diese im I/O-Modell ebenfalls immer positiv sein müssen.[67]

d) Am weitaus sinnvollsten ist es, I/O-Modelle im umweltökonomischen Bereich als Schema für die Datenermittlung und Datenstrukturierung zu verwenden. Dieser Weg wird vom Statistischen Bundesamt in Wiesbaden beschritten. Die dafür entwickelten speziellen I/O-Ansätze finden sich in Schäfer/Stahmer (1989). Eine wichtige Problemstellung der Autoren ist dabei die Ermittlung des Anteils der Umweltschutzleistungen am Sozialprodukt und die Entwicklung der dafür notwendigen Erweiterungen der volkswirtschaftlichen Gesamtrechnung.

1.2.2 Weiterentwicklungen von umweltökonomischen I/O-Modellen

Die schwerwiegensten Mängel von I/O-Modellen für umweltökonomische Analysen sind die fehlende Substituierbarkeit der Produktionsfaktoren und die Preisunabhängigkeit der Endnachfrage. Durch das Fehlen dieser beiden Eigenschaften werden wichtige, praktisch relevante Reaktionsmöglichkeiten von Produzenten und Konsumenten auf umweltpolitische Restriktionen im I/O-Modell unberücksichtigt gelassen. Eine Folge davon ist die fehlende

---

[66] Vgl. Sprenger (1989,128-135), Giarratani (1975) sowie Münzenmaier (1981,172-3) für die Wirtschaft Baden-Württembergs.

[67] Vgl. dazu z. B. die Ergebnisse der umweltökonomischen I/O-Studie von Ketkar (1983,56-9) und die Resultate der Studie von Faber/Niemes/Stephan (1983,180).

modellendogene Erfassung negativer ökonomischer Effekte von Umweltpolitik in I/O-Modellen, was zu einer erheblichen Einschränkung der Aussagekraft der Modellergebnisse führt.
Die in diesem Kapitel darzustellenden Weiterentwicklungen versuchen, Substituierbarkeit der Produktionsfaktoren und eine preisabhängige Endnachfrage in den Rahmen des I/O-Ansatzes zu integrieren, um die Anwendbarkeit von I/O-Modellen zur Bewertung der ökonomischen Effekte von Umweltpolitik zu erweitern. Es sind dabei zwei unterschiedliche Vorgehensweisen anzutreffen, Substituierbarkeit zwischen den Inputfaktoren abzubilden.[68]

(1) Verallgemeinerte I/O-Modelle: Für einige Sektoren werden mehrere Produktionsprozesse angenommen, so daß das Modell insgesamt mehr Produktionsprozesse als Gütergruppen enthält. Die Auswahl der optimalen Prozesskombinationen erfolgt mit einem LP-Algortihmus.

(2) I/O-Modelle mit preisabhängigen I/O-Koeffizienten: Für jeden Sektor wird eine neoklassische Produktionsfunktion angenommen. Aus der dazugehörenden Kostenfunktion werden preisabhängige I/O-Koeffizienten abgeleitet.

Im folgenden werden die zwei obengenannten Modellansätze und einige wichtige empirische Resultate der Modellanwendungen dargestellt.[69]

---

[68] Bei beiden Ansätzen wird meistens auch die Endnachfrage preisabhängig gestaltet.

[69] Zwei andere Weiterentwicklung des umweltökonomischen I/O-Ansatzes werden hier **nicht** dargestellt:
1. die Einbeziehung eines statischen offenen I/O-Modells in ein gesamtwirtschaftliches Prognosemodell und
2. die Entwicklung von umweltökonomischen Entscheidungsmodellen auf der Basis statischer offener I/O-Modelle. Die Modellösung erfolgt dabei mit LP-Algorithmen bei unterschiedlichen politikrelevanten Zielfunktionen.

In beiden Fällen wird das I/O-Modell nur dazu verwendet, die gesamtwirtschaftliche Produktion auf die Sektorebene umzurechnen. Gleichzeitig bieten die Sektoren des I/O-Modells einen geeigneten Ansatzpunkt für die Berechnung der Schad-

1.2.2.1 Verallgemeinerte I/O-Modelle mit Umweltschutz

Bei einem verallgemeinerten I/O-Modell werden mehrere Produktionsprozesse für einen Sektor spezifiziert, anstelle eines einzigen, wie es beim Standard-I/O-Modell der Fall ist. Jedem Produktionsprozess liegt wieder eine linear-limitationale Produktionsfunktion zugrunde.[70] Die Bestimmung der für die Sektoren optimalen Prozesskombinationen erfolgt durch Verwendung eines LP-Algorithmus. Als zu minimierende Zielfunktion dient im allgemeinen die Summe der gesamten Kosten der Volkswirtschaft. Die Möglichkeit der Kombination verschiedener Produktionsprozesse innerhalb eines Sektors bedeutet, daß preisabhängige Inputsubstitution entsprechend der vorgegebenen Zielfunktion stattfinden kann.[71]

Thoss (1976) konstruiert ein statisches verallgemeinertes I/O-Modell, das er dazu verwendet, durch Umweltpolitik hervorgerufene mögliche Strukturveränderungen der bundesdeutschen Wirtschaft zu quantifizieren. Für 6 Sektoren des Modells, die in größerem Umfange Energie produzieren, werden jeweils mehrere Produktionsprozesse spezifiziert.[72] Dadurch wird im Modell in

---

stoffemissionen.
Solche Modellerweiterungen bieten zwar die Möglichkeit, die Endnachfrage preisreagibel zu gestalten und andere Zielfunktionen als nur die Minimierung der Gesamtkosten zu verwenden. Jedoch ist es nicht möglich, durch Umweltpolitik ausgelöste Substitutionsprozesse in der Produktion abzubilden. Somit wird das Hauptproblem der bisherigen I/O-Anwendungen nicht gelöst.
Einen kurzen Überblick über diese Modellansätze gibt Lakshmanan (1985,201-206), wo insbesondere das IIASA-Modell und das SEAS-Modell skizziert werden und Parvin/Grammas (1976) für Opimierungsansätze. Darstellungen einzelner interessanter Modelle finden sich in Kohn (1975), Muller (1979,61-100), Patzak/Schöler (1980) und Hafkamp (1984,133-160).

70 Vgl. Schumann (1968,126-137) und Bomsdorf (1977) zum Aufbau verallgemeinerter I/O-Modelle.

71 Vgl. Schumann (1968,126-7).

72 Es handelt sich um die Sektoren: Elektrizität, Kohle, Erdöl und Erdgas, Eisen und Stahl, NE-Metalle, Papier und Pappe.

diesen Sektoren preisabhängige Substitution von Energievorleistungen implementiert.[73]
Die zu maximierende Zielfunktion des Modells ist gleich dem Bruttosozialprodukt der Volkswirtschaft, abzüglich des Leistungsbilanzsaldos (= Summe der Exporte minus Summe der Importe), der Vorratsveränderungen und der Kosten für Abwasserreinigung. Thoss maximiert damit also die Summe aus privatem und staatlichem Konsum und den Investitionen, abzüglich der Kosten für Abwasserreinigung.
Als Nebenbedingungen werden, außer den Restriktionen über die verfügbare Arbeitsmenge und die zulässigen Veränderungsraten einiger Variablen, Höchstmengen für die Emissionen mehrerer Luft- und Wasserschadstoffe festgelegt.[74] Die Restriktionen über die zulässigen Emissionsmengen verknüpfen die einzelnen Sektoren und die Produktionsprozesse über ihre jeweils unterschiedlichen Emissionsfaktoren für die einzelnen Schadstoffe. Außer bei Wasserschadstoffen werden allerdings keine Entsorgungsmaßnahmen berücksichtigt.
Als Resultate erhält Thoss Veränderungen der Produktionsstrukturen und des Arbeitseinsatzes, die aus einer optimalen Anpassung an die Emissionshöchstgrenzen in den einzelnen Sektoren entstehen. Weitere Ergebnisse bestehen in der Bewertung der Emissionsrestriktionen der einzelnen Schadstoffe durch die dazugehörenden Schattenpreise. Diese Schattenpreise geben den marginalen Rückgang des Wertes der Zielfunktion, in diesem Fall vor allem des privaten Konsums an, der durch eine marginale Verschärfung der Emissionshöchstwerte verursacht wird. Sie sind im Modell gleich den gesamtwirtschaftlichen Grenzkosten der Emissionsverminderung.

Ein ähnliches Modell wurde von Russell/Spofford (1972) als regionales umweltökonomisches Planungsmodell entwickelt. Das Rus-

73 Vgl. Thoss (1976,412-3).

74 Thoss berücksichtigt 8 Luftschadstoffe wie z. B. CO, CO_2, SO_2 und NO_x. Die organischen Wasserschadstoffe werden durch den im Wasser gelösten Sauerstoffanteil B.O.D. gemessen.

sell/Spofford-Modell gehört zu einer Gruppe von umweltökonomischen Planungsmodellen, die im wesentlichen von Mitarbeitern von Resources for the Future (RFF) erstellt und angewendet wurden.[75]
Das Modell besteht aus drei Teilen:[76] 1. einem ökonomischen Modul, das als verallgemeinertes I/O-Modell die Produktions- und Konsummengen, die optimalen Prozesskombinationen, die Entsorgungsaktivitäten und die emittierten Schadstoffmengen bestimmt, 2. einem ökologischen Modul, in dem vor allem die Transport- und Abbauvorgänge der Schadstoffe in der Umwelt beschrieben werden und 3. Schadensfunktionen für die im Modell berücksichtigten Luft- und Wasserschadstoffe und Abfallstoffe. Die zu maximierende Zielfunktion des Modells ist gleich der Zahlungsbereitschaft der Konsumenten, abzüglich der Produktions- und Entsorgungskosten und der Schadensfunktionen.[77]
Vom Ansatz her ist dieses Modell zur Durchführung regionaler Kosten-Nutzen-Analysen von Umweltpolitik geeignet.

Verallgemeinerte I/O-Modelle wie z. B. die beiden oben dargestellten umweltökonomischen Modelle sind prinzipiell dazu geeignet, die starren Produktionsbeziehungen des Standard-I/O-Modells durch preisabhängige Prozeßsubstitution zu ersetzen. Damit ist es möglich, durch umweltpolitische Restriktionen hervorgerufenen Veränderungen der Produktionsstrukturen einer Volkswirtschaft zu analysieren. Durch die zusätzliche Einbeziehung preisabhängiger Endnachfrage können solche Modelle vom Ansatz her dazu verwendet werden, alle gesamtwirtschaftlichen und sektoralen Effekte von alternativen umweltpolitischen Maßnahmen zu untersuchen.
Praktisch haben sich verallgemeinerte I/O-Modelle für umweltökonomische Analysen allerdings nicht durchsetzen können. Der

---

75 Einen guten Überblick über die von RFF erstellten Modelle und die durchgeführten Modellanwendungen gibt James (1985).

76 Vgl. Russell/Spofford (1972,121-4).

77 Vgl. Russell/Spofford (1972,126-7).

Hauptgrund dafür liegt in der Schwierigkeit, die Daten für die verschiedenen Produktionsprozesse der Sektoren zu ermitteln. I/O-Tabellen reichen als Datengrundlage nicht aus, da sie für jeden Sektor nur einen druchschnittlichen Produktionsprozeß ausweisen. Die Prozeßstrukturen müssen also vom Modellkonstrukteur eigenständig erhoben werden. Um den damit verbundenen Arbeitsaufwand zu vermindern, konzentrieren sich die Studien auf einzelne wenige Sektoren einer Volkswirtschaft wie z. B. Thoss (1976), der nur im Bereich der Energieerzeugung mehrere Produktionsprozesse berücksichtigt. Zusätzlich tritt das Problem auf, daß auf gesamtwirtschaftlicher oder auch nur regionaler Ebene einzelne Produktionsprozesse normalerweise nicht zu identifizieren sind, da sich Produktionsprozesse immer auf einzelne Produktionsanlagen beziehen.[78] Empirische Anwendungen verallgemeinerter I/O-Modelle beziehen sich daher fast immer auf kleinräumige Regionen mit wenigen Produktionsanlagen.[79]

1.2.2.2 Umweltökonomische I/O-Modelle mit preisabhängigen I/O-Koeffizienten

Die Verwendung preisabhängiger I/O-Koeffizienten bietet eine, verglichen mit verallgemeinerten I/O-Modellen, sehr elegante Möglichkeit, preisabhängige Substitution in die Produktionsstrukturen von I/O-Modellen zu integrieren.[80]
Ausgangspunkt ist dabei die Annahme einer neoklassischen Produktionsfunktion für jeden Sektor des Input-Output-Modells. Aus der dazugehörigen neoklassischen Kostenfunktion können mit Hilfe von Shephard's Lemma preisabhängige I/O-Koeffizienten

---

78 Vgl. Bomsdorf (1977,75).

79 Vgl. die Anwendungen von Weiterentwicklungen des Russell/Spofford-Modells in James (1985,305-314).

80 Eine ausführliche Darstellung von Input-Output-Analyse mit preisabhängigen Koeffizienten findet sich in Conrad (1979).

hergeleitet werden. Die Vorgehensweise ist wie folgt:[81]

(1.27) $x_j = f_j(x_{1j},\ldots,x_{nj},x_{n+1,j},\ldots,x_{mj})$ $\qquad j=1,\ldots,n.$

$f_j(\ldots)$ ist die Produktionsfunktion des Sektors j mit n Vorleistungsinputs und (m-n) Primärfaktoren. Die Produktionsfunktion ist quasikonkav und monoton wachsend in allen Inputs.[82]
Durch Minimierung der Summe aller mit ihren Preisen bewerteten Inputmengen, unter Zugrundelegung der obigen Produktionsfunktion als Nebenbedingung, erhält man für jeden Sektor eine neoklassische Kostenfunktion:

(1.28) $C_j(P,x_j) = C_j(p_1,\ldots,p_m,x_j)$ $\qquad j=1,\ldots,n.$

$C_j(\ldots)$ ist linear homogen und konkav in allen Inputpreisen P, sowie monoton wachsend in den Preisen und der Outputmenge x_j.[83]
Für die weitere Vorgehensweise wird angenommen, daß die Produktionsfunktion linear homogen in allen Inputs ist.[84] Die Kostenfunktion läßt sich dadurch in eine nur von den Preisen abhängige Einheitskostenfunktion und den Output zerlegen:[85]

(1.29) $C_j(P,x_j) = c_j(P)\ x_j \qquad \text{mit } c_j(P) \equiv C_j(P,1)$

Die preisabhängigen I/O-Koeffizienten erhält man nun durch

---

81 Die Notation orientiert sich an der Darstellung des statischen offenen I/O-Modells (1.1) und (1.2) sowie (1.12) und (1.13).

82 Alle notwendigen mathematischen Eigenschaften einer neoklassischen Produktionsfunktion finden sich z. B. in Diewert (1971,484-6).

83 Vgl. Diewert (1971,489-490).

84 Die Eigenschaft der linearen Homogenität wird üblicherweise zur Ableitung preisabhängiger I/O-Koeffizienten verwendet. Wenn sie für die Produktionsfuktion nicht gilt, dann sind die I/O-Koeffizienten sowohl von den Preisen, als auch vom sektoralen Output abhängig.

85 Vgl. Diewert (1982,573-4).

Anwendung von Shephard's Lemma auf (1.29):[86]

$$(1.30)\quad a_{ij}(P) = \frac{x_{ij}(P,x_j)}{x_j} = \frac{\partial c_j(P)}{\partial p_i} \qquad i=1,\dots,m;\ j=1,\dots,n.$$

Die konkrete Form der Koeffizienten $a_{ij}(P)$ hängt dabei von der für die Kostenfunktion gewählten funktionalen Form ab.[87]

Preisabhängige I/O-Koeffizienten lassen sich auch in das erweiterte Leontief-Modell ((1.8) und (1.20)) integrieren.[88]
Das erweiterte Preismodell hat dann folgendes Aussehen:

$$(1.31)\quad \begin{bmatrix} (I - A'_{11}(P)) & -A'_{21}\alpha \\ -A'_{12}(P) & I \end{bmatrix} \cdot \begin{bmatrix} P_1 \\ P_2 \end{bmatrix} = \begin{bmatrix} V_1(P) \\ V_2(P) \end{bmatrix}$$

In (1.31) sind die Vorleistungskoeffizienten A_{11} und A_{12} preisabhängig, während die Emissionsfaktoren A_{21} weiterhin konstant sind. Der Preisvektor P gibt dabei an, daß im allgemeinen Fall die I/O-Koeffizienten von allen Preisen (P_1 und P_2) abhängig sind. Die I/O-Koeffizienten der Primärfaktoren sind ebenfalls preisabhängig; die Preise der Primärfaktoren selbst sind dagegen exogen vorgegeben.
(1.31) ist nun ein in den sektoralen Preisen interdependentes

---

86 Vgl. Conrad (1979,633-4).

87 Die einfachste funktionale Form für preisabhängige I/O-Koeffizienten erhält man durch Verwendung einer Cobb-Douglas Produktionsfunktion:
$a_{ij} = \alpha_{ij}(p_j/p_i)$. Hierbei ist α_{ij} die Produktionselastizität von Input i in Sektor j. Vgl. Conrad (1979,636).
Für ökonometrische Anwendungen werden normalerweise flexible funktionale Formen wie z. B. die verallgemeinerte Leontief-Kostenfunktion oder die Translog-Kostenfunktion gewählt. Vgl. Diewert (1982,574-5).
Eine sehr bekannte empirische Anwendung eines ökonometrischen Energiemodells mit preisabhängigen I/O-Koeffizienten stellt das Hudson/Jorgenson-Modell dar, bei dem für jeden Sektor eine Translog-Kostenfunktion spezifiziert wird. Vgl. Hudson/Jorgenson (1974).

88 Vgl. für die folgende Darstellung auch Conrad (1976).

Gleichungssystem, das aus m Gleichungen und aus m Variablen besteht. Die Auslösung des Gleichungssystems ergibt die Preise der Produktions- und Entsorgungssektoren, d.h., die durchschnittlichen Kosten von Produktion und Entsorgung.
Diese Preise werden nun in das entsprechende Mengenmodell eingesetzt.

$$(1.32)\quad \begin{bmatrix} (I - A_{11}(P)) & - A_{12}(P) \\ - A_{21} & I \end{bmatrix} \cdot \begin{bmatrix} X_1 \\ X_2 \end{bmatrix} = \begin{bmatrix} F_1(P) \\ - F_2 \end{bmatrix}$$

In (1.32) ist außer der Vorleistungsnachfrage auch die Endnachfrage F_1 preisabhängig.[89]
Nach Berechnung der Preise aus (1.31) sind in (1.32) die I/O-Koeffizienten und die Endnachfrage festgelegt. Die produzierten und die entsorgten Mengen (X_1 und X_2) können nun wieder durch Inversion der Koeffizientenmatrix errechnet werden.[90]
Es wird sich dabei allerdings ergeben, daß zunächst die in (1.31) vorgegebenen Entsorgungsgrade α nicht kompatibel sind mit den entsorgten Schadstoffmengen X_2 aus (1.32).[91] In diesem

89 Die genaue Spezifikation der preisabhängigen Endnachfrage, die ja aus den Teilen privater Konsum, Investitionen, staatlicher Konsum, Vorratsinvestitionen und den Exporten besteht, wird hier offengelassen. Es kann sich sowohl um theoretisch fundierte Funktionen, als auch um ad-hoc Spezifikationen handeln.

90 Eine Lösung von (1.32) durch Inversion der Koeffizientenmatrix ist nur möglich, weil die preisabhängigen I/O-Koeffizienten unabhängig sind von den sektoralen Outputmengen. Dies ist die Folge der linearen Homogenität der Produktionsfunktion in allen Inputs.
Ohne diese Eigenschaft wäre (1.32) ein interdependentes Gleichungssystem in allen sektoralen Outputs und in den Entsorgungsmengen, mit z Gleichungen und z Variablen.

91 Bei der Festlegung von α in (1.18) müssen sowohl die Emissionshöchstmengen, als auch die entsorgten Schadstoffmengen bekannt sein. In (1.32) werden jedoch die entsorgten Schadstoffmengen X_2 durch die unter anderem von α abhängigen Preise beeinflusst. Die Lösungen von (1.31) und (1.32) sind nur dann kompatibel, wenn sich die bei der Festlegung von α angenommenen Entsorgungsmengen auch wieder aus (1.32) ergeben.

Fall müssen neue Werte für α verwendet werden, solange bis die bei der Festlegung von α vorgegebenen Entsorgungsmengen X_2 identisch sind mit den aus (1.32) errechneten Entsorgungsmengen.

Der Unterschied von (1.31) und (1.32) zum erweiterten Leontief-Modell mit fixen Koeffizienten besteht, abgesehen von dem nun komplizierteren Lösungsverfahren, in der expliziten Berücksichtigung von preisbedingten Substitutionsvorgängen in der Vorleistungs- und der Endnachfrage.
Höhere Entsorgungsgrade α führen in (1.31) zu neuen kostenminimalen Preisstrukturen. Die neuen Preise führen in (1.32) zu veränderten I/O-Koeffizienten und einer veränderten Endnachfrage. Güter, deren Preise relativ zu den anderen Preisen gestiegen sind, weil sie besonders emissionsintensiv produziert werden, werden nun in geringerer Menge nachgefragt. Die Nachfrage nach weniger umweltschädlichen Gütern steigt dagegen aufgrund ihrer gesunkenen Relativpreise.
Umweltökonomische I/O-Modelle mit preisabhängigen Koeffizienten können daher dazu verwendet werden, die Wirkungen von umweltpolitischen Maßnahmen auf die Höhe der produzierten Gütermengen und die Produktionsstrukturen zu analysieren. Ebenso ist es möglich, die Wirkungen von Umweltpolitik auf die Preise der einzelnen Sektoren zu untersuchen.[92] Nachteilig ist allerdings, daß die Preise der Primärfaktoren wie z. B. Arbeit und Kapital exogen vorgegeben sind und durch umweltpolitische Maßnahmen nicht modellendogen verändert werden.[93]

Der wesentliche Unterschied eines I/O-Modells mit preisabhängi-

---

92 Anwendungen ähnlicher Modelle finden sich in Nijkamp (1980, 98-142), Lesuis/Muller/Nijkamp (1980) und Liew (1984). Die ersten beiden Artikel verwenden wie Conrad (1976) Translog-Kostenfunktionen, während Liew eine Cobb-Douglas Spezifikation wählt.

93 Oftmals werden die Preise der Primärfaktoren aus einem makroökonomischen Modell bestimmt, in das das preisabhängige I/O-Modell eingebettet ist. Vgl. Conrad (1976,139).

gen Koeffizienten zu einem verallgemeinerten I/O-Modell ist die flexiblere Abbildung der Substitutionsmöglichkeiten in der Produktion. Während bei einem verallgemeinerten I/O-Modell die Produktionsprozesse eines Sektors explizit in das Modell eingehen, wird bei Verwendung preisabhängiger Koeffizienten durch die neoklassische Kostenfunktion ein Kontinuum von Produktionsprozessen vorgegeben. Verallgemeinerte I/O-Modelle sind, sofern sie die Produktionsprozesse von einzelnen Produktionsanlagen abbilden, exakte Planungsinstrumente. Preisabhängige I/O-Modelle sind dagegen wesentlich flexibler und eignen sich besser für die approximative Abbildung der Produktionsmöglichkeiten aggregierter Sektoren einer Volkswirtschaft.

1.3 Allgemeine Gleichgewichtsmodelle und Umwelt

Die im vorangegangenen Kapitel (1.2) vorgestellten Modelle sind als Vorstufe zu allgemeinen Gleichgewichtsmodellen anzusehen und können mit zum Teil nur geringen Veränderungen in allgemeine Gleichsgewichtsmodelle transformiert werden.[94] Eine solche Transformation des statischen offenen I/O-Modells mit preisabhängigen Koeffizienten wird in Kapitel (2.1) im Zusammenhang mit der Darstellung von CGE-Modellen durchgeführt.

Im folgenden wird zunächst ein statisches allgemeines Gleichgewichtsmodell mit Umwelt dargestellt. Im Anschluß daran werden die wichtigsten Ziele und Resultate der Analysen mit umweltökonomischen Gleichgewichtsmodellen beschrieben. Die Darstellungen sollen einen Kontrast bieten zu der Modellstruktur umweltökono-

---

[94] Vgl. Ginsburgh/Waelbroeck (1981,19-33). Die Autoren zeigen, daß es mit LP-Modellen und geschlossenen I/O-Modellen möglich ist, allgemeine Gleichgewichtsmodelle abzubilden. Die in Kapitel (1.2) dargestellten LP-Modelle erfüllen die erforderlichen Voraussetzungen dazu jedoch nicht. Ebenso sind die umweltökonomischen I/O-Modelle nicht als vereinfachte allgemeine Gleichgewichtsmodelle anzusehen, da sie offene I/O-Modelle sind, so daß der Einkommenskreislauf nicht geschlossen ist.

mischer I/O-Modelle und deren Anwendungsmöglichkeiten.

1.3.1 Ein statisches umweltökonomisches Gleichgewichtsmodell

Die folgende Darstellung eines allgemeinen Gleichgewichtsmodells mit Umweltverschmutzung soll exemplarisch den grundsätzlichen Aufbau solcher Modelle verdeutlichen und die Unterschiede zum erweiterten Leontief-Modell hervorheben. Soweit es möglich ist, wird die Notation des erweiterten Leontief-Modells beibehalten.

Die Ökonomie bestehe aus n Produzenten, die gemäß der folgenden Produktionsfunktion produzieren:

$$(1.33) \quad x_j = f_j(x_{1j},\ldots,x_{nj},L_j,E_j) \qquad j=1,\ldots,n.$$

$$\text{mit} \quad \partial f_j(\ldots)/\partial a > 0; \qquad a = x_{1j},\ldots,x_{nj},L_j,E_j$$

(1.33) ist eine konkave Produktionsfunktion mit n Vorleistungsinputs, dem Primärfaktor Arbeit (L_j) und den Emissionen eines Schadstoffes (E_j). Diese Produktionsfunktion läßt sich ähnlich interpretieren wie die von Pethig (1977,326-329) verwendete Produktionsfunktion.[95] Die Produktionsfunktion enthält außer den üblichen Inputfaktoren zusätzlich die Höhe der vom Unternehmen abgegebenen Nettoemissionen E_j als Produktionsfaktor. Bei der Produktion entstehen Schadstoffe, die mit Hilfe von nicht näher festgelegten Entsorgungsmaßnahmen beseitigt werden können. Beides, die Emissionsentstehung und die Emissionsbeseitigung, sind in der obigen Produktionsfunktion (1.33) implizit enthalten.[96]

---

[95] Vgl. ebenfalls die ähnliche Formulierung der Produktionsfunktion bei Tietenberg (1973,196-7).

[96] Eine Verminderung der Nettoemissionen ist möglich durch den Einsatz weniger emissionsintensiver Produktionsprozesse und die Installation von Entsorgungsanlagen (end-of-pipe). In beiden Fällen wird anstelle der geringeren Emissionen mehr von den anderen Produktionsfaktoren eingesetzt werden müssen, um die gleiche Outputmenge zu produzieren.

Unter der Annahme gegebener Preise für Vorleistungen, des Lohnsatzes p_L sowie eines positiven Steuersatzes τ, der sich auf die Menge der Nettoemissionen bezieht, kann die zu (1.33) gehörende neoklassische Kostenfunktion gebildet werden:

$$(1.34) \quad C_j(p_1,\dots,p_n,p_L,\tau) \qquad j=1,\dots,n.$$

Mit Hilfe von Shephard's Lemma lassen sich aus der Kostenfunktion die kostenminimalen Faktornachfragefunktionen ableiten:[97]

$$(1.35) \quad \frac{\partial C_j}{\partial p_i} = x_{ij}(P,\tau,x_j), \quad \frac{\partial C_j}{\partial p_L} = L_j(P,\tau,x_j), \quad \frac{\partial C_j}{\partial \tau} = E_j(P,\tau,x_j)$$

Dabei ist P der Vektor der Preise $(p_1,\dots, p_n, p_L)$.

Wie in der Input-Output-Analyse üblich, wird davon ausgegangen, daß nur ein idealtypischer Konsument existiert, der die gesamte Konsumnachfrage entfaltet. Der Einfachheit halber wird angenommen, daß die gesamte Endnachfrage nur aus der privaten Konsumnachfrage besteht.
Es gilt folgende Nutzenfunktion:[98]

$$(1.36) \quad U = U(x_{c1},\dots,x_{cn},F,E)$$

$$\text{mit} \quad \partial U/\partial x_{ci} > 0, \ \partial U/\partial F > 0 \text{ und } \partial U/\partial E < 0.$$

---

[97] Vgl. Forster (1984,14-15).

[98] Die Einbeziehung der Schadstoffemissionen in die Nutzenfunktion kann grundsätzlich auf zwei Arten erfolgen:
1. es wird wie hier angenommen, daß die Emissionen direkt in die Nutzenfunktion eingehen und daß eine Zunahme der Emissionen den Nutzen vermindert; vgl. dazu Tietenberg (1973,197) und Wiegard (1983,210).
2. die Emissionen bestimmen eine Umweltqualitätsfunktion $Q(E)$ mit $Q' < 0$. In die Nutzenfunktion geht nun $Q(E)$ ein mit $\partial U/\partial Q > 0$. Eine Zunahme der Umweltqualität, erzielt durch eine Verminderung der Emissionen, erhöht also den Nutzen; vgl. dazu Freeman (1985,227) und Gronych (1980,26-32).
Beide Ansätze sind bezüglich der mit ihnen erzielten Ergebnisse äquivalent.

Die Nutzenfunktion ist quasikonkav in allen Argumenten. Außer dem Konsum der Gütermengen, geht die Freizeit F und die Menge der Emissionen E in die Nutzenfunktion ein.[99]
Der Konsument maximiere seinen Nutzen bezüglich der konsumierten Gütermengen und der Freizeit unter der Budgetrestriktion:[100]

$$(1.37)\quad p_L\, L + T \;\geq\; p_1 x_{c1} + \ldots + p_n x_{cn} \qquad \text{mit} \quad L = 24 - F$$

Dabei ist T das Emissionssteueraufkommen mit $T = \tau \cdot E$. Das Emissionssteueraufkommen wird hier als Pauschaltransfer an die Konsumenten zurückgegeben.
Aus dem Maximierungproblem des Konsumenten ergeben sich bei Vorgabe einer beliebigen Emissionsmenge als Lösung die Marshall'schen Nachfragefunktionen nach den n Gütern sowie das Arbeitsangebot:

$$(1.38)\quad x_{ci}(P,E) \quad \text{und} \quad L(P,E) \qquad i=1,\ldots,n.$$

Es wird angenommen, daß auf allen Gütermärkten und dem Markt für Arbeit vollkommene Konkurrenz herrscht. Die Bedingungen für Marktgleichgewicht bei gegebenem Emissionssteuersatz $\tau > 0$ sind für die Gütermärkte (1.39):[101]

---

99 In die Nutzenfunktion gehen die Immissionen ein, d.h., die Menge der Schadstoffe, die letztlich schädigend wirken kann, was z. B. bei Luftschadstoffen durch die vorhandene Konzentration ausgedrückt wird. Im Modell wird angenommen, daß die Menge der Immissionen identisch ist mit der Menge der Emissionen.

100 Vgl. Varian (1984,216-218) zur Standardformulierung der Budgetgleichung bei endogener Bestimmung des Arbeitsangebotes.
Zusätzlich zu der üblichen Formulierung der Budgetgleichung wird noch das Emissionssteueraufkommen als eine das Einkommen erhöhende Komponente berücksichtigt. Das Emissionssteueraufkommen muß auf irgendeine Weise zurückverteilt werden, da sonst das Modell nicht geschlossen ist; vgl. Page/ Ferejohn (1974,455). Hier wird, wie üblich, ein Pauschaltransfer zugunsten der Konsumenten modelliert.

101 Vgl. Ruff (1972,187).

$$(1.39)\quad x_i = \sum_{j=1}^{n} x_{ij}(P,\tau,x_j) + x_{ci}(P,E) \qquad i=1,\ldots,n.$$

$$(1.40)\quad L(P,E) = \sum_{j=1}^{n} L_j(P,\tau,x_j) \quad \text{für den Arbeitsmarkt.}$$

Bei gegebenem positivem Emissionssteuersatz ergibt sich das Emissionsniveau:

$$(1.41)\quad E = \sum_{j=1}^{n} E_j(P,\tau,x_j)$$

Es gibt nun einen Preisvektor $\bar{P}$, der die Gleichungen (1.39) und (1.40) erfüllt, so daß die resultierenden Mengen $\bar{X}$ und $\bar{L}$ für jeden Wert von τ einen pareto-optimalen Zustand der Ökonomie darstellen.[102]

Unter der Annahme, daß die sich ergebende Emissionsmenge E ein zu erreichendes Ziel der Umweltpolitik ist, entspricht die Gleichgewichtslösung des obigen Modells in bezug auf die Emissionsmenge einem Preis-Standard-Gleichgewicht, das durch die Wahl von τ erreicht wird.[103] Der Steuersatz τ ist identisch mit den Grenzkosten der Emissionsvermeidung.[104]

Bei einem Preis-Standard-Gleichgewicht ist es möglich, durch geeignete Veränderung des zu erreichenden Emissionszieles E und der Instrumentvariablen τ die Ökonomie in einen $(\bar{\bar{X}},\bar{\bar{L}})$-Zustand zu bringen, der eine Pareto-Verbesserung darstellt. Ein Pareto-Optimum unter Einbezug des "Marktes" der Schadstoffemissionen

---

102 Vgl. Ruff (1972,187-189). X bezeichnet den Vektor der Outputmengen mit $X = (x_1,\ldots,x_n)$.

103 Vgl. zu einer Verallgemeinerung des Preis-Standard-Ansatzes von Baumol/Oates (1971) durch Integrierung des Ansatzes in ein allgemeines Gleichgewichtsmodell: Tietenberg (1973).

104 Vgl. Ruff (1972,188).
Der Begriff Emissionsvermeidung umfasst alle Maßnahmen, die geeignet sind, die Schadstoffemissionen zu vermindern, also beispielsweise die Entsorgung von Schadstoffen, die Substitution emissionsintensiver Inputfaktoren und die Verwendung neuer, weniger emissionsintensiver Produktionsverfahren.

(X^*, L^*, E^*) ist dann erreicht, wenn eine solche Pareto-Verbesserung nicht mehr möglich ist. Der Emissionssteuersatz τ ist dann identisch mit einer Pigou-Steuer und es wird eine vollständige Internalisierung der durch die Schadstoffemissionen verursachten externen Effekte erreicht.[105]

1.3.2 Überblick über die wichtigsten Analysen mit umweltökonomischen Gleichgewichtsmodellen

Der folgende Überblick zeigt die wesentlichen Untersuchungsziele und -ergebnisse von umweltökonomischen allgemeinen Gleichgewichtsmodellen, die auch für die im nächsten Kapitel (2) darzustellenden angewandten Gleichgewichtsmodelle von Interesse sind.[106]

Zunächst standen die theoretisch orientierten Fragen nach der Lösbarkeit eines umweltökonomischen allgemeinen Gleichgewichtsmodells und den Bedingungen für ein Pareto-Optimum im Mittelpunkt des Interesses.[107]

Einen zweiten Schwerpunkt bildete die Integration des von Baumol/Oates (1971) entwickelten Preis-Standard-Ansatzes in den Rahmen eines allgemeinen Gleichgewichtsmodells. Der Preis-Standard-Ansatz geht davon aus, daß eine einheitliche Emissionssteuer je Schadstoff ausreichend ist, um einen vorgegebenen Höchstwert für die Emission jedes Schadstoffes einzuhalten. Eine staatliche Umweltbehörde, die die passenden Emissionssteuersätze festlegt, kann damit erreichen, daß die vorgeschriebene Emissionsreduktion zu geringstmöglichen gesamtwirtschaftlichen

---

105 Formale Darstellungen eines Pareto-Optimums unter Einbezug von Umweltverschmutzung finden sich unter anderem in Siebert (1987,50-55) und in Mäler (1985,22-29).

106 Die Darstellung beschränkt sich darüberhinaus auf statische Modelle, da die speziellen Resultate der dynamischen umweltökonomischen Gleichgewichtsmodelle für Kapitel (2) keine Rolle spielen.

107 Vgl. als relativ frühe umfassende Arbeit zu diesem Thema Mäler (1974,19-57).

Kosten durchgeführt wird.[108]
Wie Tietenberg (1973,1973a,1974,1974a) mit einem allgemeinen Gleichgewichtsansatz zeigt, gilt diese Aussage nur für die Reduktion der Emissionen beim Emittenten, nicht jedoch für die Reduktion der Immissionen, d.h., der Schadstoffkonzentrationen in einem Umweltmedium. Eine gesamtwirtschaftliche kostenminimale Reduktion der Immissionen ist nur durch differenzierte Emissionssteuern möglich, die z. B. klimatische Bedingungen und chemische Reaktionen in der Umwelt mit berücksichtigen.
Dieses Resultat ist auch für die in Kapitel (2) darzustellenden umweltökonomischen CGE-Modelle relevant.

Baumol/Oates (1971) und Tietenberg (1973) haben gezeigt, daß die gesamtwirtschaftlichen Wirkungen bei Festlegung einer allgemeinen Emissionshöchstmenge identisch sind mit denjenigen einer Emissionssteuer. Die Emissionssteuer hat dabei die gleiche Höhe wie der Schattenpreis des Emissionslimits.
Es wurde von Montgomery (1972) und Bergstrom (1976) gezeigt, daß eine geeignete Festlegung von Eigentumsrechten an der Umwelt in Form von handelbaren Emissionslizenzen zu den gleichen Resultaten führt, wie eine Emissionssteuer oder eine Emissionshöchstmenge. Auf diese Weise ist es möglich, dezentralisierte Märkte für Emissionslizenzen zu nutzen, um eine staatlich vorgegebene Emissionshöchstmenge mit minimalen gesamtwirtschaftlichen Kosten zu erreichen.

Yohe (1979) untersucht die Wirkungen von Umweltpolitik auf die Verteilung der Faktoreinkommen zwischen Arbeit und Kapital in einem 2-Sektoren-Gleichgewichtsmodell. Die beiden einzigen Produktionsfaktoren Arbeit und Kapital sind immer vollständig ausgelastet. Die Produktionsfunktion jedes Sektors ist linear homogen in Arbeit, Kapital und für den Sektor, der Emissionen verursacht, zusätzlich in der Emission eines Schadstoffes.

---

108 Vgl. Tietenberg (1974a,462-3).

Die Ergebnisse der Modellrechnungen sind:[109] 1. das gesamte Einkommen der Ökonomie nimmt bei strengeren Emissionslimits ab, 2. Umweltpolitik führt dazu, daß der emissionsintensive Sektor weniger produziert, während die Produktion im anderen Sektor, der keine Schadstoffe emittiert, zunimmt und 3. wenn der keine Schadstoffe emittierende Sektor arbeitsintensiv ist, dann wird der Anteil des Arbeitseinkommens am gesamten Faktoreinkommen zunehmen.
Yu/Ingene (1982) verwenden ein ganz ähnliches Modell wie Yohe (1979), allerdings mit der Ausnahme, daß sie einen nach unten starren Lohnsatz und damit auch die Möglichkeit von Arbeitslosigkeit annehmen. Im Gegensatz zu Yohe handelt es sich hier um eine Analyse kurzfristiger Effekte von Umweltpolitik.
Yu und Ingene kommen zu dem erstaunlichen Ergebnis, daß strengere Emissionslimits zu einer Zunahme des gesamten Einkommens der Ökonomie führen können, sofern der emissionsintensiv produzierende Sektor auch der kapitalintensive Sektor ist. Die verschärften Emissionsvorschriften führen in diesem Falle zu einer Zunahme der Beschäftigung, die die Kosten der Umweltpolitik überkompensieren.[110]

Pethig (1977) führt mit einem allgemeinen Gleichgewichtsmodell eine Kosten-Nutzen-Analyse von Umweltpolitik durch. Sein Hauptanliegen ist der Vergleich verschiedener gesamtwirtschaftlicher Kostenkonzepte und das Verdeutlichen ihrer unterschiedlichen theoretischen Implikationen.

Umweltökonomische allgemeine Gleichgewichtsmodelle sind ein bewährtes Instrument zur Analyse der theoretischen Eigenschaften der mit ihnen abgebildeten abstrakten Ökonomien.

---

109 Vgl. Yohe (1979, 192-198).

110 Vgl. Yu/Ingene (1982,309). Forster (1984) kritisiert allerdings dieses Ergebnis, indem er argumentiert, daß vollkommene Kapitalmobilität und ein nach unten starrer Lohnsatz keine sinnvolle Kombination darstellten; vgl. Forster (1984,17).

Vorteilhaft ist, daß alle Rückwirkungen von Umweltpolitik über veränderte Preise und Einkommen im Modell Berücksichtigung finden. Damit sind die Nachteile der in Kapitel (1.2) dargestellten I/O-Modelle hier nicht mehr vorhanden.
Für die Analyse und Bewertung praktischer Umweltpolitik haben allgemeine Gleichgewichtsmodelle jedoch auch gravierende Nachteile, die insbesondere ihre mangelnde Operationalität betreffen. Die von Yohe (1979) und Yu/Ingene (1982) durchgeführten Studien versuchen, eine praktisch relevante Bewertung von Umweltpolitik durchzuführen. Den Modellen müssen die Autoren jedoch, damit sie noch handhabbar sind, stark vereinfachende Annahmen zugrundelegen wie z. B. die Einteilung der Ökonomie in nur zwei Sektoren, die fehlende Differenzierung nach mehreren Inputfaktoren zusätzlich zu Arbeit und Kapital sowie eine wenig differenzierte Abbildung von Umweltschutzvorschriften und Entsorgungsmaßnahmen.

Diese Aufzählung zeigt, daß umweltökonomische I/O-Modelle und allgemeine Gleichgewichtsmodelle bei der Bewertung von praktischer Umweltpolitik in einer komplementären Beziehung zueinander stehen: die Vorteile der I/O-Modelle - Operationalität, vielfältige Differenzierungsmöglichkeiten in bezug auf Entsorgung und umweltpolitische Restriktionen, konkrete quantitative Ergebnisse - sind gerade die Nachteile der allgemeinen Gleichgewichtsmodelle, während die theoretische Konsistenz der letzteren bei den I/O-Modellen fehlt.
Eine Kombination der positiven Eigenschaften beider Modellarten wäre somit ein vielversprechender Ansatz für die Konstruktion von Modellen, die der Analyse und Bewertung konkreter umweltpolitischer Maßnahmen dienen können. Genau dies aber wird mit umweltökonomischen allgemeinen Gleichgewichtsmodellen versucht, denen das folgende Kapitel (2) gewidmet ist.

2. Das ENEAS-Modell als empirisches Gleichgewichtsmodell zur Simulation der Kosten von Umweltpolitik[1]

Dieses Kapitel widmet sich schwerpunktmäßig der Darstellung des ENEAS-Modells. Dies ist ein empirisches Gleichgewichtsmodell, das speziell zur vergleichenden Analyse umweltpolitischer Instrumente konstruiert wurde. Dabei werden alternative umweltpolitische Maßnahmen anhand ihrer Kosten zur Erzielung einer vorgegebenen Emissionsreduktion bei mehreren Schadstoffen bewertet.
In der Einleitung werden zunächst die wesentlichen Grundlagen von CGE-Modellen dargestellt.[2] Im Anschluß daran wird ein Überblick über die bislang vorhandenen umweltökonomischen CGE-Modelle und deren Anwendungen gegeben.
Nach der Einleitung folgt die ausführliche Beschreibung des ENEAS-Modells. Eine besondere Betonung finden dabei der Einbezug von umweltpolitischen Parametern und die modellendogenen Reaktionsmöglichkeiten von Unternehmen und Konsumenten auf umweltpolitische Regulierung.

2.1 Einleitung

2.1.1 Grundstrukturen von CGE-Modellen[3]

CGE-Modelle stellen eine Kombination von preisabhängigen I/O-Modellen und allgemeinen Gleichgewichtsmodellen dar. Die logische Struktur eines CGE-Modells ist die eines allgemeinen

---

1 ENEAS ist die Abkürzung für **En**vironmental-**E**conomic **A**nalysi**s**.

2 Die Abkürzung CGE-Modell für **C**omputable **G**eneral **E**quilibrium Modell wird im folgenden anstelle der deutschen Bezeichnungen empirisches, angewandtes oder berechenbares Gleichgewichtsmodell verwendet.

3 Gute einführende Artikel zur Struktur und zu Anwendungen von CGE-Modellen sind Shoven/Whalley (1984), Borges (1986) und Wiegard (1985, 1988). Einen guten Überblick über CGE-Modellierung geben die beiden Sammelbände Scarf/Shoven (1984) und Piggott/Whalley (1985).

Gleichgewichtmodells, wobei allerdings der konkrete Modellaufbau als Erweiterung eines I/O-Modells mit preisabhängigen Koeffizienten aufgefasst werden kann.[4]
Im folgenden wird ein statisches CGE-Modell dargestellt, wobei die Notation derjenigen des in Kapitel (1.2.2.2) beschriebenen preisabhängigen I/O-Modells entspricht. Der Einfachheit halber wird hier zunächst davon ausgegangen, daß der private Konsum die gesamte Endnachfrage darstellt. Auch auf den Einbezug von umweltökonomischen Parametern wird hier noch verzichtet.[5]

Analog (1.32) ergeben sich die Gleichgewichtsbedingungen für die Gütermärkte:

$$(2.1) \quad (I - A_{11}(P_1))\, X_1 = F_1(P_1)$$

Dabei ist P_1 der Vektor der Güterpreise und der Faktorpreise. Die Eigenschaften der sektoralen Produktions- und Kostenfunktionen entsprechen denjenigen von Kapitel (1.2.2.2), d.h., die Produktionsfunktion ist quasikonkav, monoton wachsend und linear homogen in allen Inputs, so daß bei gegebenen Inputpreisen eine neoklassische Kostenfunktion (1.28) existiert. Die preisabhängigen I/O-Koeffizienten werden entsprechend (1.30) bestimmt.
Die Unterschiede zu einem I/O-Modell mit preisabhängigen Koeffizienten sind im einzelnen:

(1) der Einkommenskreislauf ist geschlossen, d.h., die gesamten Faktoreinkommen aus der Bereitstellung der Primärfaktoren fließen den Konsumenten zu,

---

4 Vgl. Adelman/Robinson (1988,24).

5 Das ENEAS-Modell, sowie die anderen vorhandenen umweltökonomischen CGE-Modelle, die in Kapitel (2.1.2) beschrieben werden, lassen sich auf andere Weise besser darstellen als durch das Schema des erweiterten Leontief-Modells. Die mit (1.31) und (1.32) gewählte Darstellung eines umweltökonomischen I/O-Modells mit preisabhängigen Koeffizienten wird hier deshalb nicht verwendet.

(2) die Konsumenten bestimmen ihre Güternachfrage aufgrund von Nutzenmaximierung[6],

(3) die Preise für die Primärfaktoren werden endogen im Modell bestimmt.

Zur Herleitung der Konsumnachfrage $F_1(P)$ wird von der Nutzenfunktion

(2.2) $U = U(x_{c1},\ldots,x_{cn})$ mit $\partial U/\partial x_{ci} > 0$

ausgegangen. U(...) ist quasikonkav in den konsumierten Gütermengen x_{ci}. Es wird angenommen, daß es in der Ökonomie die zwei Primärfaktoren Arbeit (L) und Kapital (K) gibt, die zur Vereinfachung der Darstellung, exogen vorgegeben sind. Das Faktoreinkommen der Konsumenten ist:

(2.3) $Y = p_L \cdot \bar{L} + p_K \cdot \bar{K}$

Dabei ist p_L der Preis für Arbeit und p_K der Preis für Kapital. Die Marshall'schen Nachfragefunktionen der Konsumenten lassen sich nun durch Nutzenmaximierung mit der üblichen statischen Budgetgleichung

(2.4) $Y \geq p_1 x_{c1} + \ldots + p_n x_{cn}$

ermitteln.

Zusätzlich zu (2.1) müssen noch die Gleichgewichtsbedingungen für die zwei Faktormärkte bestimmt werden:

(2.5) $\bar{L} = \sum_{i=1}^{n} a_{Li}(P_1)\ x_i$ und $\bar{K} = \sum_{i=1}^{n} a_{Ki}(P_1)\ x_i$

---

6 Diese Eigenschaft kann auch in einem I/O-Modell mit preisabhängigen Koeffizienten gegeben sein; sie muß jedoch dort nicht notwendigerweise erfüllt sein.

Dabei ist $a_{Li}(P_1)$ der preisabhängige I/O-Koeffizient von Arbeit in Sektor i. $a_{Ki}(P_1)$ ist der entsprechende Koeffizient für Kapital. Alle I/O-Koeffizienten sind im allgemeinen Fall vom gesamten Preisvektor P_1 abhängig.

Die Gleichgewichtsbedingungen für die Gütermärkte (2.1) und für die Faktormärkte (2.5) ergeben ein Gleichungssystem mit (n+2) Gleichungen und (n+2) zu berechnenden Preisen P_1. Bei allen Güter- und Faktormärkten wird von vollkommener Konkurrenz ausgegangen.[7] Die Lösung dieses nichtlinearen Gleichungssystems erfolgt entweder mit einem Fixpunktalgorithmus oder einem Tatonnement-Verfahren wie z.B. dem Gauß-Seidel Algorithmus.[8]

Im allgemeinen werden in CGE-Modellen außer dem Produzenten- und dem Konsumentenverhalten noch Verhaltensgleichungen für den Staat und den "Rest der Welt" aufgestellt. Das letztere dient dazu, Exportnachfragefunktionen zu ermitteln. Zusätzlich werden im Modell inländische Importnachfragefunktionen spezifiziert, so daß die Abbildung einer Volkswirtschaft mit Außenhandel möglich wird.

CGE-Modelle werden im allgemeinen dazu verwendet, die Folgen wirtschaftspolitischer Maßnahmen auf die Veränderung der Struktur einer Volkswirtschaft zu untersuchen. Es handelt sich dabei um die Durchführung komparativ-statischer Untersuchungen zur Quantifizierung von Allokationsverzerrungen, die mit konkreten

---

7 Es gibt allerdings neuere Anwendungen, bei denen auch andere Möglichkeiten des Wettbewerbsverhaltens modelliert werden; vgl. z.B. Harris (1985) und Brown (1989).
Die Annahme, daß alle Märkte im Gleichgewicht sein müssen, wird ebenfalls nicht immer getroffen. Bei einigen CGE-Modellen ist beispielsweise die Möglichkeit endogener Bestimmung von Arbeitslosigkeit gegeben; vgl. Kehoe/Serra-Puche (1983) und Henseler-Unger (1986). Die Annahme eines nicht notwendigerweise geräumten Arbeitsmarktes wird auch im ENEAS-Modell getroffen.

8 Vgl. zu den verschiedenen Lösungsalgorithmen für CGE-Modelle Ginsburgh/Waelbroeck (1981,66-162), Phillips (1985) und Wiegard (1985a).

wirtschaftpolitischen Maßnahmen verbunden sind. Die häufigsten Anwendungsgebiete sind die Bereiche der Außenhandelspoltik und der Steuerpolitik. Weitere Anwendungsgebiete sind Energiepoltik und seit kurzem Umweltpoltik.[9]

CGE-Modelle verbinden die positiven Elemente von allgemeinen Gleichgewichtsmodellen - logische Konsistenz einer vollständigen disaggregierten Abbildung einer Ökonomie - mit denjenigen eines I/O-Modells mit preisabhängigen Koeffizienten - Operationalität und konkrete Anwendbarkeit wegen der Bezugnahme auf vorhandene I/O-Tabellen -. Es besteht daher im Rahmen von CGE-Modellen die interessante Möglichkeit, neuere Entwicklungen der mikroökonomischen allgemeinen Gleichgewichtstheorie direkt einer empirisch ausgerichteten Anwendung zuzuführen.

2.1.2 Überblick über umweltökonomische CGE-Modelle

Umweltpolitik ist Allokationspolitik, da sie die Zuordnung der knappen Ressource Umwelt zu ihren möglichen konkurrierenden Verwendungen regelt.[10] Es liegt daher nahe, für die Quantifizierung der volkswirtschaftlichen und sektoralen Auswirkungen von Umweltpolitik auf CGE-Modelle zurückzugreifen. Dies nicht zuletzt auch deshalb, weil vermutet werden darf, daß umweltpolitische Maßnahmen die Sektoren einer Ökonomie in ganz unterschiedlichem Maße betreffen und Veränderungen der Produktionsstrukturen der gesamten Ökonomie eintreten können.
Seit kurzem werden CGE-Modelle auch tatsächlich zur Analyse von Umweltpolitik eingesetzt. Im folgenden werden die wichtigsten

---

9 Für die wichtigsten Anwendungsgebiete sind außer den in Fußnote 3 dieses Kapitels genannten Sammelbänden folgende Überblicksaufsätze mit Zusammenfassungen der bisher vorhandenen Modelle erschienen: Shoven/Whalley (1984), Bergman (1988), Decaluwé/Martens (1988), Pereira/Shoven (1988).
Ein anderes Anwendungsgebiet ist die Nutzung von CGE-Modellen als didaktisches Hilfsmittel in der ökonomischen Ausbildung; vgl. Dinwiddy/Teal (1988).

10 Vgl. z. B. Siebert (1987,7-20).

der bisher verwendeten unterschiedlichen Modellansätze und Zielsetzungen sowie einige Resultate der Anwendungen dargestellt.[11]

Willett (1985) entwickelt ein statisches aktivitätsanalytisches Modell, das zur ökonomischen Bewertung von Emissionsstandards konzipiert ist. Das Modell ist ein CGE-Modell und stellt eine Weiterentwicklung eines verallgemeinerten I/O-Modells dar.[12] In den im Modell abgebildeten Sektoren der Ökonomie können prinzipiell mehrere Produktionsprozesse eingesetzt werden. Ein Produktionsprozess bildet dabei sowohl die Inputkombinationen zur Produktion des Outputs, als auch die Inputkombinationen zur Entsorgung von Schadstoffen und die resultierenden Schadstoffemissionen ab. Die Zielfunktion des Modells besteht aus der Summe der Gewinne der einzelnen Sektoren.[13]
Eine Anwendung des Modells wird in Shortle/Willett (1986) beschrieben. Im Modell werden die U.S. Emissionsstandards für Wasserschadstoffe implementiert. Entgegen den theoretischen Möglichkeiten des Modells wird für jeden Sektor nur ein Produktionsprozess spezifiziert.[14] Die Anwendungen beziehen sich auf die Verteilungseffekte der implementierten Umweltpolitik im Vergleich mit dem Fall ohne Umweltpolitik. Zusätzlich wird noch ein Vergleich der Ergebnisse des CGE-Modells mit einer partialanalytischen Studie zum gleichen Anwendungsgebiet durchgeführt. Dadurch ist es möglich, die Unterschiede in den Ergebnissen

---

11 Nicht besprochen werden hier diejenigen CGE-Modelle, die sich speziell mit der Reduktion von CO_2-Emissionen befassen. Diese werden vielmehr in Kapitel (3.6.1) dargestellt.

12 Aktivitätsanalytische CGE-Modelle sind relativ selten, da in bezug auf empirische Anwendungen die gleichen Nachteile wie bei verallgemeinerten I/O-Modellen bestehen; vgl. dazu Kapitel (1.2.2.1). Eine umfassende Darstellung von aktivitätsanalytischen CGE-Modellen gibt Ginsburgh/Waelbroeck (1981).

13 Der verwendete Lösungsalgorithmus wird in Norton/Scandizzo (1981) beschrieben.

14 Dies bestätigt die in Kapitel (1.2.2.1) geäußerte Kritik an verallgemeinerten I/O-Modellen bezüglich ihrer praktischen Anwendbarkeit als gesamtwirtschaftliche Planungsmodelle.

zwischen einem Partialmodell und einem allgemeinen Gleichgewichtsmodell für einen speziellen Anwendungsfall quantitativ zu erfassen.

Jorgenson/Wilcoxen (1989) untersuchen in einem dynamischen CGE-Modell die Auswirkungen der Kosten von Umweltregulierung in den USA auf das wirtschaftliche Wachstum. Die Verhaltensgleichungen für Produzenten und Konsumenten werden ökonometrisch geschätzt. Die Kostenfunktionen der Produzenten und die indirekten Nutzenfunktionen der Konsumenten werden als Translog-Funktion spezifiziert.
Bei der Anwendung des Modells werden die Resultate des Modelllaufes ohne Regulierung mit denjenigen mit Regulierung verglichen. Im Modell werden Entsorgungsmaßnahmen nicht explizit berücksichtigt. Die exogen gegebenen Kosten für Entsorgungsmaßnahmen (laufende Kosten und Kapitalkosten) werden vielmehr den Sektoren, bei denen sie entstehen, direkt zugerechnet.[15] Die notwendigen Daten können veröffentlichten Statistiken entnommen werden. Die Entsorgungskosten beziehen sich dabei auf alle vorhandenen Maßnahmen zur Umweltregulierung.
Jorgenson/Wilcoxen kommen u.a. zu dem Resultat, daß die für Entsorgungsmaßnahmen notwendigen Investitionen zwischen 1973 und 1985 zu einem jährlichen Wachstumsverlust des GNP in Höhe von 0.074% geführt haben.

Das von Stephan (1989) konstruierte dynamische CGE-Modell wird hauptsächlich dazu verwendet, die kurz- und langfristigen Anpassungsprozesse zu untersuchen, die durch Umweltregulierung entstehen. Die zeitlichen Anpassungsvorgänge werden durch die Implementierung eines Neo-Österreichischen Kapitalansatzes modelliert.[16]

---

[15] Die Kostenanteile für Entsorgungsmaßnahmen werden in die Kostenfunktionen der entsprechenden Sektoren als konstante Terme eingefügt. Entsorgungskosten verursachen damit nur eine absolute Erhöhung der gesamten Kosten eines Sektors. Vgl. Jorgenson/Wilcoxen (1989,33-51).

[16] Es handelt sich dabei im wesentlichen um die Berücksichti-

Entsorgungsmaßnahmen werden explizit berücksichtigt und durch eine dazugehörige Kostenfunktion im Modell abgebildet. Die Modellanwendungen beziehen sich auf die Regulierung von Wasserschadstoffen. Als Ergebnis erhält Stephan die Entwicklung des GDP mit und ohne Regulierung sowie die dazugehörenden Schadstoffemissionen für die drei in die Analyse einbezogenen Weltregionen.[17] Stephan kann die Schlußfolgerungen aus den empirischen Resultaten ziehen, daß strengere Auflagen für Wasserschadstoffe zwar fast keine gesamtwirtschaftlichen Wachstumseinbußen verursachen, aber zu Umverteilungseffekten zwischen den drei Regionen führen.

Bergman (1990) analysiert mit einem statischen CGE-Modell die Effekte der Regulierung von SO_2, NO_x und CO_2 Emissionen für die Volkswirtschaft von Schweden. Bergman implementiert in seinem Modell Entsorgungsmaßnahmen für die Reduktion von SO_2 und NO_x. Strengere Emissionsstandards erhöhen den Preis für fossile Brennstoffe und damit auch den Preis für Elektrizität. Der Preisanstieg von Elektrizität kann durch eine Verminderung des Einsatzes fossiler Brennstoffe abgeschwächt werden.
Die hauptsächlichen Anwendungen betreffen die Reduktion von CO_2-Emissionen und die Ermittlung einer gesamtwirtschaftlichen Grenzkostenfunktion für die Vermeidung von CO_2. Eine kurze Darstellung der Ergebnisse von Bergman wird in Kapitel (3.6.1) gegeben.

---

gung jahrgangsgebundener Technologien.

17 Stephan wendet sein Modell für die drei Regionen USA/Japan, Nordeuropa und Südeuropa an.

2.2 Darstellung des ENEAS-Modells

2.2.1 Überblick über Struktur und Anwendungsgebiete des Modells

Das ENEAS-Modell ist ein dynamisches CGE-Modell, das speziell der vergleichenden Analyse umweltpolitischer Instrumente dient.[18] In der Basissimulation werden die gegenwärtig geltenden Emissionsstandards für SO_2, NO_x und Staub implementiert. Die sich bei dieser Simulationen ergebenden Emissionsmengen werden den anderen Simulationen vorgegeben. Bei diesen folgenden Simulationen werden alternative umweltpolitische Instrumente wie z. B. Emissionssteuern anstelle der Emissionsstandards eingeführt.[19] Anhand eines endogenen Wohlfahrtsmaßes sowie den Änderungen gesamtwirtschaftlicher Variablen und sektoraler Produktionsstrukturen werden die ökonomischen Effekte der unterschiedlichen umweltpolitischen Instrumente auf die Wirtschaft Baden-Württembergs miteinander verglichen.
Bei diesem Vergleich handelt sich um eine **Kosten-Wirksamkeitsanalyse**, bei der die sich ergebenden alternativen Gleichgewichte direkt einander gegenübergestellt werden können, da die

---

18 Das ENEAS-Modell steht in bezug auf seine Struktur, die Verknüpfung der wichtigsten ökonomischen Variablen und den Lösungsalgorithmus in der Tradition gesamtwirtschaftlicher disaggregierter Simulationsmodelle, die ihren Anfang nehmen mit Conrad (1977). Die weiteren Schritte der Modellentwicklungen sind dargestellt in Conrad (1982), Hildebrandt (1982), Conrad/Henseler-Unger (1984), Conrad/Henseler-Unger (1984a), Conrad/Henseler-Unger (1986), Conrad/Henseler-Unger (1986a), Henseler-Unger (1986), Conrad/Henseler-Unger (1988) und Conrad/Schröder (1987). Diese Modellanwendungen beziehen sich schwerpunktmäßig auf die ökonomische Bewertung von Energiepolitik.
Bisherige Veröffentlichungen zu Aufbau und Anwendungen des ENEAS-Modells sind Conrad/Schröder (1988), Conrad/Schröder (1990) und Conrad/Schröder (1990a).

19 Weitere in Kapitel (3) dargestellte Simulationen betreffen die Einführung von Subventionen auf beseitigte Schadstoffe, die Reduktion von Emissionen von PKW, die Auswirkungen unterschiedlicher Rückverteilungsmechanismen eines Emissionssteueraufkommens, die Reduktion von CO_2-Emissionen, und andere.

Umweltsituation, ausgedrückt durch die Höhe der Emissionen, bei allen miteinander verglichenen Simulationen jeweils identisch ist. Es ist daher auch nicht notwendig, die schwer zu quantifizierenden Schäden, die von Umweltverschmutzung verursacht werden, zu berücksichtigen, da sie bei jeder Simulation die gleiche Höhe haben und den Vergleich der Effekte der umweltpolitischen Instrumente somit nicht beeinflussen.
Die in Kapitel (2.1.2) beschriebenen bislang vorhandenen umweltökonomischen CGE-Modelle werden vor allem dazu verwendet, Vergleiche der volkswirtschaftlichen Entwicklung zwischen Situationen mit und ohne Umweltpolitik durchzuführen. Bei einem solchen Vorgehen kann ein Vergleich zwischen den unterschiedlichen Kosten in den verschiedenen Situationen nicht vorgenommen werden, ohne die veränderten Umweltsituationen explizit monetär zu bewerten. Eine solche schwierige und umfassende Kosten-Nutzen-Analyse wird allerdings mit diesen CGE-Modellen nicht durchgeführt, so daß die Bewertung der Modellrechnungen unvollständig ist und im allgemeinen keine eindeutige Aussage über die Vorteilhaftigkeit umweltpolitischer Maßnahmen möglich ist.

Alle Anwendungen des ENEAS-Modells beziehen sich auf das Bundesland Baden-Württemberg. Für die Wahl Baden-Württembergs ist ausschlaggebend, daß es für dieses Bundesland eine Reihe von detailierten empirischen Studien zu den Kosten von Entsorgungsmaßnahmen im Bereich der Luftreinhaltung gibt.[20] Die Bestimmung der Verläufe von Entsorgungskostenfunktionen ist dadurch auf eine relativ gute empirische Grundlage gestellt.[21]

---

[20] Vgl. Staatsministerium (1983,1984,1986), Voß/Reuter (1988) und Lingg (1989).

[21] Die Wahl von Baden-Württemberg hebt aber auch Unterschiede in den Wirtschaftsstrukturen der einzelnen Bundesländer hervor: Baden-Württemberg hat fast keine Grundstoff- und Schwerindustrie und deckt einen relativ großen Teil des Strombedarfs aus Kernenergie und durch Stromimporte. Die Auswirkungen von Umweltpolitik werden daher für Baden-Württemberg wahrscheinlich anders sein, als in den übrigen Bundesländern.

Neben den umweltökonomischen Modellanwendungen, die bisher mit anderen CGE-Modellen noch nicht durchgeführt wurden, sind auch einige methodische Charakteristika des Modells besonders erwähnenswert.
Für den Bereich des **Produzentenverhaltens** gelten folgende wesentliche Modelleigenschaften:

(1) Für das Produzentenverhalten wird ein dynamischer temporärer Gleichgewichtsansatz spezifiziert. Jeder Sektor produziert mit einem kurzfristig fixen Kapitalstock bei statischen Erwartungen bezüglich der zukünftigen Werte aller relevanten ökonomischen Variablen.[22]

(2) Die Veränderung des Netto-Kapitalstocks verursacht Anpassungskosten. Ein flexibler Akzelerator bestimmt die Geschwindigkeit der Anpassung vom kurzfristigen zum langfristig optimalen Kapitalstock. Die Anpassungsgeschwindigkeit ist endogen.
Die sektorale Kapazitätsauslastung kann ebenfalls endogen bestimmt werden.

(3) Der Lohnsatz wird nicht als Gleichgewichtslohn bestimmt, so daß Veränderungen der Arbeitslosigkeit gemessen werden können.

(4) Die Produzenten verursachen Emissionen der Schadstoffe Staub, SO_2, NO_x und CO_2 durch den Einsatz fossiler Brennstoffe. Diese sektoralen Emissionen werden durch inputabhängige Emissionsfaktoren berechnet. Prozeßemissionen wer-

---

[22] Bei einem temporären Gleichgewichtsmodell wird davon ausgegangen, daß die Märkte derjenigen Güter, die in der laufenden Periode angeboten und nachgefragt werden, sich im Gleichgewicht befinden. Es gibt in einem solchen Modell dagegen keine koordinierten Terminmärkte.
Ein anderer Ansatz besteht darin, vollkommene Voraussicht für alle relevanten ökonomischen Variablen anzunehmen und für jedes Gut und jede Periode zusätzlich koordinierte Terminmärkte zu spezifizieren. Vgl. Henseler-Unger (1986,87) und Stephan (1989,27-32).

den outputabhängig modelliert.

(5) Für den Elektrizitätssektor und einige Industriesektoren werden Entsorgungtechnologien und -kosten detailiert modelliert.

(6) Die Produzenten können auf Umweltregulierung durch den Aufbau von Entsorgungsanlagen und die Substitution von Inputfaktoren reagieren.

Das **Konsumentenverhalten** wird folgendermaßen abgebildet:

(1) Die Güternachfrage wird durch ein Lineares Ausgabensystem mit differenzierten Einkommenselastizitäten bestimmt.

(2) Das Lineare Ausgabensystem enthält drei dauerhafte Konsumgüter (PKW, elektrische Geräte, Heizungen). Die Nachfrage nach fossilen Brennstoffen hängt von der Höhe der Bestände der dauerhaften Konsumgüter ab.

(3) Die Emissionen der Schadstoffe Staub, SO_2, NO_x und CO_2 werden durch den Einsatz fossiler Brennstoffe bestimmt. Die Berechnung der Emissionen erfolgt über inputabhängige Emissionsfaktoren.

2.2.2 Modellierung des Produzentenverhaltens

Die Darstellung des Produzentenverhaltens im ENEAS-Modell wird in drei Abschnitte unterteilt.
Zuerst wird das Produzentenverhalten ohne Berücksichtigung von Entsorgungskosten und Umweltregulierung dargestellt.
Im zweiten Teil wird die Abbildung der Schadstoffemissionen modelliert und es werden die Entsorgungskostenfunktionen hergeleitet. Dabei wird vor allem der Ansatz für die Bestimmung der sektoralen Entsorgungskapitalstöcke hervorgehoben.
Im dritten Teil wird gezeigt, wie sich verschiedene Formen von Umweltregulierung auf das Produzentenverhalten, insbesondere die Angebotsfunktionen und die Schadstoffreduktion auswirken.
In Anhang 3 wird dargelegt, wie die Parameter des Modells mittels der Methode der Kalibration bestimmt werden.

2.2.2.1 Das Produzentenverhalten ohne Umweltregulierung

Das Modell besteht aus 20 Sektoren, die über Vorleistungsbeziehungen miteinander verknüpft sind.[23]
Für jeden Sektor wird die folgenden Produktionsfunktion mit den Vorleistungsaggregaten Energie E, Nicht-Energie NE, sowie den Primärfaktoren Arbeit L und Kapital K spezifiziert:[24]

$$(2.6) \quad X = f(E, NE, L, \bar{K}) \cdot Q(I)$$

$$\text{mit} \quad \partial f/\partial a > 0; \; a = E, NE, L, \bar{K} \quad \text{und} \quad Q'(I) < 0.$$

Die Produktionsfunktion (2.6) ist quasikonkav und linear homogen in allen vier Inputs E, NE, L und K.
Es wird angenommen, daß die Produktion des Outputs X bei kurz-

---

[23] Die sektorale Aufgliederung des Modells und die Bezeichnungen der 20 Sektoren sind in Anhang 1 aufgeführt.

[24] Auf die Bezeichnung eines Sektors mit einem speziellen Index wird, soweit keine Mißverständnisse möglich sind, im folgenden verzichtet. Soweit nicht anders angegeben, sind die dargestellten Funktionen und Formeln für jeden der 20 Sektoren gleich.

fristig fixem Kapitalstock $\bar{K}$ erfolgt.[25] Q(I) ist ein Index der totalen Faktorproduktivität, der die Produktivitätsverluste, die durch die Netto-Investitionen I entstehen, angibt. Der Index Q(I) gibt somit die Anpassungskosten des Unternehmens an und wird im Zusammenhang mit der Beschreibung des Konzeptes der Anpassungskosten weitergehend erläutert.
Die konkrete Produktionsfunktion (2.6) wird als CES-Funktion angenommen:

$$(2.7) \quad X = (d_1 \cdot E^{-r} + d_2 \cdot NE^{-r} + d_3 \cdot L^{-r} + d_4 \cdot \bar{K}^{-r})^{-1/r} \cdot Q(I)$$

$$\text{mit} \quad -1 \leq r < \infty.$$

Die Verteilungsparameter der CES-Funktion werden mit d_1 bis d_4 bezeichnet.
Für die Substitutionselastizität σ zwischen den vier Inputs E, NE, L und K gilt:

$$(2.8) \quad \sigma = \frac{1}{1 + r}$$

Für die Vorleistungsaggregate E und NE wird ebenfalls jeweils eine CES-Funktion zur Verknüpfung der einzelnen Inputs angenommen.[26] Für jedes der Aggregate E und NE kann jeweils eine eigene Substitutionselastizität festgelegt werden. Für das Ener-

---

[25] Der für die Produktion eingesetzte fixe Kapitalstock entspricht dem Kapitalstock der Vorperiode zuzüglich der Netto-Investition der Vorperiode.

[26] Das Energieaggregat umfasst 10 Elemente: den Elektrizitätssektor (2) den Sektor Gas, Wasser, sonstige Bergbauprodukte (3), den Sektor Mineralölprodukte (5) und 7 nicht-konkurrierende Energieimporte.
Diese sieben Energieimporte sind die fossilen Brennstoffe Steinkohle, Braunkohle, Erdgas und Erdöl. Bis auf Braunkohle werden diese fossilen Brennstoffe in Importe aus der Bundesrepublik und Importe aus dem Ausland unterteilt.
Die Importe an den letztgenannten sieben fossilen Brennstoffen sind nicht konkurrierend mit der inländischen Produktion, da sie in Baden-Württemberg nicht produziert werden.
Das Nicht-Energieaggregat besteht aus den oben nicht genannten verbleibenden 17 Vorleistungsinputs; vgl. dazu die Liste der Sektoren in Anhang 1.

gieaggregat des Sektors j gilt:

(2.9) $E_j = (\Sigma_i \mu_{ij} \cdot X_{ij}^{-\rho})^{-1/\rho}$ $\qquad j=1,...,20;\ i \in I_E$.[27]

mit der Substitutionselastizität $\sigma_E = \frac{1}{1+\rho}$

Für das Nicht-Energieaggregat NE gelten analoge Beziehungen.

Unter der Annahme eines fixen Kapitalstocks $\bar{K}$ und einer gegebenen Netto-Investition I läßt sich bei kostenminimierendem Verhalten für jeden Sektor eine variable Kostenfunktion VC herleiten.[28] Das Kostenminimierungsproblem lautet:

(2.10) $P_E \cdot E + P_{NE} \cdot NE + P_L \cdot L \quad \rightarrow \quad \min E, NE, L\,!$

unter der Nebenbedingung der Produktionsfunktion (2.6).

Als Resultat der Kostenminimierung ergibt sich die variable Kostenfunktion:

(2.11) $VC = VC(X, \bar{K}, P, Q(I))$

Dabei ist P der Vektor der Inputpreise aller variablen Inputs mit $P = (P_E, P_{NE}, P_L)$. Die variable Kostenfunktion ist somit außer vom sektoralen Output und den Inputpreisen auch noch vom fixen Kapitalstock und dem Index der Anpassungskosten abhängig. Unter Verwendung der konkreten Produktionsfunktion (2.7) ergibt sich für die variable Kostenfunktion:

---

27 I_E ist die Indexmenge der 10 Elemente des Energieaggregates: $I_E = [2, 3, 5, 21, ..., 27]$. Mit den Indexzahlen 21 bis 27 werden die nicht-konkurrierenden Importe der in Fußnote 25 genannten fossilen Brennstoffe bezeichnet.

28 Das Kostenminimierungsproblem einer Unternehmung läßt sich hier aufteilen in die Berechnung der (kurzfristigen) variablen Kostenfunktion und in die Berechnung des (langfristig) optimalen Pfades der Kapitalakkumulation, der von den Anpassungskosten mitbestimmt wird. Aus dem letzteren läßt sich dann die Investitionsfunktion der Unternehmung ermitteln.

$$(2.12)\quad VC = \left[d_1^{\sigma}\cdot P_E^{1-\sigma} + d_2^{\sigma}\cdot P_{NE}^{1-\sigma} + d_3^{\sigma}\cdot P_L^{1-\sigma}\right]^{1/(1-\sigma)}\cdot$$

$$\left[\left(\frac{X}{Q(I)}\right)^{-r} - d_4\cdot\bar{K}^{-r}\right]^{-(1/r)}$$

Die Variablen P_E und P_{NE} sind jeweils die Preise des Energie- und des Nicht-Energieaggregats. Für die konkrete Form von P_E des Sektors j gilt beispielsweise:

$$(2.13)\quad P_{Ej} = \left[\Sigma_i\ \mu_{ij}^{\sigma_E}\cdot p_i^{1-\sigma_E}\right]^{1/(1-\sigma_E)} \qquad j=1,\ldots,20;\ i\in I_E.$$

Der Preis P_{NE} wird analog berechnet.

Die variable Kostenfunktion VC(..) beschreibt für die Unternehmen die kurzfristige Situation mit fixem Kapitalstock. Der Kapitalstock eines Unternehmens ist langfristig veränderbar, indem das Unternehmen Investitionen tätigt. Es wird allerdings angenommen, daß die Netto-Investitionen Anpassungskosten verursachen.
Die **Anpassungskosten** werden in der Produktionsfunktion durch den Produktivitätsindex Q(I) ausgedrückt, wobei I die Netto-Investition des betreffenden Sektors ist. Eine Erhöhung der Netto-Investitionen verursacht einen Rückgang von Q, es gilt somit $Q'(I) < 0$. Die Anpassungskosten sind im Modell äquivalent mit einer Verminderung der totalen Faktorproduktivität, verursacht durch zusätzlichen Ressourceneinsatz für die Erweiterung des Kapitalstocks. Bei den im ENEAS-Modell implementierten Anpassungskosten handelt es sich also um interne Anpassungskosten.[29]

Im folgenden wird das intertemporale Optimierungsproblem eines Unternehmens bei Vorliegen von internen Anpassungskosten darge-

---

29 Externe Anpassungskosten werden dagegen durch Veränderungen der Preise der Investitionsgüter oder der Kreditzinsen verursacht, die sich als Folge einer starken Ausweitung der Investitionsnachfrage ergeben können; vgl. Walfridson (1987,30).

stellt. Es ist allerdings üblich, diese Optimierung für den stetigen Fall durchzuführen. Anschließend wird das Ergebnis für den diskreten Fall und die konkreten Funktionen des ENEAS-Modells umformuliert.

Das Unternehmen minimiert den Gegenwartswert aller zukünftigen Kosten unter der Nebenbedingung der Kapitalakkumulationsgleichung:[30]

$$(2.14) \quad \min_{K,I} \int_0^\infty e^{-Rt} \, (VC(X, K, P, Q(I)) + UC \cdot K) \, dt$$

unter der Nebenbedingung der Kapitalstockveränderung: zur Erhöhung des Kapitalstocks um I muß das Unternehmen neue Kapitalbestände in Höhe von (2.15) $I + \delta \cdot K$ beschaffen.[31]

Dabei ist R der Zinssatz, δ ist die Abschreibungsrate und UC sind die user-cost of capital mit $UC = PI \cdot (R + \delta)$, wobei PI der Preisindex für das Investitionsgut ist.
Als Lösung des Optimierungsansatzes (2.14) ergibt sich der optimale Zeitpfad des Kapitalstockes. Für die Lösung wird angenommen, daß das Unternehmen statische Erwartungen bezüglich der zukünftigen Werte aller relevanten Variablen hat.[32] Auf dem optimalen Zeitpfad gilt die Bedingung:[33]

$$(2.16) \quad -\frac{\partial VC}{\partial K}(X, K^*, P, Q(0)) = UC$$

Das bedeutet, daß bei langfristig optimalem Kapitalstock und damit einer Netto-Investition von Null die marginale Kostensen-

---

[30] Vgl. für die Herleitung Berndt/Morrision/Watkins (1981,273-276).

[31] Vgl. Walfridson (1987,33).

[32] Statische Erwartungen bedeuten, daß der Unternehmer annimmt, daß alle zukünftigen Werte der Variablen identisch sind mit den gerade bestehenden Werten.

[33] Vgl. Berndt/Morrison/Watkins (1981,275).

kung aus einer zusätzlichen Einheit Kapital identisch ist mit den Kosten einer zusätzlichen Einheit Kapital.[34]

Lucas (1967) und Treadway (1970) zeigen, daß es möglich ist, die Lösung des obigen Optimierungsproblems durch einen flexiblen Akzelerator-Ansatz zu approximieren.[35] Dabei wird die Netto-Investition folgendermaßen ausgedrückt:

$$(2.17) \quad I = \dot{K} = m^{*} \cdot (K^{*} - K)$$

Die Netto-Investition wird wesentlich bestimmt durch den Abstand des optimalen Kapitalstocks K^{*} vom bestehenden Kapitalstock. Die Anpassungsgeschwindigkeit zum optimalen Kapitalstock hin wird durch den flexiblen Akzelerator m^{*} repräsentiert. Aufgrund der Anpassungskosten sind die durchgeführten Investitionen immer geringer als es zum Erreichen des langfristig optimalen Kapitalstocks notwendig wäre.
Die Brutto-Investitionen eines Sektors bestehen aus den Netto-Investitionen (2.17) und den Abschreibungen vom bestehenden Kapitalstock. Diese sektorale Investitionsnachfrage (= Investition nach Bestimmung) wird mittels einer Investitionsverflechtungsmatrix in die Investition nach Herkunft transformiert. Die Nachfrage nach Investitionsgütern wird damit den sie liefernden Sektoren zugewiesen.[36]

Der flexible Akzelerator ist abhängig vom Zinssatz und dem Verlauf der variablen Kostenfunktion:[37]

---

[34] Es wird hier angenommen, daß bei einer Netto-Investition von Null auch die marginalen Anpassungskosten gleich Null sind. Wenn dies nicht der Fall ist, ergibt sich eine ausführlichere Bedingung, bei der die user-cost noch um die marginalen Anpassungskosten ergänzt werden; vgl. Berndt/Morrison/Watkins (1981,275).

[35] Vgl. dazu auch Berndt/Morrison/Watkins (1981,275-6).

[36] Die Koeffizienten der Investitionsverflechtungsmatrix sind im Modell fix vorgegeben.

[37] Vgl. Berndt/Morrison/Watkins (1981,276).

$$(2.18) \quad m^* = -1/2 \cdot \left[R - \left(R^2 + \frac{4\ VC_{KK}}{VC_{II}} \right)^{1/2} \right]_{K=K^*,\ I=0}$$

In der konkreten Produktionsfunktion (2.7) und der entsprechenden variablen Kostenfunktion (2.12) wird für den Produktivitätsindex Q(I) die folgende Form gewählt:

$$(2.19) \quad Q = \frac{1 + \alpha}{1 + \frac{\alpha}{I_0^2} \cdot I^2} \qquad \text{mit } \alpha \geq 0$$

Dabei ist I_0 die sektorale Investition im Basisjahr und α ist ein Parameter, der die Höhe der Anpassungskosten bestimmt. Im Basisjahr gilt $I = I_0$ und $Q = 1$. Die im Basisjahr vorliegenden Anpassungskosten werden in der Formel (2.19) berücksichtigt, da eine Investitionshöhe von weniger als I_0 zu einer Erhöhung von Q und somit einer Verminderung der Anpassungskosten führt. Im langfristigen Gleichgewicht mit $I = 0$ gilt: $Q = 1 + \alpha$.

Zur Bestimmung der Formel des flexiblen Akzelerators (2.18) unter der Vorgabe von (2.12) und (2.19) muß zunächst die zweite Ableitung der variablen Kostenfunktion nach dem Kapitalstock im langfristigen Optimum ($K = K^*$) berechnet werden:

$$(2.20) \quad \frac{\partial^2 VC}{\partial K^2} = - \frac{\partial VC}{\partial K} \cdot (1+r)\ K^{-1} \left[1 + \left(\left(\frac{X}{1+\alpha} \right)^{-r} - d_4 K^{-r} \right)^{-1} d_4 K^{-r} \right]$$

$$\text{mit} \quad \frac{\partial VC}{\partial K} = - VC \cdot \left(\left(\frac{X}{1+\alpha} \right)^{-r} - d_4 K^{-r} \right)^{-1} d_4 K^{-r-1}$$

Die zweite Ableitung der variablen Kostenfunktion nach den Investitionen im langfristigen Optimum ($I = 0$) ist:

$$(2.21) \quad \frac{\partial^2 VC}{\partial I^2} = VC \cdot \left(\left(\frac{X}{1+\alpha} \right)^{-r} - d_4 K^{-r} \right)^{-1} \cdot \frac{2\ \alpha\ X^{-r} (1+\alpha)^{-r-4}}{I_0^2}$$

Die zweite Ableitung von VC nach I ist im langfristigen Gleichgewicht größer als Null. Die Anpassungskosten sind somit konvex in der Netto-Investition.

Der flexible Akzelerator m^* ist im Modell also abhängig vom Zinssatz R sowie vom Verlauf der zweiten Ableitungen der variablen Kostenfunktion nach K und I im langfristigen Optimum, die wiederum vom Output X und dem bestehenden Kapitalstock abhängen. Die Anpassungsgeschwindigkeit an den langfristig optimalen Kapitalstock wird durch m^* endogen im Modell bestimmt.[38]

Die Höhe der Netto-Investition bestimmt sich außer durch den Akzelerator auch ganz wesenlich durch den Abstand von optimalem zu bestehendem Kapitalstock. Der optimale Kapitalstock wird im ENEAS-Modell mit Hilfe der Bedingung (2.16) ermittelt. Die user-cost of capital haben im diskreten Fall eine etwas andere Form als im stetigen Fall:[39]

$$(2.22) \quad UC_t = R \cdot PI_{t-1} + \delta \cdot PI_t - (PI_t - PI_{t-1})$$

Unter der Annahme, daß $PI_t = PI_{t-1}$ sind die Formeln im diskreten und im stetigen Fall identisch. Aus rechentechnischen Gründen wird allerdings im ENEAS-Modell die Formel für den stetigen Fall verwendet.[40]

Eine wichtige Eigenschaft des hier gewählten Ansatzes für die Einbeziehung von Anpassungskosten besteht in der Zinsabhängigkeit der Investitionsnachfrage. Im ENEAS-Modell kann dadurch für jede Periode ein Gleichgewichtszinssatz ermittelt werden,

---

38 Es sei an dieser Stelle gewarnt vor einer additiv separablen Modellierung der Anpassungskosten z. B. in der Form

$VC(X, P, \bar{K}, I) = VC_1(X, P, \bar{K}) + AC(I)$, wobei AC(I) die Anpassungskosten darstellen. In diesem Fall degeneriert der flexible Akzelerator zu einem konstanten Akzelerator, der identisch ist mit der Abschreibungsrate. Vgl. für den Beweis Epstein/Denny (1983,667) und als Anwendungsbeispiele Nickell (1978,31) und Henseler/Unger (1986,69-71).

39 Vgl. zur Herleitung z. B. Henseler-Unger (1986,54).

40 Die Formel der user-cost of capital im stetigen Fall hat sich als gute Approximation der Formel für den diskreten Fall erwiesen. Die Auswirkungen der Wahl der Formel für UC auf die Modellergebnisse sind vernachlässigbar.

der eine Angleichung von gesamtwirtschaftlicher Investition und Ersparnis bewirkt.

Eine weitere interessante Möglichkeit, die sich aus dem Anpassungskosten-Konzept ergibt, ist die Berechnung eines endogenen Maßes für die sektorale Kapazitätsauslastung CU:[41]

$$(2.23) \quad CU = (K^{*}/ \bar{K}) = (\tilde{X} / X^{*})$$

Die Kapazitätsauslastung wird berechnet als das Verhältnis des langfristig optimalen Kapitalstocks zum bestehenden Kapitalstock. Da K^{*} eine endogene Variable des Modells ist, ist auch CU endogen. Eine zweite äquivalente Berechnungsformel für die Kapazitätsauslastung verwendet die Relation von produziertem Output $\tilde{X}$ zu dem im langfristigen Gleichgewicht ($K = K^{*}$) optimalen Output X^{*}. Die folgende Abbildung 2.1 verdeutlicht diese Zusammenhänge.[42]

Eine kurzfristige sektorale Situation ist durch den Punkt A_2 mit dazugehörigem Preis $\tilde{P}$ und der Menge $\tilde{X}$ gekennzeichnet. In diesem Fall ist der vorhandene Kapitalstock $\bar{K}_1$ kleiner als der bei der produzierten Menge $\tilde{X}$ langfristig optimale Kapitalstock K^{*}. Dies impliziert, daß der Schattenpreis des vorhandenen Kapitalstocks PK größer ist als die user-cost of capital. Der Schattenpreis ist dabei definiert als:

$$(2.24) \quad PK = - \left.\frac{\partial VC}{\partial K}\right|_{K=\bar{K}} = VC \cdot \left[\left(\frac{X}{Q(I)} \right)^{-r} - d_4 \bar{K}^{-r} \right]^{-1} d_4 \bar{K}^{-r-1}$$

Der Schattenpreis von Kapital zeigt die marginale Verminderung der variablen Kosten bei der Erhöhung des Kapitalstocks um eine

41 Vgl. Morrison (1988). Außer den in (2.23) dargestellten primalen Maßen für die Kapazitätsauslastung entwickelt Morrison auch duale Maße, die mit Hilfe von lang- und kurzfristigen Kostenfunktionen berechnet werden. Das Maß für die Kapazitätsauslastung (2.23) ist allerdings nur bei langfristig konstanten Skalenerträgen anwendbar.

42 Die Abbildung ist Morrison (1988,171) entnommen.

marginale Einheit an.

Abbildung 2.1: Lang- und kurzfristige sektorale Kosten

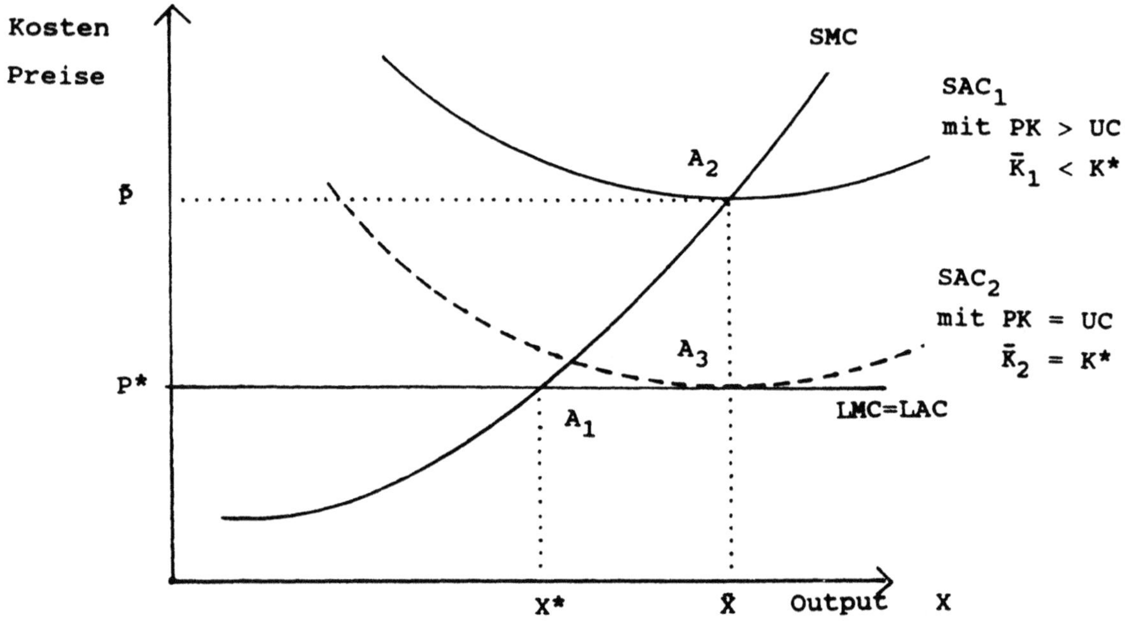

Legende: SAC_1 und SAC_2 = kurzfristige und LAC = langfristige Durchschnittskosten; SMC = kurzfristige und LMC = langfristige Grenzkosten.

PK gibt damit den marginalen Gewinn einer weiteren Einheit Kapital an. In Punkt A_2 ist die kurzfristige Verzinsung des eingesetzten Kapitals somit größer als derjenige Zinssatz, der in die user-cost of capital eingeht.
Wenn der vorhandene Kapitalstock, der der Kurve SAC_1 zugrunde liegt, soweit erhöht wird, daß er bei dem gegebenen Output gleich dem langfristigen Kapitalstock ist, dann verschiebt sich die Kurve SAC_1 soweit nach unten, bis sie identisch ist mit SAC_2. In Punkt A_3 sind die kurzfristigen Durchschnittkosten genauso groß wie die langfristigen und der Schattenpreis von Kapital ist gleich den user-cost of capital.
In Punkt A_1 schließlich ist eine Übereinstimmung von lang- und

kurzfristigen Durchschnittskosten dann gegeben, wenn mit dem bei der Kurve SAC_1 zugrundegelegten Kapitalstock der Output X^* produziert wird.

Die in Abbildung 2.1 eingetragenen Preise zeigen jeweils eine Situation des Unternehmens mit Null-Gewinn an. Im ENEAS-Modell wird es sich immer ergeben, daß die Unternehmen im Minimum der Durchschnittskosten produzieren.
Die theoretische Herleitung dieser Aussage ist mit Hilfe des Satzes von Euler möglich. Da die variable Kostenfunktion (2.12) linear homogen im Output und im Kapitalstock ist, gilt:

$$(2.25) \quad \frac{\partial VC}{\partial X} \cdot X + \frac{\partial VC}{\partial K} \cdot K = VC$$

Es wird angenommen, daß die Unternehmen ihren Gewinn maximieren und sich wie bei vollkommener Konkurrenz verhalten. Aus (2.25) ergibt sich damit, daß für die Unternehmen der Gewinn immer gleich Null ist:

$$(2.26) \quad PX \cdot X = VC(X,\ P,\ \bar{K},\ Q(I)) + PK \cdot \bar{K}$$

Dabei ist PX der Angebotspreis des Unternehmens. Der Erlös des Unternehmens ist somit gleich den variablen Kosten zuzüglich den fixen Kosten des Kapitalstocks.

Die Inputnachfrage eines Unternehmens im ENEAS-Modell läßt sich durch preisabhängige Inputkoeffizienten abbilden. Bei Anwendung von Shephard's Lemma auf die variable Kostenfunktion (2.12) ergibt sich als allgemeine Form der Inputkoeffizienten von Sektor j (hier am Beispiel eines Energieinputs):

$$(2.27) \quad a_{ij}(P,\ X_j) = \frac{1}{X_j} \cdot \frac{\partial VC_j}{\partial P_{Ej}} \cdot \frac{\partial P_{Ej}}{\partial p_i} \qquad j=1,\ldots,20;\ i \in I_E$$

Die Herleitung der preisabhängigen Inputkoeffizienten für die Elemente des Nicht-Energieaggregats und für den Faktor Arbeit ist analog zu (2.27).

2.2.2.2 Schadstoffemissionen und Entsorgungskosten

Das ENEAS-Modell wird dazu verwendet, die ökonomischen Wirkungen unterschiedlicher umweltpolitischer Instrumente im Bereich der Luftreinhaltung zu analysieren. Die in die Untersuchung einbezogenen Luftschadstoffe sind Staub, Schwefeldioxid, Stickoxide und Kohlendioxid.
Die Emissionen dieser Schadstoffe werden im Modell durch input- und outputabhängige Emissionsfaktoren abgebildet. Dabei werden sowohl die Schadstoffemissionen der Produzenten, als auch diejenigen der Konsumenten berücksichtigt.[43]
Der weitaus größte Teil der Emissionen der vier oben genannten Schadstoffe wird durch den Einsatz fossiler Brennstoffe in Produktion und Konsum verursacht.[44]

Für die meisten Sektoren des Modells wird angenommen, daß sie die Schadstoffe Staub, SO_2 und NO_x entsorgen können.[45] Der Umfang des Einsatzes von Entsorgungsanlagen ist ein integraler Bestandteil des Gewinnmaximierungskalküls dieser Sektoren.
Bei den Entsorgungsanlagen handelt es sich um sogenannte end-of-pipe Technologien. Diese Entsorgungsverfahren sind dem eigentlichen Produktionprozeß nachgeschaltet und vermindern den Anteil der Schadstoffe in den Rauchgasen von Feuerungsanlagen.
Im folgenden wird das dem ENEAS-Modell zugrunde liegende Kon-

---

43 Siehe Anhang 2, Teil 1 zur Berechnung der im Modell verwendeten Emissionsfaktoren für Produktion und Konsum.

44 Im ENEAS-Modell werden in bezug auf die Schadstoffemissionen folgende fossile Brenstoffe mit unterschiedlichen Emissionsfaktoren unterschieden: Steinkohle, Braunkohle, Gas, leichtes Heizöl, schweres Heizöl, Benzin, Diesel, Sulfitablauge.

45 Es sind dies die Sektoren 2, 4 bis 9, 13, 15 und 16; siehe Anhang 1 zu den Sektorbezeichnungen. Dies sind die gleichen Sektoren, für die im Modell angenommen wird, daß sie von den Luftreinhaltevorschriften der TA-Luft'86 und der Großfeuerungsanlagen-Verordnung reguliert werden. Begründet ist die Auswahl dieser Sektor u.a. damit, daß sie einen relativ großen Verbrauch an fossilen Brennstoffen haben; siehe dazu auch Anhang 4.

zept der Entsorgungstechnologie und der Entsorgungskosten erläutert.

Ausgangspunkt ist die Abbildung der Entsorgungstechnologie durch eine Produktionsfunktion mit fixen Inputkoeffizienten für die Vorleistungsinputs und für die Primärfaktoren Arbeit und Kapital:

$$(2.28) \quad BE = \max\left\{0,\ \min\left\{\left(\frac{X_{ei}}{a_{ei}}\right),\ i=1,\ldots,20,\ L,\ K\right\}\right\}$$

BE ist die Menge eines entsorgten Schadstoffes, X_{ei} ist die Menge des Inputs i, die im Bereich für Entsorgung eingesetzt wird und a_{ei} ist der fixe Inputkoeffizient für Input i mit der Einheit [realer Inputeinsatz/Menge des entsorgten Schadstoffes].
Der anteilsmäßig wichtigste Inputfaktor ist Kapital.[46] Der Inputkoeffizient für Kapital wird auf folgende Weise modelliert:

$$(2.29) \quad a_{eK} = \bar{a}_{eK}\cdot A\cdot\left(\frac{1}{(1-be)^{1/c}} - 1\right) + \bar{a}_{eK} \qquad \text{mit} \quad A,\ c > 0.$$

Dabei ist be der Entsorgungsgrad mit $0 \leq be < 1$; er gibt an, welcher Anteil an den gesamten Emissionen eines Schadstoffes entsorgt wird. Es gilt folgende Identität:

$$(2.30) \quad BE = be\cdot TE$$

d.h., die Menge der beseitigten Emissionen BE ist gleich den gesamten Emissionen TE, multipliziert mit dem Entsorgungsgrad be.

Der Koeffizient $\bar{a}_{eK}$ gibt den erforderlichen Inputeinsatz von Kapital an, um eine Mengeneinheit des Schadstoffes in einer Entsorgungsanlage, die den technisch geringstmöglichen Kapitaleinsatz erfordert, zu entsorgen. Dieser geringstmögliche Ka-

46 Vgl. z.B. Staatsministerium (1983,84-5) für den Bereich der Entschwefelungsanlagen

pitaleinsatz stellt sich bei be = 0 ein. Mit zunehmendem Entsorgungsgrad be steigt der Kapitalbedarf überproportional an, so daß sich ein konvexer Verlauf des Kapitalkoeffizienten in be ergibt. Für be → 1 steigt der Kapitalbedarf gegen unendlich an. Der genaue Funktionsverlauf wird durch die beiden Parameter A und c gesteuert.

Aus dem Ansatz der Entsorgungstechnologie (2.28) unter Berücksichtigung der speziellen Modellierung des Kapitalkoeffizienten (2.29) ergibt sich folgende Entsorgungskostenfunktion $C_U(P, be, TE)$:

$$(2.31)\quad C_U = \left\{ \sum_{i=1}^{20,L} p_i a_{ei} + p_{eK} \left\{ \bar{a}_{eK} A \left[\frac{1}{(1-be)^{1/c}} - 1 \right] + \bar{a}_{eK} \right\} \right\} \cdot BE$$

Dabei ist p_{eK} der Preis des Faktors Kapital in der Schadstoffentsorgung und P ist der Vektor aller Inputpreise mit $P = (p_1, \ldots, p_n, p_L, p_{eK})$.[47]
Die Entsorgungskostenfunktion (2.31) und ihre Grenzkostenfunktion haben einen konvexen Verlauf in be. Die folgende Abbildung 2.2 zeigt einen im Modell implementierten Verlauf der Grenzkosten der Entsorgung von Schwefeldioxid.

Für be = 0 ergeben sich die Grenzkosten derjenigen Entsorgungsanlage, die die geringsten Entsorgungskosten aufweist. In Abbildung 2.2 betragen sie 3000 DM/entsorgte t SO_2.
Im ENEAS-Modell werden die Entsorgungskostenfunktionen der drei Schadstoffe Staub, SO_2 und NO_x differenziert nach Sektoren, nach den fossilen Brennstoffen, mit denen die Feuerungsanlagen betrieben werden und nach dem Alter der Feuerungsanlagen.

---

47 Die Preise für die Inputfaktoren, die in der Entsorgung eingesetzt werden, sind die gleichen, die auch für die Verwendung in der Produktion gezahlt werden müssen. Für die Bewertung des Faktors Kapital im Bereich der Entsorgung dienen die entsprechenden sektoralen user-cost of capital.

Abbildung 2.2: Die Grenzkosten der Entsorgung von Schwefeldioxid in neuen Feuerungsanlagen im Elektrizitätssektor

(Grenzkosten in [Tausend DM/entsorgte t SO_2])

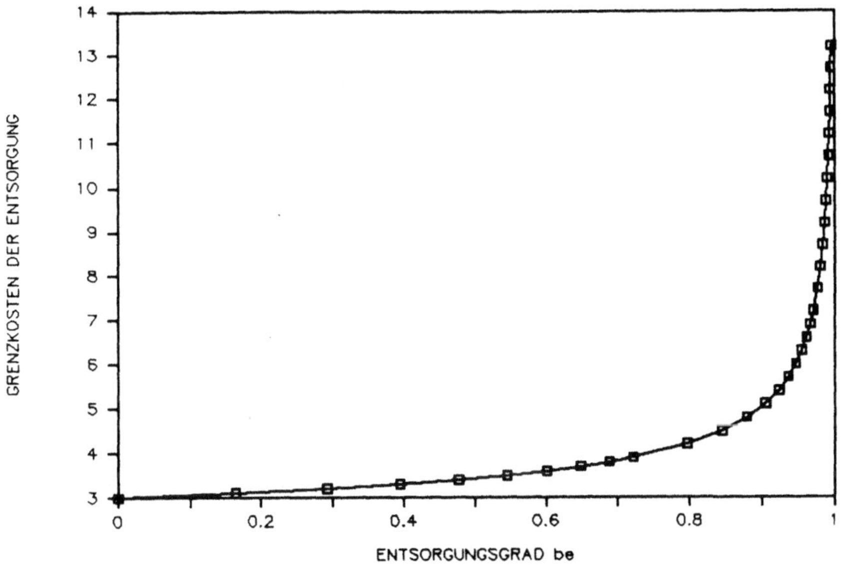

Die konkret vorgenommenen Differenzierungen sowie die genauen Verläufe der Entsorgungskostenfunktionen und deren Parameter werden in Anhang 2, Teil 2 dargestellt.

Die in (2.30) mit TE bezeichneten gesamten Emissionen eines Schadstoffes werden im ENEAS-Modell über input- und outputabhängige Emissionsfaktoren berechnet.
Allgemein lautet die Berechnungsformel für die Emissionen des Schadstoffes k in Sektor j:[48]

$$(2.32)\quad TE_{jk} = \sum_{i=1}^{27} e_{ijk} \cdot X_{ij} + e_{jk}^{x} \cdot X_j \qquad j=1,\ldots,20;\ k=1,\ldots,4.$$

Dabei ist e_{ijk} ein Emissionsfaktor, der die pro Einheit des In-

[48] Der Index k bezieht sich auf die im Modell berücksichtigten Schadstoffe Staub, SO_2, NO_x und CO_2.

puts i entstehenden Emissionen von Schadstoff k im Sektor j angibt. Die Dimension des Emissionsfaktors ist [t Schadstoff k/ Input i in Preisen des Basisjahres].

Der Emissionsfaktor e^x_{jk} gibt die je Outputeinheit des Sektors j entstehenden Emissionen von Schadstoff k an. Seine Dimension ist [t Schadstoff k/Output j in Preisen des Basisjahres].
Für die Emissionsfaktoren gilt:

$$(2.33) \quad e_{ijk} \geq 0 \quad \text{und} \quad e^x_{jk} \geq 0, \quad j=1,..,20; \; i=1,..,27; \; k=1,..4.$$

In Anhang 2, Teil 1 wird die Berechnung der im Modell verwendeten Emissionsfaktoren beschrieben.

2.2.2.3 Gewinnmaximierung und Emissionsregulierung

Für die Regulierung der von den Unternehmen verursachten Schadstoffemissionen werden in den in Kapitel (3) dargestellten Simulationen mit dem ENEAS-Modell die folgenden drei umweltpolitischen Instrumente in verschiedenen Variationen eingesetzt:[49]

1. gesetzlich vorgeschriebene Emissionsstandards, die die Höhe der Entsorgungsgrade für die Schadstoffe Staub, SO_2 und NO_x festlegen,

2. Emissionssteuern oder, im Modell damit äquivalent, handelbare Emissionslizenzen als effiziente umweltpolitische Maßnahmen,

3. Subventionen auf die beseitigten Schadstoffe.

Im folgenden wird gezeigt, welche Auswirkungen diese drei umweltpolitischen Instrumente auf das Gewinnmaximierungskalkül eines Unternehmens haben, das Entsorgung von Schadstoffemissio-

---

[49] Die Simulationen mit Emissionssteuern bilden den größten Teil der in Kapitel (3) dargestellten Anwendungsbeispiele des ENEAS-Modells. Mit Emissionsstandards und Subventionen wird dagegen jeweils nur eine Simulation durchgeführt.

nen durchführen kann.
Das in Kapitel (2.2.2.1) dargestellte Konzept des im ENEAS-Modell abgebildeten Ansatzes für das Produzentenverhalten wird hier allerdings in einer stark vereinfachten Version verwendet. Dies erleichtert ganz wesentlich die Darstellung, erlaubt aber trotzdem die vollständige Übertragung der in diesem Kapitel erzielten Resultate auf den in Kapitel (2.2.2.1) beschriebenen Modellansatz.

Es wird im folgenden von einem Unternehmen ausgegangen, das nur zwei variable Inputfaktoren und den fixen Faktor Kapital für die Produktion einsetzt. Die Produktionfunktion ist quasikonkav und linear homogen in allen drei Inputs. Für die Produktionsfunktion gilt:

(2.34) $X = f(x_1, x_2, \bar{K})$

Der erste Inputfaktor verursacht Schadstoffemissionen, nicht jedoch der zweite Inputfaktor. Ouputabhängige Emissionen sind ebenfalls nicht vorhanden. Aus (2.32) ergeben sich die gesamten Schadstoffemissionen des Unternehmens mit:[50]

(2.35) $TE = e_1 \cdot x_1$

Dabei ist e_1 der Emissionsfaktor von Input 1.

Die im vorangegangenen Kapitel dargestellte Entsorgungskostenfunktion (2.31) kann unter Verwendung der Identität (2.30) allgemein in folgender Weise dargestellt werden:

(2.36) $C_U(P, be, TE) = c_U(P, be) \cdot be \cdot e_1 \cdot x_1$

Dabei gilt für $c_U(P, be)$:

[50] Es wird davon ausgegangen, daß das Unternehmen nur einen einzigen Schadstoff emittiert.

$$(2.37)\quad c_U = \left[\sum_{i=1}^{20,L} p_i a_{ei} + p_{eK}\left[\bar{a}_{eK}\, A\left[\frac{1}{(1-be)^{1/c}} - 1\right] + \bar{a}_{eK}\right]\right]$$

a) Das Gewinnmaximierungskalkül bei gesetzlich vorgeschriebenem Entsorgungsgrad be

Die in der TA-Luft'86 und der Großfeuerungsanlagen-Verordnung festgelegten Emissionsstandards, die die erlaubten Emissionen je m^3 Abgas einer Feuerungsanlage festlegen, lassen sich in Entsorgungsgrade umwandeln. Die Berechnung der Entsorgungsgrade und ihre im Modell verwendeten konkreten Werte werden in Anhang 4 dargestellt.

Bei Vorgabe eines Entsorgungsgrades ist bei fixem Kapitalstock folgendes kurzfristige Gewinnmaximierungskalkül zu lösen:

$$(2.38)\quad G = PX \cdot X - p_1 x_1 - p_2 x_2 - c_U(P, \overline{be})\, \overline{be}\, e_1 v_1 \rightarrow \max\ x_1, x_2, X$$

unter der Nebenbedingung der Produktionsfunktion (2.34).

Aus der Lösung von (2.38) ergibt sich eine übliche variable Kostenfunktion. Der Preis des Inputs 1, der in die variable Kostenfunktion eingeht, setzt sich nun allerdings aus seinem Marktpreis und den durch den Inputeinsatz verursachten Entsorgungskosten zusammen. Für die variable Kostenfunktion gilt:

$$(2.39)\quad VC(\tilde{p}_1, p_2, X, \bar{K}) \quad \text{mit} \quad \tilde{p}_1 = p_1 + c_U(P, \overline{be})\, \overline{be}\, e_1$$

Für das Gewinnmaximum gilt Bedingung (2.26), d.h., das Unternehmen hat einen Erlös, der genauso groß ist wie die Summe aus variablen Kosten und fixen Kosten.
Entsprechend der gesetzlichen Vorgabe wird das Unternehmen die Entsorgung von Schadstoffen betreiben und dazu einen Kapitalstock für Entsorgung aufbauen sowie die notwendigen variablen Inputs nachfragen.
Die variablen Kosten enthalten die gesamten Entsorgungskosten, die dem sie verursachenden Input 1 zugeordnet werden. Auf dem

neuen Faktorexpansionspfad wird das Unternehmen nun bei jedem Output relativ weniger von Input 1 nachfragen. Dagegen steigt die relative Nachfrage nach dem "sauberen" Input 2. Zusätzlich zu der Reduzierung der Schadstoffemissionen mittels end-of-pipe Anlagen werden die Emissionen ceteris paribus also auch durch die durchgeführte Inputsubstitution vermindert.

b) Das Gewinnmaximierungskalkül mit Emissionssteuern

Anstelle von Emissionsstandards wird jetzt eine Emissionssteuer auf die an die Umwelt abgegebenen Schadstoffemissionen erhoben. Bei gegebenem Emissionssteuersatz τ ergibt sich für das Unternehmen folgendes kurzfristiges Gewinnmaximierungsproblem:

(2.40) $$G = PX \cdot X - p_1 x_1 - p_2 x_2 - c_U(P, be)\ be\ e_1 x_1 - \tau \cdot (1-be)\ e_1 x_1$$

$$\rightarrow \max x_1, x_2, X, be\ !$$

unter der Nebenbedingung der Produktionsfunktion (2.34).

Die pro Einheit des Inputs 1 entstehenden Kosten enthalten außer dem Marktpreis p_1 und den anteiligen Entsorgungskosten nun auch die anteilig zu zahlenden Emissionssteuern. Für die variable Kostenfunktion gilt:

(2.41) $$VC(\bar{\bar{p}}_1, p_2, X, \bar{K})$$

$$\text{mit} \quad \bar{\bar{p}}_1 = p_1 + c_U(P, be)\ be\ e_1 + \tau \cdot (1-be)\ e_1$$

Das Unternehmen wird durch die Verteuerung von Input 1, wie im Falle von Emissionsstandards, bei jedem Outputniveau weniger von Input 1 und mehr von Input 2 einsetzen. Im allgemeinen gilt im ENEAS-Modell, daß die durch Emissionssteuern bedingte Inputpreiserhöhung größer ist als die durch Emissionsstandards verursachte Inputpreiserhöhung. Daher führt die Verwendung von Emissionssteuern zu einem größeren Substitutionseffekt als bei Verwendung von Emissionsstandards. Bei Verwendung von Emissionssteuern werden daher Produktionsstrukturen induziert, die weniger emissionsintensiv sind als bei Emissionsstandards.

Bei Verwendung der variablen Kostenfunktion (2.41) läßt sich das Gewinnmaximierungsproblem (2.40) äquivalent umformen zu:

$$(2.42) \quad G = PX \cdot X - VC(\tilde{\tilde{p}}_1(be),\ p_2,\ X,\ \bar{K}) \quad \rightarrow \max \quad X,\ be\ !$$

Als notwendige Bedingungen ergeben sich:

$$1. \quad \frac{\partial G}{\partial X} = PX - \frac{\partial VC}{\partial X} \stackrel{!}{=} 0$$

$$2. \quad \frac{\partial G}{\partial be} = - \frac{\partial VC}{\partial \tilde{\tilde{p}}_1} \cdot \frac{\partial \tilde{\tilde{p}}_1}{\partial be} = - x_1 \left[\frac{\partial c_U}{\partial be}\, be\ e_1 + c_U \cdot e_1 - \tau \cdot e_1\right] \stackrel{!}{=} 0$$

Die 1. Bedingung ergibt die übliche "Preis = Grenzkosten"-Regel, aus der sich bei gegebenen Preisen die optimale Angebotsmenge des Unternehmens ableiten läßt.

Aus der 2. Bedingung ergibt sich nach einigen Umformungen:

$$(2.43) \quad \frac{\partial c_U}{\partial be} \cdot be + c_U(P,\ be) = \tau$$

Auf der linken Seite der Gleichung stehen die Grenzkosten der Entsorgung, die im Kostenminimum gleich dem Emissionssteuersatz sind. Gleichung (2.43) ist die Bestimmungsgleichung für den optimalen Entsorgungsgrad, den der Unternehmer für seine end-of-pipe Entsorgungsanlage festlegt.

Entsprechend dem Satz von Euler gilt auch bei Emissionssteuern, daß der Gewinn im Gewinnmaximum gleich Null ist.
Es ist allerdings noch zu zeigen, daß für das Gewinnmaximierungsproblem mit Emissionssteuern und simultaner Bestimmung von Outputmenge und Entsorgungsgrad tatsächlich ein Gewinnmaximum existiert. Dazu wird die Hesse'sche Determinante im Optimum von

Gleichung (2.42) berechnet. Im folgenden werden zunächst die Elemente der Hesse'schen Matrix dargestellt:

1. $$\frac{\partial^2 G}{\partial X^2} = - \frac{\partial^2 VC}{\partial X^2} < 0$$

2. $$\frac{\partial^2 G}{\partial X \partial be} = - \frac{\partial^2 VC}{\partial X\ \partial \tilde{\tilde{p}}_1} \cdot \frac{\partial \tilde{\tilde{p}}_1}{\partial be} = 0 \qquad \text{da:} \quad \frac{\partial \tilde{\tilde{p}}_1}{\partial be} = 0.$$

3. $$\frac{\partial^2 G}{\partial be^2} = - \frac{\partial x_1}{\partial \tilde{\tilde{p}}_1} \cdot \left[\frac{\partial \tilde{\tilde{p}}_1}{\partial be}\right]^2 - x_1 \cdot \frac{\partial^2 \tilde{\tilde{p}}_1}{\partial be^2} < 0$$

$$\text{mit} \quad \frac{\partial^2 \tilde{\tilde{p}}_1}{\partial be^2} = e_1 \cdot \left[\frac{\partial^2 c_U}{\partial be^2} \cdot be + 2 \cdot \frac{\partial c_U}{\partial be}\right] > 0.$$

Die Hesse'sche Matrix ist, wie aus den dargestellten zweiten partiellen Ableitungen zu ersehen ist, negativ definit. Es existiert daher ein eindeutiges Gewinnmaximum im Output X und im Entsorgungsgrad be.

c) Das Gewinnmaximierungskalkül mit Subventionen auf die beseitigten Schadstoffe

Es wird angenommen, daß der Unternehmer eine Subvention auf die von ihm beseitigten Schadstoffe erhält.
Es gilt:

$$(2.44) \quad G = PX \cdot X - p_1 x_1 - p_2 x_2 - c_U(P, be)\ be\ e_1 x_1 + s \cdot (be\ e_1 x_1)$$

$$\rightarrow \max\ x_1,\ x_2,\ X,\ be\ !$$

unter der Nebenbedingung der Produktionsfunktion (2.34).

Dabei ist s der Subventionssatz. Die Subvention bewirkt, daß die pro Einheit des Inputs 1 enstehenden Kosten geringer sind als bei Anwendung von Emissionssteuern oder Emissionsstandards.

Für die variable Kostenfunktion gilt:

(2.45) $VC(\bar{\bar{p}}_1, p_2, X, \bar{K})$

mit $\bar{\bar{p}}_1 = p_1 + c_U(P, be)\ be\ e_1 - s\cdot(be\ e_1)$

Die Kosten für Input 1 enthalten zwar wieder die anteiligen Entsorgungskosten. Sie vermindern sich jedoch um die anteiligen Subventionszahlungen. Diese Verbilligung emissionsintensiver Inputs führt zu einem unerwünschten Substitutionseffekt. Die emissionsintensiven Inputs selbst und die mit ihnen hergestellten Produkte sind billiger als bei Verwendung von Emissionssteuern oder Emissionsstandards. Möglicherweise sind sie sogar billiger als ohne Umweltpolitik. Sie werden daher für Vorleistungs- und Endverbrauch auch relativ stärker nachgefragt.[51] Eine wesentliche Wirkung von Umweltpolitik tritt dadurch entweder nur in abgeschwächter Form ein oder wird sogar in ihr Gegenteil verkehrt.

Das Gewinnmaximierungsproblem ist bei Verwendung der variablen Kostenfunktion (2.45):

(2.46) $G = PX\cdot X - VC(\bar{\bar{p}}_1(be), p_2, X, \bar{K}) \quad \rightarrow \max\ X, be\ !$

Es ergeben sich folgende notwendige Bedingungen:

1. $\frac{\partial G}{\partial X} = PX - \frac{\partial VC}{\partial X} \stackrel{!}{=} 0$

2. $\frac{\partial G}{\partial be} = - \frac{\partial VC}{\partial \bar{\bar{p}}_1} \cdot \frac{\partial \bar{\bar{p}}_1}{\partial be} = - x_1 \left[\frac{\partial c_U}{\partial be}\ be\ e_1 + c_U\cdot e_1 - s\cdot e_1\right] \stackrel{!}{=} 0$

Die Bestimmungsgleichung für den optimalen Entsorgungsgrad, die sich aus der 2. Bedingung ableiten läßt, ist formal identisch mit (2.43). Anstelle des Steuersatzes τ steht jetzt allerdings

---

51 Vgl. zu den unerwünschten Substitutionseffekten bei Anwendung einer Subvention auf beseitigte Schadstoffe auch Siebert (1987,122-3) und Siebert (1976,12-5).

der Subventionssatz s.
Auch bei Anwendung einer Subvention auf beseitigte Schadstoffe hat das Gewinnmaximierungsproblem eine eindeutige Lösung in X und be. Die hinreichenden Bedingungen sind identisch mit denjenigen bei Anwendung einer Emissionssteuer. Der Gewinn im Gewinnmaximum ist auch hier gleich Null.

2.2.3 Modellierung des Konsumentenverhaltens

Im ENEAS-Modell wird angenommen, daß die private Konsumnachfrage aus dem Optimierungsverhalten eines repräsentativen Konsumenten abgeleitet werden kann.
Im ersten Teil des Kapitels werden die Nachfragefunktionen für die dauerhaften und die nicht-dauerhaften Konsumgüter hergeleitet. Es wird gezeigt, auf welche Weise der repräsentative Konsument auf umweltpolitische Restriktionen reagieren kann. Im zweiten Teil des Kapitels wird ein Wohlfahrtsmaß entwickelt, das bei der Auswertung der Simulationsläufe in Kapitel (3) verwendet wird. Die Festlegung der Parameter des Konsumentenverhaltens wird in Anhang 3 beschrieben.

2.2.3.1 Die Nachfragefunktionen des privaten Konsums

Es wird angenommen, daß sich das Nachfrageverhalten des repräsentativen Konsumenten aus einer Stone-Geary Nutzenfunktion herleiten läßt. Es gilt:[52]

$$(2.47)\quad U = \prod_{i=1}^{20} (X_i - \gamma_i)^{\beta_i} \cdot \prod_{j=1}^{3} (D_j - \zeta_j)^{\eta_j}$$

---

[52] Es werden insgesamt 20 Güter nachgefragt: 3 dauerhafte Güter und 17 nicht-dauerhafte. Aus Gründen der Darstellung wird allerdings für die nicht-dauerhaften Güter der Index i=1,...,20 gewählt. Drei der Überschuß-Budgetanteile für die nicht-dauerhaften Güter müssen daher gleich Null sein: Sektor 8 (Maschinenbau), Sektor 9 (Fahrzeugbau) und Sektor 10 (Elektrotechnik). Die Nachfrage nach diesen Sektoren besteht ausschließlich in dauerhaften Gütern.

Der Konsument hat Nutzen durch den Konsum der nicht-dauerhaften Konsumgüter X_i und durch den Konsum der dauerhaften Konsumgüter, die über ihren Bestand D_j in die Nutzenfunktion eingehen. γ_i ist der Basiskonsum des nicht-dauerhaften Konsumgutes i und ζ_j ist der Mindestbestand des dauerhaften Gutes j. Es gilt:

$$(2.48) \quad X_i > \gamma_i \quad \text{und} \quad D_j > \zeta_j \qquad i=1,\ldots,20;\ j=1,2,3.$$

Die Parameter β_i und η_j sind die Überschuß-Budgetanteile, d.h., sie geben an welcher Anteil des verfügbaren Einkommens nach Abzug der Ausgaben für den Basiskonsum für das betreffende Gut verwendet wird. Für die Parameter gilt:

$$(2.49) \quad \sum_{i=1}^{20} \beta_i + \sum_{j=1}^{3} \eta_j = 1 \quad \text{mit } \beta_i \geq 0,\ \eta_j \geq 0.$$

Die Überschuß-Budgetanteile summieren sich zu Eins.

Zwischen dem Überschuß-Budgetanteil eines Gutes und seiner Einkommenselastizität besteht folgende Beziehung:

$$(2.50) \quad \beta_i = \varepsilon_{1i} \cdot (p_i X_i / I) \quad \text{und} \quad \eta_j = \varepsilon_{2j} \cdot (\tilde{U}C_j D_j / I)$$

Dabei ist I derjenige Teil des verfügbaren Einkommens, der für Konsumausgaben verwendet wird.
Die Parameter ε_{1i} und ε_{2j} sind die nicht-negativen Einkommenselastizitäten. p_i ist der Preis des nicht-dauerhaften Gutes i und $\tilde{U}C_j$ ist der noch zu erklärende Kostenpreis des dauerhaften Gutes j.[53]

Das verfügbare Einkommen ID setzt sich zusammen aus dem Lohneinkommen W und dem Kapitaleinkommen KE aus der Produktion sowie dem Lohn- und Kapitaleinkommen aus der Entsorgung von

---

53 Im ENEAS-Modell ist eine Mehrwertsteuer implementiert. Alle Preise, die der Konsument zu zahlen hat, setzen sich daher zusammen aus den Preisen, die die Produzenten verlangen und der zu zahlenden Mehrwertsteuer.

Schadstoffen, W_U und KE_U. Die Summe aus Lohn- und Kapitaleinkommen wird erhöht um Transferzahlungen und Zahlungen von Arbeitslosengeld ALG und vermindert um die Einkommensteuer:[54]

$$(2.51)\quad ID = (W + KE + W_U + KE_U + ALG)\ (1 - t_{dir} + tf)$$

Der Einkommensteuersatz ist t_{dir} und tf ist der Transfersatz. Das Lohneinkommen W ist gleich der Summe der Lohnzahlungen aller Sektoren:[55]

$$(2.52)\quad W = \sum_{i=1}^{20} p_L \cdot L_i$$

Das Kapitaleinkommen KE ist gleich dem ex-post Ertrag des Kapitals, ausgedrückt durch den Schattenpreis PK, multipliziert mit dem vorhandenen Kapitalbestand und aufsummiert über alle Sektoren:[56]

$$(2.53)\quad KE = \sum_{i=1}^{20} PK_i \cdot \bar{K}_i$$

Das verfügbare Einkommen teilt sich auf in Ersparnis und Ausgaben für dauerhafte und nicht-dauerhafte Güter. Es wird angenommen, daß zwischen dem verfügbaren Einkommen ID und den Gesamtausgaben des Konsumenten eine feste vorgegebene Relation besteht. Es sei c der Anteil der Gesamtausgaben am verfügbaren Einkommen.[57]

---

54 Das Arbeitslosengeld ist im Modell identisch mit dem Überschußangebot auf dem Arbeitsmarkt, multipliziert mit dem Teil des Lohnsatzes, den ein Arbeitsloser im Durchschnitt erhält. Vgl. Henseler-Unger (1986,139) sowie Kapitel (2.2.5.1).

55 In analoger Weise berechnet sich das Lohneinkommen aus Entsorgung W_U.

56 In analoger Weise berechnet sich das Kapitaleinkommen aus Entsorgung KE_U. Allerdings wird für die Berechnung nicht der Schattenpreis, sondern die user-cost of capital verwendet.

57 Die jährliche Ersparnis der Konsumenten ist somit exogen gegeben und besteht in jedem Jahr aus dem gleichen Anteil am verfügbaren Einkommen $(1-c) \cdot ID$. Die gleiche Vorgehensweise

Der für die gesamten Ausgaben des Konsumenten verwendete Einkommensteil I ist damit: I = c·ID.
Der Konsument maximiert seinen Nutzen (2.47) unter der Nebenbedingung seiner Budgetgleichung:[58]

$$(2.54)\quad \max_{X_i, D_j} \; U(X_1,\ldots,X_{20},D_1,\ldots,D_3)$$

$$\text{mit}\quad I - \sum_{i=1}^{20} p_i X_i - \sum_{j=1}^{3} UC_j D_j - \sum_{j=1}^{3} p_{aj} a_j D_j = 0$$

Es wird angenommen, daß der Konsument die dauerhaften Konsumgüter D_j zum Preis UC_j mieten kann. Für die Mietpreise gilt: $UC_j = PI_j \cdot (R + \delta_j)$. Dabei ist PI_j der Marktpreis des dauerhaften Gutes j und δ_j ist die Abschreibungsrate.
Die Nutzung der dauerhaften Konsumgüter ist nur möglich durch den gleichzeitigen Einsatz anderer Güter X_{aj}, die in einer festen Relation zum Bestand der dauerhaften Güter stehen:[59] $X_{aj} = a_j \cdot D_j$ (j=1,2,3). Der Preis für diese, zu den dauerhaften Gütern komplementären Gütern ist p_{aj}. Der Preis für die Nutzung eines dauerhaften Gutes erweitert sich daher um die Folgekosten der Nutzung:

$$(2.55)\quad \widetilde{UC}_j = UC_j + p_{aj} \cdot a_j \qquad j=1,2,3.$$

Im ENEAS-Modell werden drei dauerhafte Konsumgüter unterschieden:

---

wählt auch Henseler-Unger(1986,139-140).

[58] Der hier gewählte Ansatz zu Darstellung des Konsumentenverhaltens mit dauerhaften Konsumgütern und Kostenpreisen ist ausführlich dargestellt in Conrad (1984). Vgl. auch Diewert (1974).

[59] Diese Güter sind ausschließlich fossile Brennstoffe sowie elektrischer Strom. Sie werden nur als komplementäre Güter zur Nutzung der dauerhaften Güter nachgefragt und sind daher in der Nachfrage nach nicht-dauerhaften Gütern nicht enthalten.

1. Personenkraftwagen. Vom Bestand an PKW ist im Modell die gesamte Nachfrage nach Benzin und Diesel abhängig. Entsprechend setzt sich der Preis für die PKW Nutzung zusammen aus dem Mietpreis und den Kosten für Kraftstoff.

2. Heizungen. Der Betrieb von privaten Heizungen erfordert den Einsatz der Energiegüter elektrischer Strom, Steinkohle, Braunkohle, Erdgas und leichtes Heizöl. Im Modell werden diese Energiegüter in dem Aggregat "Heizmittel" zusammengefaßt. Für die Abbildung wird eine CES-Funktion gewählt, so daß die Inputs gegeneinander substituierbar sind.

3. Elektrische Haushaltsgeräte. Sie ziehen zusätzliche Kosten durch den Verbrauch an elektrischem Strom nach sich.

Aus dem Optimierungsansatz (2.54) lassen sich unter Verwendung von (2.55) folgende Nachfragefunktionen für die nicht-dauerhaften Güter herleiten:

$$(2.56)\quad X_i = \gamma_i + \frac{\beta_i}{p_i} \cdot \left[I - \sum_{i=1}^{20} p_i \gamma_i - \sum_{j=1}^{3} \widetilde{UC}_j \zeta_j \right] \qquad i=1,\ldots,20.$$

Für die Nachfrage nach den dauerhaften Gütern gilt:

$$(2.57)\quad D_j = \zeta_j + \frac{\eta_j}{\widetilde{UC}_j} \cdot \left[I - \sum_{i=1}^{20} p_i \gamma_i - \sum_{j=1}^{3} \widetilde{UC}_j \zeta_j \right] \qquad j=1,2,3.$$

Die Folgekosten für Energiegüter lassen sich nun über die Bestände der dauerhaften Konsumgüter berechnen.
Die Nachfragefunktionen (2.56) und (2.57) stellen eine Erweiterung des üblichen Linearen Ausgabensystems um die Nachfrage nach dauerhaften Gütern und die Einbeziehung von Kostenpreisen dar. Der Konsument fragt bei jedem Gut außer dem Mindestkonsum weitere Gütereinheiten nach, die abhängig sind von dem Einkommen, das nach Abzug der Ausgaben für den Mindestkonsum verbleibt.

Der hier gewählte Ansatz, die Konsumnachfrage nach Energiegütern, insbesondere die von fossilen Brennstoffen an die Bestände dauerhafter Güter zu koppeln, eignet sich besonders gut zur Modellierung der Reaktionen der privaten Haushalte auf umweltpolitische Restriktionen. Dies soll im folgenden an einem Beispiel verdeutlicht werden.
In Kapitel (3.6) wird eine Steuer auf CO_2-Emissionen eingeführt, die die CO_2-Emissionen in einer vorgegebenen Höhe reduzieren soll. Besteuert werden auch die Haushalte, die besonders durch die PKW-Nutzung zur Emission von CO_2 beitragen.
Es sei e_C der Emissionsfaktor für CO_2, das durch die Verbrennung von Benzin entsteht. Nach Einführung einer CO_2-Steuer τ betragen die gesamten Stückkosten der PKW-Nutzung:

$$(2.58)\quad \tilde{UC}_1 = UC_1 + p_{a1}a_1 + \tau \cdot e_C \cdot a_1$$

Die Nutzungskosten von PKW haben sich um die zu zahlenden CO_2-Steuern erhöht. Dadurch vermindert sich entsprechend die Nachfrage nach PKW und der Verbrauch an Benzin, so daß die CO_2-Emissionen sinken.[60]

2.2.3.2 Wohlfahrtsmessung

Durch die Verwendung einer expliziten Nutzenfunktion ist es möglich, aus dieser Nutzenfunktion ein Maß für die Wohlfahrt der Konsumenten zu entwickeln. Üblicherweise wird in CGE-Modellen die Hicks'sche Äquivalenzvariation zur Wohlfahrtsmessung verwendet.[61] Im folgenden wird die konkrete Form der Hicks'

[60] In einem normalen Linearen Ausgabensystem ohne dauerhafte Güter und Kostenpreise hätte die Erhöhung des Benzinpreises eine relative Zunahme der Nachfrage nach allen anderen Gütern, also auch nach PKW, bedeutet. Im ENEAS-Modell wird jedoch über den dargestellten Ansatz eine realistische komplementäre Beziehung zwischen Energiegütern und dauerhaften Konsumgütern hergestellt, die die Analyse von umweltpolitischen Restriktionen auf das Konsumentenverhalten erlaubt.

[61] Vgl. Shoven/Whalley (1984,1014).

schen Äquivalenzvariation im ENEAS-Modell dargestellt.[62]

Ausgangspunkt der folgenden Überlegungen ist der Wechsel des Konsumenten von der ursprünglichen Situation 0 in die neue Situation 1.
Die EV ist definiert als derjenige (positive oder negative) Geldbetrag, den der Konsument zusätzlich zum Einkommen von Situation 0 erhalten müsste, damit er das gleiche Nutzenniveau wie in Situation 1 erreicht.[63] Mit Hilfe der Ausgabenfunktion E(..) läßt sich die EV folgendermaßen darstellen:

(2.59) $$EV = E(P^0, U^1) - E(P^0, U^0)$$

(2.59a) $$= E(P^0, U^1) - E(P^1, U^1) + I^1 - I^0$$

Falls gilt $EV > 0$, dann hat die Wohlfahrt des Konsumenten durch den Wechsel von Situation 0 zu Situation 1 zugenommen. Die ersten beiden Summanden der Formel für die EV in (2.59a) geben die Wohlfahrtseffekte an, die durch die veränderten Preise bewirkt werden. Die beiden letzten Summanden messen die Einkommensveränderungen.

Die Verwendung der EV als Wohlfahrtsmaß erlaubt es, beim Vergleich mehrerer Situationen eine eindeutige Reihenfolge in der Wohlfahrt herzustellen, da jede einzelne Situation für sich immer mit Situation 0 als Bezugspunkt verglichen wird. Es ist wegen der Transitivität der Ergebnisse der EV-Berechnungen möglich, die Ergebnisse der Berechnungen direkt miteinander zu vergleichen und in eine Reihenfolge zu bringen.[64]

Aus der Nutzenfunktion (2.47) ergibt sich durch Minimierung der Ausgaben für dauerhafte und nicht-dauerhafte Konsumgüter die folgende Ausgabenfunktion:

---

[62] Im weiteren Verlauf des Kapitels wird anstelle des Ausdrucks Hicks'sche Äquivalenzvariation die übliche Abkürzung EV (für equivalent variation) verwendet.

[63] Vgl. Boadway/Bruce (1984,205).

[64] Vgl. Boadway/Bruce (1984,205).

$$(2.60)\quad E(P,\widetilde{U}C,U) = \sum_{i=1}^{20} p_i\gamma_i + \sum_{j=1}^{3} \widetilde{U}C_j\zeta_j + U \cdot \prod_{i=1}^{20} \left(\frac{p_i}{\beta_i}\right)^{\beta_i} \cdot \prod_{j=1}^{3} \left(\frac{\widetilde{U}C_j}{\eta_j}\right)^{\eta_j}$$

Die Ausgabenfunktion (2.60) wird nun in (2.59a) eingesetzt, wobei der Nutzenindex U durch die indirekte Nutzenfunktion ersetzt wird. Als konkrete Form der EV ergibt sich dadurch:

$$(2.61)\quad EV = \sum_{i=1}^{20} (p_i^0 - p_i^1)\cdot\gamma_i + \sum_{j=1}^{3} (\widetilde{U}C_j^0 - \widetilde{U}C_j^1)\cdot\zeta_j$$

$$+ (I^1 - \sum_{i=1}^{20} p_i^1\gamma_i - \sum_{j=1}^{3} \widetilde{U}C_j^1\zeta_j)\cdot\left[\prod_{i=1}^{20} \left(p_i^0/p_i^1\right)^{\beta_i} \cdot \prod_{j=1}^{3} \left(\widetilde{U}C_j^0/\widetilde{U}C_j^1\right)^{\eta_j} - 1\right]$$

$$+ I^1 - I^0$$

2.2.4 Außenhandel, Staatshaushalt und Vorratsinvestitionen

2.2.4.1 Außenhandel

Das ENEAS-Modell bildet die Ökonomie Baden-Württembergs ab. Im Modell muß daher der Außenhandel Baden-Württembergs mit dem Ausland und mit den anderen Bundesländern berücksichtigt werden. Beide Bereiche des Außenhandels werden im Prinzip gleich modelliert.

Bei der Modellierung der **Importe** wird davon ausgegangen, daß sich das inländische Angebot eines Sektors Y_i zusammensetzt aus

1. im Inland produzierten Gütern (X_i),
2. aus Importen aus dem Ausland (MA_i) und
3. aus Importen aus den anderen Bundesländern (MB_i).

Es wird dabei angenommen, daß an sich gleiche Güter nach dem Ort ihrer Produktion differenziert werden und für die Nachfrager Substitute darstellen. Dies ist in CGE-Modellen ein üblicher Ansatz zur Modellierung der Importnachfrage und wurde von Armington (1969) eingeführt. Das inländische Angebot eines Sektors hat folgendes Aussehen:[65]

$$(2.62)\quad Y_i = \alpha_{0i}\, X_i^{\alpha_i}\, MA_i^{\mu_i}\, MB_i^{\nu_i} \qquad i=1,\ldots,20.$$

$$\text{mit}\quad \alpha_i + \mu_i + \nu_i = 1 \quad \text{und} \quad \alpha_i,\ \mu_i,\ \nu_i \geq 0.$$

Bei kostenminimaler Bereitstellung des inländischen Angebotes (2.62) ergibt sich folgende Einheitskostenfunktion:[66]

$$(2.63)\quad PY_i = \beta_{0i}\, PX_i^{\alpha_i}\, PMA_i^{\mu_i}\, PMB_i^{\nu_i} \qquad i=1,\ldots,20.$$

$$\text{mit}\quad \beta_{0i} = \alpha_{0i}^{-1} \cdot \alpha_i^{-\alpha_i} \cdot \mu_i^{-\mu_i} \cdot \nu_i^{-\nu_i}$$

Dabei ist PMA_i der Preis für die Importe aus dem Sektor i des Auslandes und PMB_i ist der Preis für die Importe aus dem Sektor i der anderen Bundesländer.[67] Bei den Simulationen wird angenommen, daß die Preise für Importe aus den anderen Bundesländern identisch sind mit den Preisen für die Produktion in Baden-Württemberg.
Im Basisjahr werden alle Preise des ENEAS-Modells auf Eins normiert.[68] Daher gilt in (2.63): $\beta_{0i} = 1$.

Mit Hilfe von Shephard's Lemma lassen sich aus (2.63) die preisabhängigen Anteile der inländischen Produktion und der Importe am Gesamtangebot eines Sektors berechnen.
Für den Anteil der inländischen Produktion gilt:

---

65 Vgl. auch Henseler-Unger (1986,127).

66 Vgl. Henseler-Unger (1986,129).

67 Die Preise für die Importe aus den Sektoren des Auslandes PMA_i sind in DM.

68 Eine Input-Output-Tabelle gibt die Vorleistungsverflechtungen einer Volkswirtschaft in Wertgrößen wieder. Es hat sich eingebürgert, im Basisjahr alle Preise auf Eins festzulegen, so daß im Basisjahr die Werte der Input-Output-Tabelle als Mengengrößen interpretiert werden können. Vgl. Whalley (1985,18) und Henseler-Unger (1986,164-5).

$$(2.64)\quad \frac{X_i}{Y_i} = \alpha_i \cdot \frac{PY_i}{PX_i} \qquad i=1,...,20.$$

Die Importanteile für Produkte aus dem Ausland und den anderen Bundesländern sind:

$$(2.65)\quad \frac{MA_i}{Y_i} = \mu_i \cdot \frac{PY_i}{PMA_i} \quad \text{und} \quad \frac{MB_i}{Y_i} = \nu_i \cdot \frac{PY_i}{PMB_i} \qquad i=1,...,20.$$

Aus den Gleichungen (2.65) ergeben sich die Nachfragefunktionen für die konkurrierenden Importe.

Die **Exporte** werden im ENEAS-Modell ebenfalls eingeteilt in Exporte in das Ausland und in Exporte in die anderen Bundesländer.
Zur Herleitung der Exportnachfragefunktionen in bezug auf das Ausland wird angenommen, daß sich der Welthandel von Gut i zusammensetzt aus dem Export Baden-Württembergs EXA_i in das Ausland und dem Export aller anderen Länder.[69]
Für die Exportnachfragefunktionen in bezug auf die anderen Bundesländer wird die Annahme getroffen, daß sich der gesamte Handel innerhalb der Bundesrepublik zusammensetzt aus den Exporten Baden-Württembergs in die anderen Bundesländer EXB_i und den Exporten der anderen Bundesländern selbst.
Für den Welthandel WX_i und den Handel innerhalb der Bundesrepublik BX_i werden Cobb-Douglas Aggregatfunktionen mit konstanten Skalenerträgen spezifiziert, aus denen sich die Exportnachfragefunktionen ableiten lassen.

Für die Exportnachfrage des Auslandes gilt:[70]

$$(2.66)\quad EXA_i = \varphi_i \cdot \frac{PY_i}{PW_i} \cdot WX_i \qquad \text{mit } \varphi_i \geq 0 \qquad i=1,...,20.$$

---

69 Vgl. Henseler-Unger (1986,140-1).

70 Der inländische Angebotspreis setzt sich hier aus dem Preis aus (2.62) und der Mehrwertsteuer zusammen. Der Einfachheit halber wird der Mehrwertsteuersatz aber nicht explizit aufgeführt.

Dabei ist φ_i die Elastizität des Welthandels in bezug auf die Exporte aus Baden-Württemberg. φ_i ist also wie eine Produktionselastizität zu interpretieren. Für die Welthandelspreise PW_i wird im ENEAS-Modell angenommen, daß sie identisch sind mit den Importpreisen PM_i.[71] In (2.66) ist der Anteil der Exporte aus Baden-Württemberg am Welthandel abhängig von den Relativpreisen zwischen den Preisen des inländischen Angebotes und den Welthandelspreisen.

Die Funktionen für die Exportnachfrage aus den anderen Bundesländern sind:

$$(2.67) \quad EXB_i = \vartheta_i \cdot \frac{PY_i}{PMB_i} \cdot BX_i \qquad \text{mit } \vartheta_i \geq 0 \qquad i=1,\ldots,20.$$

Dabei ist ϑ_i die Elastizität der Exporte aus Baden-Württemberg in bezug auf den gesamten Handel innerhalb der Bundesrepublik BX_i.

Der **Leistungsbilanzsaldo** gegenüber dem **Ausland** ist folgendermaßen definiert:

$$(2.68) \quad LBS_A = \sum_{i=1}^{20} (1+t_M)\, PY_i\, EXA_i - \sum_{i=1}^{20} PMA_i\, MA_i - ME_A$$

Dabei ist t_M der Mehrwertsteuersatz und ME_A bezeichnet die mit ihren Preisen bewerteten nicht-konkurrierenden Importe an fossilen Brennstoffen aus dem Ausland.

Der **Leistungsbilanzsaldo** gegenüber den **anderen Bundesländern**

---

71 Die Welthandelspreise PW_i sind in DM. Im ENEAS-Modell wird auf die explizite Berücksichtigung eines Wechselkurses verzichtet, da die Berechnung von Gleichgewichts-Wechselkursen mit ausgeglichener Leistungsbilanz für Baden-Württemberg nicht als sinnvoll erscheint.

ist entsprechend:

$$(2.69) \quad LBS_B = \sum_{i=1}^{20} (1+t_M)\ PY_i\ EXB_i - \sum_{i=1}^{20} PMB_i\ MB_i - ME_B$$

ME_B sind die mit ihren Preisen bewerteten nicht-konkurrierenden Importe an fossilen Brennstoffen aus den anderen Bundesländern.

2.2.4.2 Staatshaushalt und Vorratsinvestitionen

Die wirtschaftlichen Aktivitäten des Staates bestehen im ENEAS-Modell aus folgenden Teilen:

1. In Sektor 20 werden die unternehmerischen Aktivitäten des Staates abgebildet. Der Staat bietet ein Gut an und fragt entprechend den Input-Koeffizienten Vorleistungen und Primärfaktoren nach. Der Sektor 20 ist genauso modelliert wie jeder andere Produktionssektor des Modells. Im Gleichgewicht entsprechen daher die Erlöse genau den gesamten Kosten, so daß der Gewinn immer gleich Null ist. Bei der Darstellung des Staatshaushaltes kann dieser Teil der staatlichen Aktivitäten daher vernachlässigt werden.

2. Der Staat hat Ausgaben in Höhe des Staatsverbrauchs G. Der Staatsverbrauch ist Teil der Endnachfrage. Die gesamte Höhe von G wird aufgeteilt in die Höhe der Nachfrage bei den einzelnen Sektoren, G_i. Die Struktur dieser Aufteilung wird aus der Input-Output-Tabelle des Basisjahres berechnet und ist für alle Simulationsperioden konstant. Die Höhe des Staatsverbrauchs G wird dem Modell für jedes Jahr exogen vorgegeben.
Weitere Ausgaben des Staates entstehen durch Zahlungen von Arbeitslosengeld ALG und durch Transferzahlungen TF. Bei einer Simulation treten weitere Ausgaben durch die Zahlung von Subventionen S auf beseitigte Schadstoffe auf.

3. Die Einnahmen des Staates bestehen aus dem Steuerauf-

kommen der Einkommensteuer T_{DIR}, der Mehrwertsteuer T_{IND} und gegebenenfalls dem Aufkommen an Emissionssteuern T_E.[72]

Für die Höhe der Staatsersparnis S_{ST} ergibt sich nun folgende Formel:

$$(2.70) \quad S_{ST} = T_{DIR} + T_{IND} + T_E - \sum_{i=1}^{20} (1+t_M)\ PY_i G_i - TF - ALG - S$$

Bei den Simulationen mit dem ENEAS-Modell wird die Höhe der Staatsersparnis aus dem Basislauf den anderen Simulationen vorgegeben. Der Einkommensteuersatz t_{dir} wird bei den Simulationen so angepaßt, daß sich im Gleichgewicht für jede Periode die vorgegebene Höhe der Staatsersparnis ergibt.
Da zusätzlich bei allen Simulationen die gleiche Höhe des Staatsverbrauchs vorgegeben wird, werden die Simulationsergebnisse durch das Staatsverhalten nicht verzerrt.

Ein weiterer Bestandteil der Endnachfrage sind die Vorratsinvestitionen IV. Es wird angenommen, daß für die Vorratsinvestitionen ein fester Anteil des realen Bruttosozialproduktes ausgegeben wird. Die sektorale Aufteilung der Nachfrage nach Vorratsinvestitionen wird mittels fixer Koeffizienten, die aus der Input-Output-Tabelle des Basisjahres stammen, vorgenommen.[73]

2.2.5 Die Gleichgewichtsbedingungen des Modells

2.2.5.1 Gütermärkte, Arbeits- und Kapitalmarkt

Für jeden **Gütermarkt** gilt die Bedingung, daß das Angebot eines Gutes i gleich der gesamten Nachfrage nach diesem Gut sein muß:

---

72 Die Mehrwertsteuer bezieht sich auf die gesamte Endnachfrage. Die Konsumnachfrage und die Nachfrage nach Exportgütern sind über die Preise direkt von der Höhe des Mehrwertsteuersatzes abhängig.

73 Vgl. Henseler-Unger (1986,140).

(2.71) $Y_i = X_i + MA_i + MB_i$ $\qquad i=1,\ldots,20$

(2.71a) $\stackrel{!}{=} \sum_{j=1}^{20} X_{ij} + C_i + I_i + G_i + IV_i + EXA_i + EXB_i$

Das inländische Angebot eines Sektors (2.71) besteht aus der inländischen Produktion und den Importen. Dieses Angebot muß gleich der Nachfrage (2.71a) sein, die sich zusammensetzt aus den Vorleistungslieferungen, der Konsumnachfrage C_i, der Investitionsnachfrage I_i, dem Staatsverbrauch, den Vorratsinvestitionen und der Exportnachfrage.[74]

Der **Arbeitsmarkt** wird so modelliert, daß es möglich ist, mit dem ENEAS-Modell die Höhe der Arbeitslosigkeit bei verschiedenen umweltpolitischen Maßnahmen zu berechnen. Dazu ist es notwendig, den Lohnsatz P_L vorzugeben. Aus den Modellsimulationen ergibt sich dann die Höhe der Arbeitslosigkeit. Der Wert des Lohnsatzes ergibt sich aus:[75]

(2.72) $P_L = P_L(t-1) \cdot \left[\frac{PC(t-1)}{PC(t-2)} + \frac{AP(t-1)}{AP(t-2)} - 1\right]$

Dabei ist PC der Konsumpreisindex und AP bezeichnet die Arbeitsproduktivität. Der Lohnsatz einer Periode bestimmt sich aus dem Lohnsatz der Vorperiode sowie den Änderungen des Konsumpreisindexes und der Arbeitsproduktivität der Vorperiode. Bei den verschiedenen Simulationen in Kapitel (3) ergibt sich immer ungefähr der gleiche Reallohn wie im Basislauf.
Aus der Differenz von Arbeitsangebot und Arbeitsnachfrage ergibt sich die Zahl der Arbeitslosen.[76]

---

[74] Die Gleichheit von Angebot und Nachfrage gilt nicht nur in Mengengrößen, sondern auch in Wertgrößen, d.h., bei Bewertung aller Mengen mit den entsprechenden Preisen. Vgl. Henseler-Unger (1986,162).

[75] Vgl. Henseler-Unger (1986,134).

[76] Die Arbeitsnachfrage bezieht sich sowohl auf Produktion, als auch auf Entsorgung.

Das Arbeitsangebot ist exogen und wird durch die Anzahl der vorgegebenen Erwerbspersonen bestimmt.

Einen gesamtwirtschaftlichen **Kapitalmarkt** gibt es im ENEAS-Modell nicht. Die Kapitalstöcke sind sektorspezifisch und periodenfix. Der Schattenpreis des Kapitals (2.24) gibt für jeden Sektor jeweils die ex-post Rendite des sektoralen Kapitalstocks an.
Es handelt sich beim ENEAS-Modell um ein Modell des temporären allgemeinen Gleichgewichtes.[77] Alle Gütermärkte befinden sich in jeder Periode im Gleichgewicht. Es gibt jedoch keine Terminmärkte im Modell, so daß geplante zukünftige Transaktionen nicht koordiniert werden. Dies wird im Modell auch dadurch ausgedrückt, daß die statischen Erwartungen der Produzenten sich in nachfolgenden Perioden als nicht korrekt erweisen können.

2.2.5.2 Volkswirtschaftliche Gesamtrechnung

Für das ENEAS-Modell werden im folgenden die wichtigsten Kennzahlen der volkswirtschaftlichen Gesamtrechnung berechnet.[78]

Das Bruttosozialprodukt zu Faktorkosten von der Entstehungsseite ist gleich:

$$(2.73) \quad BSP_F = W + KE + W_U + KE_U + T_E$$

BIP_F besteht aus den Lohn- und Kapitaleinkommen aus Produktion und Entsorgung und dem Aufkommen an Emissionssteuern T_E.

Das Bruttosozialprodukt zu Faktorkosten von der Verwendungs-

---

[77] Vgl. Grandmont (1982).

[78] Die volkswirtschaftlichen Kennzahlen werden für den Fall von Emissionssteuern berechnet. Im Falle des Basislaufes mit Emissionsstandards ist in allen Kennzahlen der Wert des Aufkommens an Emissionssteuern gleich Null zu setzen. Für die Simulation mit Subventionen auf beseitigte Schadstoffe ist das Aufkommen an Emissionssteuern zu ersetzen durch die mit minus Eins multiplizierte Summe der Subventionszahlungen.

seite ist:

$$(2.74)\quad BSP_F = \sum_{i=1}^{20} PY_i(C_i + I_i + G_i + IV_i + EXA_i + EXB_i) - \sum_{i=1}^{20} (PMA_i MA_i + PMB_i MB_i) - ME_A - ME_B$$

Das Volkseinkommen (= Nettosozialprodukt zu Faktorkosten) ergibt sich aus (2.73) bzw. (2.74) durch Subtraktion der Summe aller sektoralen Abschreibungen.[79]
Das Bruttosozialprodukt zu Marktpreisen ergibt sich aus der Addition des Aufkommens an Mehrwertsteuer zu BSP_F, abzüglich der gezahlten Subventionen.

Die gesamtwirtschaftliche Ersparnis S ist gleich:

$$(2.75)\quad S = W + KE + W_U + KE_U + T_E + \sum_{i=1}^{20} (PMA_i MA_i + PMB_i MB_i) + ME_A + ME_B - \sum_{i=1}^{20} PY_i(C_i + G_i + IV_i + EXA_i + EXB_i)$$

S ist gleich der Differenz aus dem Bruttosozialprodukt zu Faktorkosten von der Entstehungsseite (2.73) abzüglich dem Bruttosozialprodukt von der Verwendungsseite (2.74), wobei bei letzterem die Investitionen unberücksichtigt bleiben.[80]
Die gesamtwirtschaftliche Ersparnis ist im Gleichgewicht gleich der Summe der Investitionen. Der gesamtwirtschaftliche Zinssatz R wird im Modell so berechnet, daß sich diese Identität von Ersparnis und Investition einstellt.

---

79 Es werden sowohl die Abschreibungen aus Produktion, als auch aus Entsorgung berücksichtigt.

80 Vgl. Henseler-Unger (1986,139).

2.2.6 Zusammenfassender Überblick über das Modell

Im ENEAS-Modell werden folgende endogene Variable berechnet:

- sektorale Produktionsmengen,
- sektorale Preise, sektorale Kapitalpreise und Preisindizes,
- entsorgte Schadstoffmengen und die dazugehörende Inputnachfrage nach Vorleistungen, Arbeit und Kapital,
- Emissionssteuersätze,
- die sektoralen Angebotsmengen,
- die Konsumnachfrage für dauerhafte und nicht-dauerhafte Güter,
- sektorale Investitionen, deren Höhe von Anpassungskosten mitbestimmt wird,
- sektorale Anpassungsgeschwindigkeit an den optimalen Kapitalstock und die sektorale Kapazitätsauslastung,
- ein gesamtwirtschaftlicher Zinssatz, der zum Ausgleich von gesamtwirtschaftlicher Ersparnis und Investition führt,
- die Zahl der Arbeitslosen,
- Exporte, Importe und Leistungsbilanzsaldo.

Zur Durchführung der Berechnungen ist es notwendig, eine Reihe von exogenen Variablen vorzugeben. Für die Jahre 1978 bis 1985 können die exogenen Variablen aus Veröffentlichungen entnommen werden.[81] Für die Jahre 1986 bis 1996 werden einige exogene Variable mit konstanten Veränderungsraten fortgeschrieben; die entsprechenden Werte werden in der folgenden Auflistung in Klammern () angefügt.

- Preise für die Importe aus dem Ausland (4%) und den anderen Bundesländern,[82]

---

[81] Die Quellenangaben finden sich in Anhang 3.

[82] Die Importpreise für Güter aus den anderen Bundesländern

- die Zahl der Erwerbspersonen,
- die Staatsnachfrage (1,5%)
- das Welthandelsniveau und das Handelsvolumen innerhalb der Bundesrepublik (jeweils 2,5%),
- die Substitutionselastizitäten zwischen Energie, Nicht-Energie, Arbeit und Kapital: für jeden Sektor beträgt der Wert 0,75.
- die Substitutionselastizitäten zwischen den Energievorleistungen haben für jeden Sektor den Wert 1,0.
- die Substitutionselastizitäten zwischen den Nicht-Energie Vorleistungen haben für jeden Sektor den Wert 0,85.

Die Gleichgewichtslösungen des ENEAS-Modells werden mit dem Gauß-Seidel Verfahren bestimmt.[83] Die folgende Abbildung 2.3 zeigt den Lösungsweg des ENEAS-Modells entsprechend der Vorgehensweise im Computerprogramm.[84]

Im Basisjahr erfolgt die Festlegung der Parameterwerte.
Die Berechnungen für die Perioden nach dem Basisjahr beginnen mit den Schattenpreisen der Emissionstandards (im Basislauf) oder den Werten der Emissionssteuersätze (in den Simulationsläufen) sowie der Inputnachfrage für den Bereich der Entsorgung. Die Berechung dieser Variablen erfolgt zunächst unter Vorgabe von Werten der anderen endogenen Variablen, die weit von ihren Gleichgewichtswerten entfernt sein können.
Der nächste Schritt besteht darin, die sektoralen Gleichge-

---

sind gleich den Preisen der Produktion in Baden-Württemberg.

83 Eine kurze Darstellung des Gauß-Seidel Verfahrens findet sich in Henseler-Unger (1986,175-6).

84 Das ENEAS-Modell besteht aus einem Hauptprogramm und zwölf Unterprogrammen, die jeweils an die einzelnen Simulationen speziell angepaßt wurden. Alle Programme sind in Fortran geschrieben. Sämtliche Simulationen sind auf der Siemens-Anlage 7.570-CX des Rechenzentrums der Universität Mannheim durchgeführt worden.

Abbildung 2.3: **Der Lösungsweg des ENEAS-Modells**

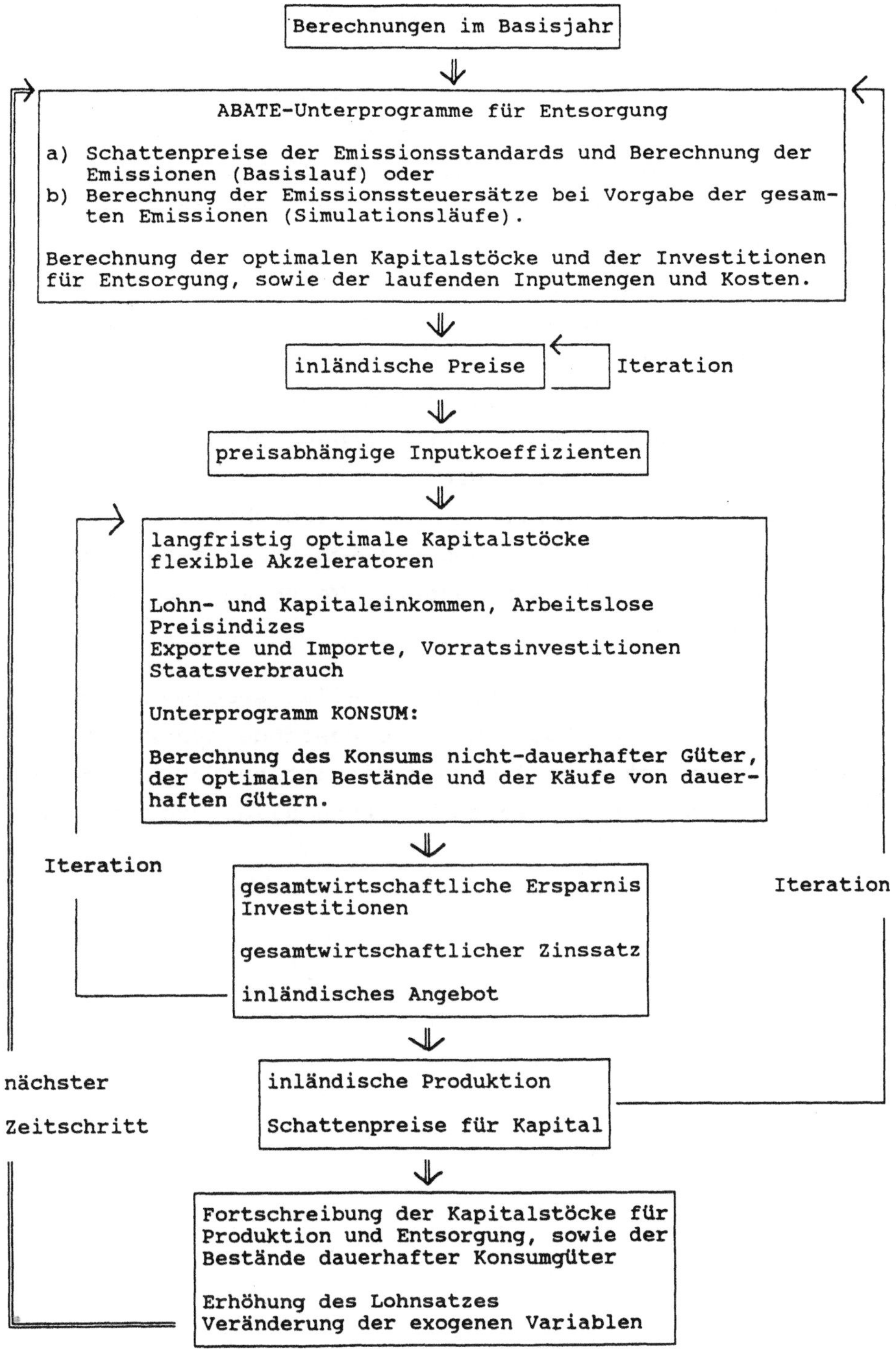

wichtspreise bei Vorgabe aller anderen Variablen zu ermitteln. Die Berechnung erfolgt durch ein iteratives Vorgehen. Aus den Ergebnissen für die Preise ergeben sich die preisabhängigen I/O-Koeffizienten.
In der nächsten Iterationsschleife werden die gleichgewichtigen Werte des gesamtwirtschaftlichen Zinssatzes und der sektoralen Angebotsmengen berechnet. Gleichzeitig erfolgt die Berechnung der Faktoreinkommen, der Investitionen, des Konsums und der übrigen Endnachfrage.
In der dritten Iterationsschleife werden bei Vorgabe der bisher berechneten Werte die inländische Produktion und die Schattenpreise der sektoralen Kapitalstöcke ermittelt. Die berechneten Werte stimmen zunächst nicht mit denjenigen Werten dieser Variablen überein, die bei allen vorhergehenden Berechnungen vorgegeben wurden. Daher wird das ganze Berechnungsschema für alle im Modell enthaltenen Variablen solange wiederholt, bis sich für die inländische Produktion und die Schattenpreise des Kapitals die in der Voriteration vorgegeben Werte aus der Berechnung wieder ergeben.

Nach Erreichen der Gleichgewichtswerte aller endogenen Variablen werden die Kapitalstöcke und die Bestände dauerhafter Konsumgüter für das nächste Jahr der Simulation fortgeschrieben. Ebenso erfolgt nun die Fortschreibung aller exogenen Variablen.

3. Anwendungen des ENEAS-Modells

3.1 Methodische Vorüberlegungen

3.1.1 Die Validität von CGE-Modellen

CGE-Modelle werden dazu verwendet, ökonomische Fragestellungen zu analysieren, die für die Bewertung praktischer Wirtschaftspolitik prinzipiell sehr bedeutsam sein können. Eine Anwendbarkeit der Resultate von CGE-Studien für Zwecke der Politikberatung setzt jedoch voraus, daß eine hinreichend große Wahrscheinlichkeit dafür besteht, daß sich die Ergebnisse der Modellanwendungen auf die Realität übertragen lassen. Damit wird das Problem der Validität von CGE-Modellen angesprochen.

Die Überprüfung der Validität eines empirischen Modells ist grundsätzlich identisch mit der Überprüfung einer wissenschaftlichen Hypothese.[1] Wenn gezeigt werden könnte, daß ein CGE-Modell valide ist, dann wäre damit gleichzeitig gezeigt, daß die dem CGE-Modell zugrundeliegende spezielle Ausprägung eines allgemeinen Gleichgewichtsmodells grundsätzlich korrekte Schlüsse über die abgebildete konkrete Ökonomie zuläßt.

Von dem Problem der Validität ist grundsätzlich die Verifikation eines Modells zu unterscheiden. Unter der Verifikation eines Modelles vesteht man den Nachweis, daß sich das Modell so verhält, wie es sich aufgrund der zugrundeliegenden Theorie verhalten soll.[2] Wenn ein empirisches Modell verifiziert ist, dann bedeutet dies lediglich, daß bei der Übertragung des gedanklichen Modells auf ein Computermodell keine Fehler unterlaufen sind.

Ein CGE-Modell ist prinzipiell verifizierbar.[3] Mit steigender

---

1 Vgl. Shannon (1975,211) und Gass (1983,609).

2 Vgl. Shannon (1975,210) und Gass (1983,608-9).

3 In Page (1983,152) wird beschrieben, wie der Ablauf einer Modellverifikation aussehen könnte. Die Verfahren reichen von Plausibilitätstests bis zur schrittweisen Überprüfung des gesamten Computerprogrammes.

Komplexität des Modells wird eine vollständige Verifikation allerdings zunehmend schwieriger.

In der Literatur über CGE-Modelle wird kaum die Problematik der Überprüfung der Validität von CGE-Modellen erörtert und erst recht findet sich keine Beschreibung eines Versuches, die Validierung eines konkreten CGE-Modelles durchzuführen. Dies ist umso erstaulicher, als es allgemein beklagt wird, daß die empirische Basis von CGE-Modellen sehr schwach sei.[4]
In der Tat läßt sich allerdings zeigen, daß die Validierung eines CGE-Modells praktisch nicht möglich ist.

1. Die Ermittlung der Parameter eines CGE-Modells wird üblicherweise nach der Methode der Kalibration durchgeführt.[5] Bei dieser Vorgehensweise werden die Modellparameter aus den Daten der volkswirtschaftlichen Gesamtrechnung eines Jahres bestimmt. Zusätzliche erforderliche Daten z. B. für die Festlegung von Elastizitäten für die sektoralen Produktionsfunktionen werden oftmals aus der Literatur übernommen oder vom Modellbauer selbst ermittelt. Für das Basisjahr ergeben sich aus der Modellrechnung wieder genau die vorgegebenen gesamtwirtschaftlichen und sektoralen Daten.
Eine ökonometrische Schätzung der Modellparameter wird nur in ganz wenigen Fällen durchgeführt.[6] Ein wesentlicher Grund dafür ist, daß die für eine ökonometrische Schätzung erforderlichen Daten fast nie verfügbar sind. Es besteht außerdem eine trade-off Beziehung zwischen der Komplexität eines CGE-Modells und der Möglichkeit, ökonometrische Methoden anzuwenden: je einfacher das Modell aufgebaut ist, desto eher lassen sich die Parameter statistisch schätzen.[7] Bei den meisten CGE-Modellen

---

4 Vgl. z. B. Borges (1986,19) und Bovenberg (1987,36).

5 Vgl. Mansur/Whalley (1984).

6 Vgl. Jorgenson (1984).

7 Vgl. Whalley (1985,16).
Das bekannteste ökonometrisch geschätzte CGE-Modell ist das Hudson-Jorgenson Modell. Bei diesem Modell werden die intersektoralen Vorleistungslieferungen der neun Sektoren durch

wird allerdings versucht, eine möglichst detailierte Abbildung zumindest eines Teilbereiches einer Volkswirtschaft, z. B. des Steuersystems, durchzuführen. In solchen Fällen ist es im allgemeinen nicht möglich, ausreichend lange Zeitreihen für die Inputdaten zu bekommen. Darüberhinaus besteht das Problem, daß die Zahl der zu schätzenden Parameter mit zunehmender Modellkomplexität schnell ansteigt.[8]
Nach erfolgter Schätzung ist es möglich, die bewährten statistischen Parametertests anzuwenden, um die statistische Güte der geschätzten Modellstruktur zu bewerten. Die Methode der Kalibration ist dagegen ein deterministisches Verfahren der Parameterbestimmung, das solche Testverfahren nicht erlaubt.
Die Art der Ermittlung der Parameter sagt jedoch nichts über das Modellverhalten bei Simulationen aus. Ein ökonometrisch geschätztes CGE-Modell kann daher zu Simulationsergebnissen führen, die wenig mit dem Verhalten der tatsächlich betrachteten Volkswirtschaft zu tun haben. Dies liegt daran, daß die Elemente, die das Modellverhalten wesentlich bestimmen wie z. B. die Annahme, daß Handel nur bei Gleichgewichtspreisen erfolgt und die dynamischen Eigenschaften des Modells durch die ökonometrischen Tests nicht erfaßt werden können.

2. Eine Möglichkeit, das Modellverhalten zu testen, besteht darin, einen Outputvergleich mit den Daten der betrachteten Volkswirtschaft vorzunehmen.[9] Dazu ist es notwendig, einen relativ frühen Wert für das Basisjahr zu wählen, um eine ausreichend lange Kontrollperiode zu haben. Auf diese Weise läßt sich ermitteln, inwieweit die Modellergebnisse der Basissimulation mit den Daten der Volkswirtschaft übereinstimmen. Die anderen

---

die Aggregate Energie und Material zusammengefaßt. Außerdem ist es bei den Anwendungen mit diesem Modell möglich, Standard-I/O-Tabellen zu verwenden, so daß auf ausreichend lange Zeitreihen von adäquaten I/O-Tabellen zurückgegriffen werden kann. Vgl. Hudson/Jorgenson (1974).

8 Vgl. Whalley (1985,40).

9 Vgl. Page (1983,150 und 153-4), Arrow (1980,263).

Simulationen, die z. B. alternative wirtschaftspolitische Maßnahmen untersuchen, die in der Realität noch nicht durchgeführt wurden, lassen auf diese Weise prinzipiell nicht überprüfen.

3. Ein grundsätzliches Problem der Validierung von CGE-Modellen besteht darin, daß CGE-Modelle nicht zur Aufstellung von Prognosen entwickelt wurden.[10] Vielmehr bilden CGE-Modelle die langfristigen Strukturen einer Ökonomie ab, die durch den zugrundeliegenden allgemeinen Gleichgewichtsansatz repräsentiert werden. Die Ergebnisse eines CGE-Modells können damit nur einen Referenzpunkt aufzeigen, zu dem die Volkswirtschaft hin tendiert.[11] In diesem Fall ist es nicht möglich, durch einen einfachen Vergleich des Modelloutputs mit den Daten der abgebildeten Volkswirtschaft Schlüsse auf die Anwendbarkeit des Modells zu ziehen.
Ein CGE-Modell wird dazu konstruiert und angewandt, um Einsichten in die Funktionsweise einer komplexen Ökonomie zu erhalten. Die konkreten Zahlen, die sich als Resultate der Modellsimulationen ergeben, sind eigentlich nur von zweitrangiger Bedeutung. Dies insbesondere deshalb, weil die Ergebnisse von vielen Einflußfaktoren abhängig sind wie z. B. den konkreten gewählten Produktions- und Nutzenfunktionen, für deren Auswahl keine genauen Kriterien vorhanden sind.
Bei der Anwendung von CGE-Modellen wird davon ausgegangen, daß das allgemeine Gleichgewichtskonzept die beste Möglichkeit bietet, die komplizierten interdependenten Allokationsvorgänge einer Ökonomie abzubilden. Das CGE-Modell dient dann dazu, ein allgemeines Gleichgewichtsmodell einer empirischen Anwendung zuzuführen, um so konkrete Resultate für eine Volkswirtschaft zu erhalten. Der Ausgangspunkt der Anwendung ist also die Überzeugung, daß allgemeine Gleichgewichtsmodelle für die Untersuchung von Wohlfahrts- und Allokationseffekten einer Volkswirtschaft den besten Ansatz darstellen. Es ist dann nur folge-

[10] Vgl. Whalley (1986,3).

[11] Vgl. Waelbroeck (1986, 26).

richtig, die Anwendung in quantifizierbarer Weise mit einem CGE-Modell durchzuführen.[12]

4. Die bisher diskutierten Probleme bezüglich der Validierbarkeit von CGE-Modellen werfen ein recht negatives Licht auf die empirischen Anwendungen von CGE-Modellen. Offenbar ist die Vertrauenswürdigkeit der Modellergebnisse nicht nachweisbar. Es wäre allerdings übereilt, daraus den Schluß zu ziehen, daß CGE-Modelle für empirische Anwendungen und insbesondere den Bereich der Politikberatung nicht angewendet werden sollten. Die folgende Argumentation zeigt, daß genau das Gegenteil richtig ist.
Ein wesentlicher Gesichtspunkt bei der Validierung eines Modelles ist der **Vergleich mit konkurrierenden Modellen.**[13]
Im Falle von CGE-Modellen bedeutet dies, daß untersucht werden muß, ob die konkurrierenden Modelle, allgemeine Gleichgewichtsmodelle und Input-Output-Modelle, für die angestrebten empirischen Untersuchungen besser geeignet sind als CGE-Modelle.

a) In Kapitel (1.2) wurde eine ausführliche Analyse von Input-Output-Modellen und ihren Weiterentwicklung vorgenommen. Es hat sich dabei gezeigt, daß I/O-Modelle für die Bewertung von wirtschaftspolitischen Maßnahmen, bei deren Durchführung Allokationsveränderungen eintreten, nicht geeignet sind.
CGE-Modelle stellen eine Weiterentwicklung des I/O-Ansatzes dar und haben gleichzeitig einen theoretisch fundierten mikroökonomischen Modellaufbau. Sie sind I/O-Modellen außerdem hinsichtlich ihrer sehr flexiblen Modellgestaltung überlegen.

b) CGE-Modelle werden eingesetzt, um verschiedene wirtschaftspolitische Maßnahmen in ihren gesamtwirtschaftlichen und sektoralen Wirkungen miteinander zu vergleichen. Dazu ist es notwendig, die entsprechenden wirtschaftspolitischen Maßnahmen sehr detailiert abzubilden, um ein möglichst realitätsnahes Bild ih-

---

[12] Vgl. Whalley (1985,4).

[13] Vgl. House/McLeod (1977,72).

rer Wirkungen zu erhalten. Mit einem CGE-Modell können selbst sehr komplexe Strukturen abgebildet und quantifiziert werden. Mit einem allgemeinen Gleichgewichtsmodell ist dies jedoch nicht möglich. Nur bei sehr einfachen Modellstrukturen ergeben sich eindeutige Lösungen bezüglich der Richtung der Veränderung von Variablen. Bei komplexeren Strukturen ist das Modell oftmals überhaupt nicht mehr lösbar. Dazu kommt, daß der Aufbau und die Lösungen eines formalen allgemeinen Gleichgewichtsmodells im Bereich der Politikberatung sicherlich nicht vermittelbar sind, während ein CGE-Modell konkrete Ergebnisse liefert, die analog der volkswirtschaftlichen Gesamtrechnung strukturiert werden können.

CGE-Modelle sind bezüglich der Anwendung im Bereich der wirtschaftspolitischen Beratung sowohl I/O-Modellen, als auch allgemeinen Gleichgewichtsmodellen überlegen.
CGE-Modelle bieten darüberhinaus die Möglichkeit zu ökonomischen Experimenten: die Annahmen, die der Abbildung einer Ökonomie zugrundeliegen, können innerhalb einer großen Bandbreite variiert werden, so daß wirtschaftspolitische Maßnahmen unter ganz verschiedenen Rahmenbedingungen analysiert werden können. Da CGE-Modelle auf mikroökonomischer Theorie aufbauen, lassen sich alle Resultate der Simulationen auf die auslösenden Ursachen zurückführen. Ein CGE-Modell bietet daher eine rationale Diskussionsgrundlage bei der Bewertung von Wirtschaftspolitik und schlägt eine Brücke zwischen formalen ökonomischen Theorien und konkreten wirtschaftspolitischen Anwendungen.[14] Im Prinzip könnte ein CGE-Modell daher auch zur Durchführung eines theoretisch fundierten, modellgestützten Dialogs zwischen einem ökonomischen Berater und wirtschaftspolitischen Entscheidungsträgern verwendet werden. Dabei ist allerdings immer zu beachten, daß die Modellergebnisse keine Prognosen sind, sondern die Quantifizierungen anerkannter formaler ökonomischer Theorien darstellen.

---

[14] Vgl. Whalley (1985,45).

3.1.2 Überblick über die Auswertungen

Bei der Auswertung der Simulationsläufe mit dem ENEAS-Modell wird immer ein Vergleich der Ergebnisse einer Simulation mit dem Basislauf vorgenommen. Dies hat seinen Grund in der oben beschriebenen ungenügenden empirischen Absicherung von CGE-Modellen. Beim Vergleich zwischen zwei Simulationen werden sich eventuell vorhandene Fehlspezifikationen möglicherweise gegenseitig aufheben. Die Werte eines Simulationslaufes sind im folgenden also allein als nicht wesentlich anzusehen. Ausschlaggebend für die Interpretation der Resultate sind in jedem Falle nur die Unterschiede zwischen zwei Simulationsläufen.[15]

Die Simulationsläufe werden anhand ihrer gesamtwirtschaftlichen und ihrer sektoralen Unterschiede ausgewertet. Beim Vergleich der gesamtwirtschaftlichen Werte sind besonders die Unterschiede im Wohlfahrtsmaß wichtig. Einen weiteren Auswertungsbereich stellen die Wirkungen der unterschiedlichen umweltpolitischen Maßnahmen auf die Höhe der induzierten Entsorgungsmaßnahmen und das Ausmaß der Substitutionsprozesse dar. Unterstützt werden die Auswertungen durch tabellarische Übersichten und graphische Darstellungen von Zeitreihen der wichtigsten Variablen.

Hervorzuheben ist allerdings auch, welche Wirkungen von Umweltpolitik im Modell und den Anwendungen nicht berücksichtigt werden.
Als Wirkungen umweltpolitischer Maßnahmen können nur intersektorale Effekte gemessen werden. Wirkungen, die innerhalb der Sektoren wirksam werden, können im Modell nicht erfasst werden. Beim Vergleich der umweltpolitischen Instrumente wird angenommen, daß die Verwaltungs-, Überwachungs- und Durchsetzungskosten jeweils gleich sind, so daß sie beim Vergleich der volkswirtschaftlichen Kosten vernachlässigt werden können.
Ebenso ist es unmöglich, eventuelle Unterschiede in der räumli-

[15] Vgl. dazu auch Henseler-Unger (1986,4).

chen Verteilung von Schadstoffemissionen und -immissionen zu berücksichtigen. Das ENEAS-Modell bildet die gesamte Volkswirtschaft Baden-Württembergs also in einem räumlichen Ein-Punkt-Modell ab.
Es wird weiterhin angenommen, daß die Beziehungen zwischen Emissionen und Immissionen bei den verschiedenen Simulationen immer gleich sind. Bei den einbezogenen Schadstoffen werden keine Unterschiede in den Schadstoffkonzentrationen in der Luft berücksichtigt, die durch Akkumulationsprozesse der Schadstoffe entstehen.
Diese methodischen Einschränkungen bei der Abbildung der Schadstoffe und ihrer Wirkungen stellen bei ökonomischen Umweltmodellen, die die gesamtwirtschaftlichen und sektoralen Wirkungen von Umweltpolitik betrachten, allerdings eine übliche Vorgehensweise dar.

3.2 Die volkswirtschaftlichen Kosten der gegenwärtigen Luftreinhaltepolitik

3.2.1 Einleitung

In diesem Kapitel werden die Ergebnisse von mehreren Simulationen dargestellt, die zum Ziel haben, die volkswirtschaftlichen Kosten der gegenwärtig geltenden Luftreinhaltepolitik zu quantifizieren.[16]

Es werden zunächst folgende drei Simulationsläufe miteinander verglichen:

(1) Im ersten Simulationslauf, dem Basislauf, werden die sich aus den gesetzlichen Umweltschutzvorschriften ergebenden Emissionsstandards vorgegeben.[17] Die Emissionsstandards geben die erlaubten Emissionen der Schadstoffe Staub, SO_2 und NO_x, bezogen auf eine Einheit des eingesetzten Inputs an. Die auf diese Weise regulierten Inputs sind ausschließlich fossile Brennstoffe.[18] Die Emissionsstandards sind im Modell, außer nach den fossilen Brennstoffen, auch nach den sie verwendenden Sektoren differenziert. Dabei werden die zwei Gruppen Elektrizitätswirtschaft und Industrie unterschieden. Eine zusätzliche Differenzierung erfolgt in Neu- und Altanlagen, wobei für Altanlagen Übergangsfristen bestehen, in denen die Emissionsstandards für Altanlagen schrittweise an diejenigen für Neuanlagen angepaßt werden.[19]

---

16 Die im Modell berücksichtigten Emissionsminderungsvorschriften sind entnommen der Technischen Anleitung Luft (TA Luft) von 1986 und der 13. Bundesimmissionsschutz-Verordnung (13. BImSchV = Verordnung über Großfeuerungsanlagen GFAVO). Vgl. z.B. Feldhaus/Hansel (1986).

17 Die Berechnung und die konkrete Höhe der Emissionsstandards wird in Anhang 4 beschrieben.

18 Im Modell werden die Emissionsstandards in bezug auf folgende fossile Brennstoffe differenziert: Steinkohle, Gas, schweres Heizöl und leichtes Heizöl.

19 Siehe dazu Anhang 4.

(2) In einer zweiten Simulation wird im Modell eine effiziente Umweltpolitik implementiert. Für jeden Schadstoff wird die sich aus dem Basislauf ergebende gesamte Emissionsmenge vorgegeben. Zur Einhaltung dieser Emissionsmenge wird für jeden Schadstoff eine einheitliche Emissionssteuer erhoben.[20] Die besteuerten Sektoren passen sich an die Emissionssteuer so an, daß ihre Grenzkosten der Emissionsvermeidung gleich dem Emissionssteuersatz sind.[21] Gleichzeitig haben die Grenzkosten der Emissionsvermeidung damit für alle besteuerten Sektoren die gleiche Höhe. Das Aufkommen an Emissionssteuern wird allokationsneutral an die privaten Haushalte zurückverteilt.
Dieser Simulationslauf dient dazu, im direkten Vergleich mit dem Basislauf die volkswirtschaftlichen Kosten der gegenwärtig implementierten Emissionsstandards im Bereich der Luftreinhaltung zu quantifizieren. Mit einem Wohlfahrtsmaß werden dabei die Allokationsverzerrungen des Basislaufes bestimmt. Gleichzeitig lassen sich auch die Werte der gesamtwirtschaftlichen Variablen und der Produktionsstrukturen miteinander vergleichen.

(3) Im dritten hier dargestellten Simulationslauf werden keinerlei umweltpolitische Maßnahmen implementiert. Die Schadstoffemissionen sind in diesem Simulationslauf größer und die volkswirtschaftlichen Kosten sind entsprechend geringer als in den beiden vorangegangenen Simulationen. Ein direkter Vergleich der ökonomischen Situation dieses Simu-

---

20 Der verwendete Ansatz mit Emissionssteuer ist innerhalb des ENEAS-Modells vollständig identisch mit einem Ansatz, bei dem handelbare Emissionslizenzen zur Emissionsregulierung verwendet werden.

21 In diesem Simulationslauf werden die gleichen Sektoren besteuert, die im Basislauf über Emissionsstandards reguliert werden. Einige Schadstoffemittenten, insbesondere die Dienstleistungssektoren und die privaten Haushalte, werden allerdings im Basislauf nicht reguliert und haben daher auch in diesem zweiten Simulationslauf keine Emissionssteuern zu zahlen.

lationslaufes mit den zwei vorangegangenen ist aufgrund der unterschiedlichen Höhe der Emissionen und damit des Umweltzustandes nicht möglich. Ein Vergleich kann jedoch zeigen, in welchem Maße die im Modell implementierte Umweltpolitik zu einer Veränderung des Wachstums und der Produktionsstrukturen der Volkswirtschaft Baden-Württembergs führen kann.

Die obengenannten drei Simulationen werden zunächst mit der in Kapitel (2) beschriebenen Form des ENEAS-Modells durchgeführt. In diesem Fall bestehen somit Substitutionsmöglichkeiten zwischen den Aggregaten Energie und Nicht-Energie sowie dem Primärfaktor Arbeit mit einer Substitutionselastizität in Höhe von 0,75. Die Substitutionsmöglichkeiten innerhalb der beiden Aggregate sind gekennzeichnet durch die Substitutionselastizitäten 1,0 für das Energieaggregat und 0,85 für das Nicht-Energieaggregat.

In einer zweiten Version der drei obengenannten Simulationen werden die Substitutionsmöglichkeiten innerhalb des Modells stark eingeschränkt. Für das Energie- und das Nicht-Energieaggregat wird nun jeweils eine Leontief-Funktion mit fixen Inputkoeffizienten angenommen. Die Substitutionselastizitäten beider Aggregate haben damit also einen Wert von Null. Die Substitutionselastizität zwischen den beiden Aggregaten und Arbeit hat allerdings mit 0,75 den gleichen Wert wie in der ersten Version der Simulationsläufe.
Mit dieser zweiten Version ist es möglich, die Bedeutung der im Modell getroffenen Annahmen über die Höhe der Substitutionselastizitäten zu bewerten.

3.2.2 Emissionsstandards versus effiziente Emissionsregulierung versus keine Umweltpolitik. Version 1: gute Substitutionsmöglichkeiten

In der folgenden Tabelle 3.2.1 sind die Werte der wichtigsten volkswirtschaftlichen Variablen wiedergegeben, die sich bei den drei zu vergleichenden Simulationsläufen in den Jahren 1990 und 1996 ergeben.

Tabelle 3.2.1: DIE WERTE DER GESAMTWIRTSCHAFTLICHEN VARIABLEN

		Emissions-standards (Basislauf)		Emissions-steuern		Keine Umwelt-politik	
		1990	1996	1990	1996	1990	1996
BSP	(Mrd.)	233,7	303,6	+0,5	+1,8	+1,0	+13,5
Arbeitslose	(Tsd.)	156,3	221,1	-8,2	-30,8	-30,0	-112,5
inl. Produktion	(Mrd.)	477,4	617,8	+0,0	+2,5	+3,8	+35,2
Konsum	(Mrd.)	127,6	171,8	+0,4	+1,4	+1,3	+12,8
Wohlfahrt	(Mio.)	0,0	0,0	+623	+2765	+1857	+24290
Leistungsbilanz	(Mrd.)	55,0	42,2	-0,3	-1,9	-2,2	-27,5
Investitionen	(Mrd.)	48,9	84,8	+0,5	+1,4	+1,6	+15,6
Kapitalpreis		1,282	1,659	1,289	1,663	1,304	1,803
Lohn		1,713	2,103	1,719	2,112	1,733	2,207
inl. Preisniveau		1,516	1,916	1,523	1,926	1,531	2,028
Emissionssteuern	(Mio.)	0,0	0,0	+706,7	+986,5	0,0	0,0

(Die Werte des Basislaufes sind in absoluten Werten angegeben. Die Werte in den Spalten 3 bis 6 geben, mit Ausnahme der Preise, die absoluten Veränderungen zu den Spalten 1 bzw. 2 wieder. Die Preise beziehen sich jeweils auf das Basisjahr 1978. Die gesamtwirtschaftlichen Aggregate sind real in Preisen von 1978.)

Zunächst wird der Simulationslauf mit den Emissionssteuern mit dem Basislauf verglichen.

Beim Vergleich des Wohlfahrtsmaßes zeigt sich die erwartete

Wohlfahrtsverbesserung beim Übergang von ineffizienten Emissionsstandards zu einer effizienten Emissionsregulierung. Es zeigt sich ebenso eine Erhöhung des realen Bruttosozialprodukts, der Produktion und des Konsums sowie eine deutliche Abnahme der Arbeitslosigkeit.
Die Erhöhung des realen BSP ist allerdings prozentual zum Basislauf relativ klein : in 1990 beträgt die Steigerung 0,2% und in 1996 0,6%. Wesentlich stärker vermindert sich dagegen die Zahl der Arbeitslosen: in 1990 hat sie sich um 5,2% gegenüber dem Basislauf vermindert und in 1996 beträgt die relative Abnahme 14%. Diese Veränderung der Arbeitslosen ist vollständig auf die relative Erhöhung der Produktion zurückzuführen, da der Reallohn in beiden Simulationen nahezu identisch ist.[22]
Die gestiegene Produktion führt ebenfalls zu einer Zunahme der Faktoreinkommen, was wiederum zu dem Anstieg des Konsums führt. Die verschlechterte Leistungsbilanz ist die Folge einer gestiegenen Importnachfrage. Die gestiegenen inländischen Preise tragen gleichzeitig dazu bei, daß die Exporte leicht abnehmen.

Im Falle der Verwendung von Emissionssteuern wird das inländische Preisniveau über dem bei Emissionsstandards liegen. Dies hat hauptsächlich folgende Gründe: 1. wie in Kapitel (2.2.2.3) gezeigt, ist die durch Emissionssteuern induzierte direkte Erhöhung der Inputpreise größer als bei Emissionsstandards, da zusätzlich zu den anteiligen Entsorgungskosten die vom jeweiligen Inputfaktor bewirkten Zahlungen an Emissionsteuern mit berücksichtigt werden. 2. Im Falle von Emissionssteuern werden alle Inputfaktoren, die Emissionen verursachen im Preis für die Verwender ansteigen, während im Falle von Emissionsstandards nur die über die Luftreinhaltevorschriften indirekt regulierten Inputfaktoren verteuert werden. 3. Die gestiegene Produktion im Falle des Einsatzes von Emissionssteuern führt über einen Anstieg des Grenzproduktes von Kapital zu einer Erhöhung des

---

22 Der Reallohn beträgt im Basislauf 1,129 in 1990 und 1,098 in 1996. Im Simulationslauf mit Emissionssteuern betragen die entsprechenden Werte 1,128 und 1,097.

durchschnittlichen Kapitalpreises. Da Kapital für jeden Sektor der anteilsmäßig wichtigste Inputfaktor ist, bewirkt die Kapitalpreiserhöhung einen Anstieg im inländischen Preisniveau.

Der Vergleich des Simulationslaufes ohne Umweltpolitik mit dem Basislauf zeigt, von der Veränderungsrichtung der Variablen her gesehen, die gleichen Effekte wie der zuvor durchgeführte Vergleich. Vom Ausmaß der Änderungen zeigen sich nun allerdings erwartungsgemäß wesentlich stärkere Effekte.
Das reale BSP steigt in 1990 verglichen mit dem Basislauf um 0,4% und in 1996 um 4,4%. Die Zahl der Arbeitslosen ist in der Simulation ohne Umweltpoltik im Jahre 1990 um 19% geringer als im Basislauf. Im Jahre 1996 ergibt sich sogar eine Verminderung um 51%. Ausschlaggebend für für die Abnahme der Arbeitslosen ist auch hier allein die Zunahme der inländischen Produktion bei nahezu unverändertem Reallohn.[23]

Es ist auffallend, daß die Simulation ohne Umweltpolitik zu einem höheren inländischen Preisniveau führt, als es in den beiden anderen Simulationen der Fall ist. Der Anstieg der inländischen Preis ist hier auf den Anstieg der Kapitalpreise zurückzuführen, da die gestiegene Produktion eine Erhöhung des Grenzproduktes von Kapital bewirkt.

Die folgenden drei Abbildungen zeigen die Wirkungen auf die Wohlfahrt, das reale BSP und auf die Arbeitslosigkeit für alle einbezogenen Simulationsperioden.

---

[23] Die bei Verwendung von statischen offenen I/O-Modellen berechneten Beschäftigungseffekte von Umweltpolitik (siehe Kapitel (1.2.1.4)) bestätigen sich bei Verwendung eines CGE-Modells somit nicht. Dies hat seine Ursache darin, daß bei den I/O-Modellen die negativen Wirkungen von Umweltpolitik unberücksichtigt bleiben.

Abbildung 3.2.1: VERGLEICH DER WOHLFAHRTSSITUATION
(in Millionen DM)

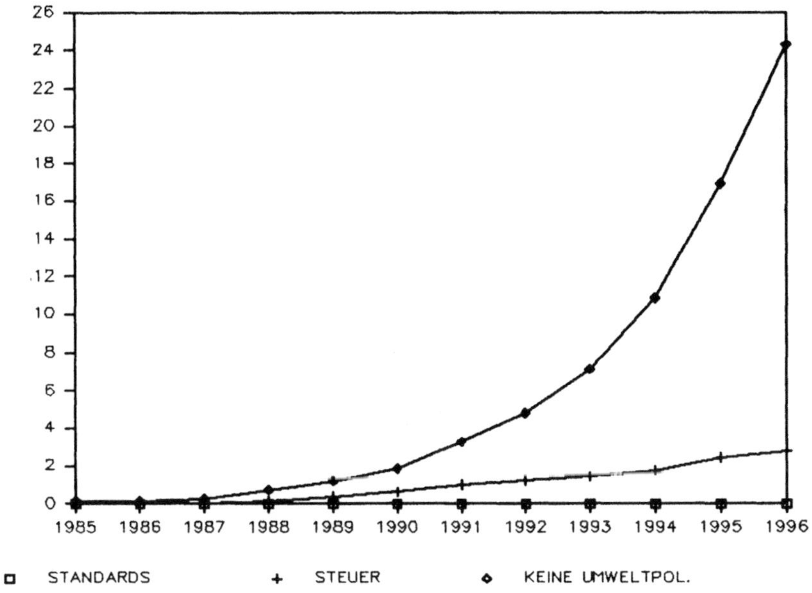

Abbildung 3.2.2: VERGLEICH DES REALEN BSP
(in Milliarden DM, in Preisen von 1978)

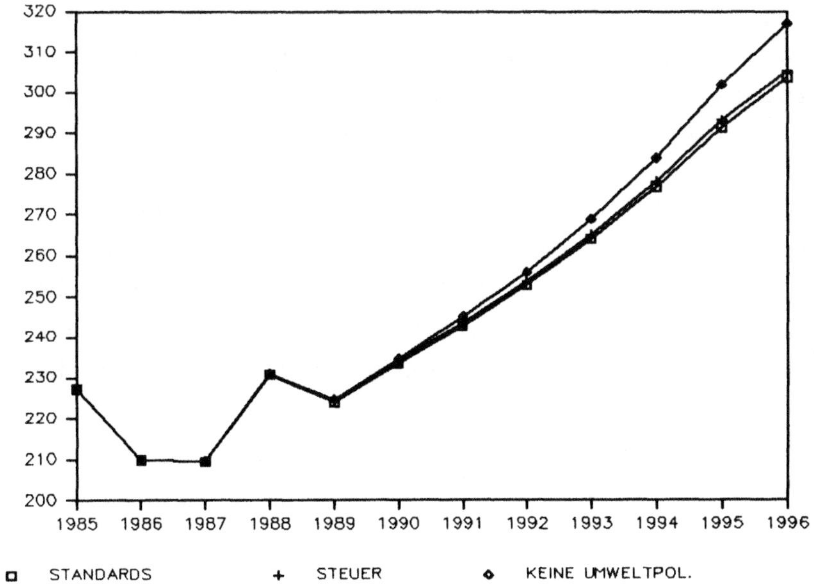

Abbildung 3.2.3: VERGLEICH DER ZAHL DER ARBEITSLOSEN
(in Tausend)

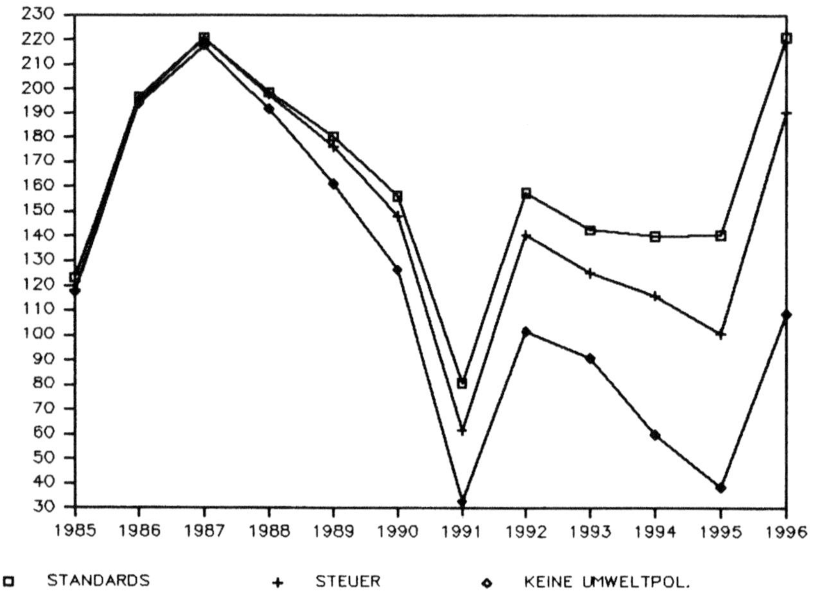

Abbildung 3.2.1 zeigt einen im Zeitverlauf sich vergrößernden Abstand der Wohlfahrtsmaße. Dies läßt sich zurückführen auf eine Zunahme der Allokationsverzerrungen im Falle der Durchführung von Umweltpolitik. Die Kurven in den Abbildungen 3.2.2 und 3.2.3 zeigen ebenfalls eine im Zeitverlauf zunehmende Distanz zwischen den einzelnen Kurvenverläufen.

Die Ursache der Allokationsverzerrungen im Falle der Anwendung von Emissionstandards liegt darin, daß durch die Emissionsstandards unterschiedliche Grenzkosten der Emissionsvermeidung bei den verschiedenen Emittenten induziert werden.[24] Bei Anwendung einer Emissionssteuer, die für alle Emittenten die gleiche Höhe hat, haben alle Emittenten gleiche Grenzkosten der Emissions-

24 Vgl. Siebert (1987, 124).

vermeidung.[25]

Die folgende Tabelle 3.2.2 zeigt die Wirkungen der Umweltpolitik auf die Höhe der Schadstoffemissionen und das Ausmaß der durchgeführten Entsorgungsmaßnahmen an.
Ohne Umweltpolitik liegen die Emissionen der Schadstoffe Staub, SO_2 und NO_x beispielsweise im Jahre 1996 zwischen 24% und 60% über den Emissionen, die sich bei Durchführung von Umweltpolitik ergeben.

Die Tabelle 3.2.2 zeigt einen interessanten Unterschied zwischen dem Simulationslauf mit Emissionssteuern und dem Basislauf. Im Falle von Emissionssteuern wird ein wesentlich größerer Teil der Schadstoffverminderung durch den geringeren Einsatz emissionsintensiver Inputs bewirkt. Dadurch ist weniger

Tabelle 3.2.2: SCHADSTOFFEMISSIONEN UND ENTSORGUNG

		Emissionsstandards (Basislauf) (in Tsd. t.)		Emissionssteuern		Keine Umweltpolitik	
				prozentuale Abweichung zum Basislauf			
		1990	1996	1990	1996	1990	1996
Staub	gesamt	35,9	44,0	0,0	0,0	+46,8	+60,2
	entsorgt	11,8	16,6	-9,3	-9,6	-	-
SO_2	gesamt	342,5	439,0	0,0	0,0	+19,6	+27,9
	entsorgt	37,2	50,3	-76,1	-64,6	-	-
NO_x	gesamt	386,5	520,1	0,0	0,0	+15,9	+24,0
	entsorgt	37,4	50,5	-11,2	-8,1	-	-
CO_2	gesamt	81435	96474	0,0	0,0	+1,0	+4,5

(Die Spalten 4 bis 6 geben die prozentualen Veränderungen zu den entsprechenden Werten der Spalten 1 und 2 an.)

[25] Ein Vergleich der Schattenpreise der Emissionsstandards mit den Emissionssteuern findet sich weiter unten in Tabelle 3.2.3.

Entsorgung durch end-of-pipe Anlagen notwendig. Der Grund dafür ist, daß bei Anwendung von Emissionssteuern die Preise von emissionsintensiven Inputs stärker ansteigen als bei Emissionsstandards.[26] Dieses Resultat läßt somit die Schlußfolgerung zu, daß Umweltpolitik, die sich des Instrumentes der Emissionssteuern bedient, zu volkswirtschaftlichen Produktionsstrukturen führt, die weniger emissionsintensiv sind als bei Verwendung von Emissionsstandards.[27]

Der Einfluß der Emissionssstandards auf die Höhe der Emissionen läßt sich gut durch die folgenden vier Abbildungen nachvollziehen.

Abbildung 3.2.4: SCHWEFELDIOXID-EMISSIONEN
(in Tausend t.)

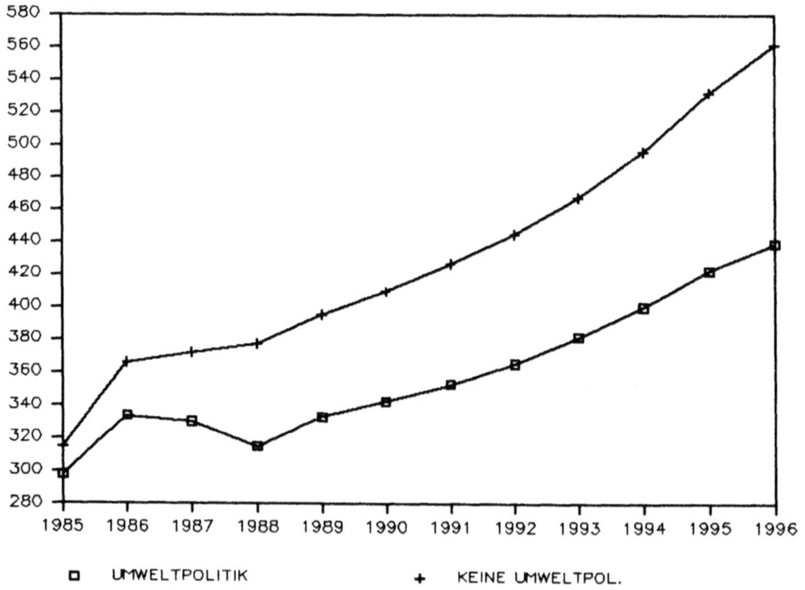

26 Siehe dazu die in Kapitel (2.2.2.3) entwickelten Formeln über die unterschiedlichen Auswirkungen von Emissionsstandards und -steuern auf die Preise emissionsintensiver Inputfaktoren für den Bereich der Produktion.

27 Da im ENEAS-Modell Emissionssteuern und handelbare Emissionslizenzen äquivalent sind, gilt diese Aussage genauso für Emissionslizenzen.

Die Emissionsstandards für Schwefeldioxid bewirken einen relativen Rückgang der Emissionen gegenüber der Simulation ohne Umweltpolitik. Nach den ersten vier Jahren steigen die Emissionen wieder absolut an. Sie erreichen nach einer zeitlichen Verzögerung von etwa sechs Jahren wieder das Niveau der Emissionen, die sich ohne Umweltpolitik ergeben würden.
Dieses Ergebnis steht allerdings in Gegensatz zu Schätzungen der Emissionsentwicklungen, die beispielsweise vom Umweltbundesamt durchgeführt wurden.[28] Diese Schätzungen zeigen einen stetigen Rückgang der Emissionen z. B. für Schwefeldioxid ab dem Jahre 1972 bis zum Ende der Prognoseperiode in 1995 an. Der Unterschied in der Höhe der Emissionen ist leicht zu erklären über unterschiedliche zugrunde liegende Entwicklungen des Primärenergieverbrauchs. Bei den vom Umweltbundesamt vorgenommenen Schätzungen wird unterstellt, daß der Verbrauch an Primärenergie stetig abnimmt. Im ENEAS-Modell ergibt sich dagegen ein genau umgekehrter Verlauf, da nur preisabhängige Substitution einbezogen wird und somit ein möglicherweise in der Realität vorhandener preisunabhängiger Trend zu Energieeinsparungen nicht in die Berechnungen eingeht.

Der Verlauf der Schadstoffemissionen hängt entscheidend vom Verbrauch fossiler Brennstoffe ab. Die Emissionsstandards haben die Einheit [mg Schadstoff/m^3 Abgas]. Im ENEAS-Modell wird angenommen, daß die Emissionsintensität einer Feuerungsanlage, außer durch die im Modell implementierten Entsorgungsmaßnahmen, nicht variierbar ist. Die Emissionsstandards lassen sich daher äquivalent umformen in die Einheit [mg Schadstoff/realer Inputeinsatz]. Die Schadstoffemissionen verändern sich dadurch parallel zum Verbrauch fossiler Brennstoffe.
Der Unterschied zum Fall ohne Umweltpolitik besteht lediglich darin, daß die Zeitreihe der Emissionen nun um einen konstanten Prozentsatz darunter liegt. Dies bedeutet aber, daß die gegenwärtig geltenden Luftreinhaltevorschriften nur dann erfolgreich

---

[28] Vgl. Umweltbundesamt (1986,230).

Abbildung 3.2.5: STICKOXID-EMISSIONEN
(in Tausend t.)

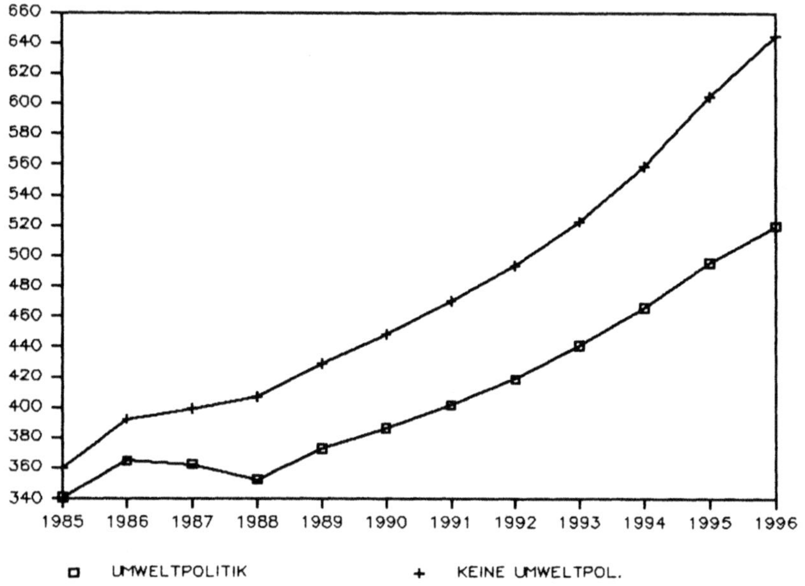

Abbildung 3.2.6: STAUB-EMISSIONEN
(in Tausend t.)

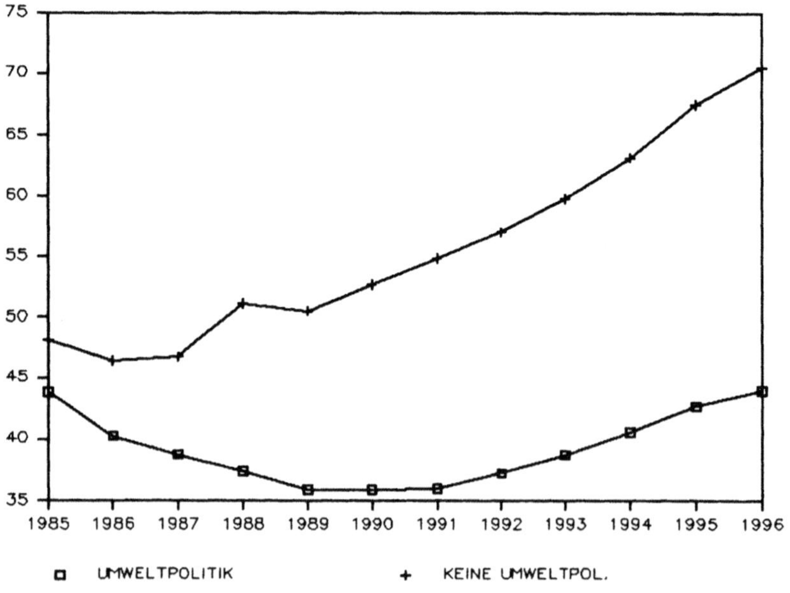

die Schadstoffemissionen senken können, wenn ergänzende Maßnahmen ergriffen werden, die zu einer Senkung des Verbrauchs fossiler Brennstoffe führen. Ebenso wirksam wäre auch die Steigerung der Effizienz bei der Verwendung von (Primär-) Energie.

Eine sehr ähnliche Entwicklung wie die Schwefeldioxidemissionen weisen die Stickoxidemissionen auf, die in Abbildung 3.2.5 gezeigt werden. Auch für die Emissionen von Staub ergibt sich prinzipiell das gleiche Bild, allerdings mit einem wesentlich später einsetzenden Anstieg der Emissionen.

Die Emissionen an Kohlendioxid, die ja durch die vorhandenen Gesetze zur Luftreinhaltung nicht reguliert werden, vermindern sich im Vergleich zur Situation ohne Umweltpolitik nur sehr geringfügig. Der Rückgang der CO_2-Emissionen ist zum größten Teil auf den Rückgang der Produktion und den dadurch bedingten geringeren Verbrauch an fossilen Brennstoffen zurückzuführen.

Abbildung 3.2.7: KOHLENDIOXID-EMISSIONEN
(in Millionen t.)

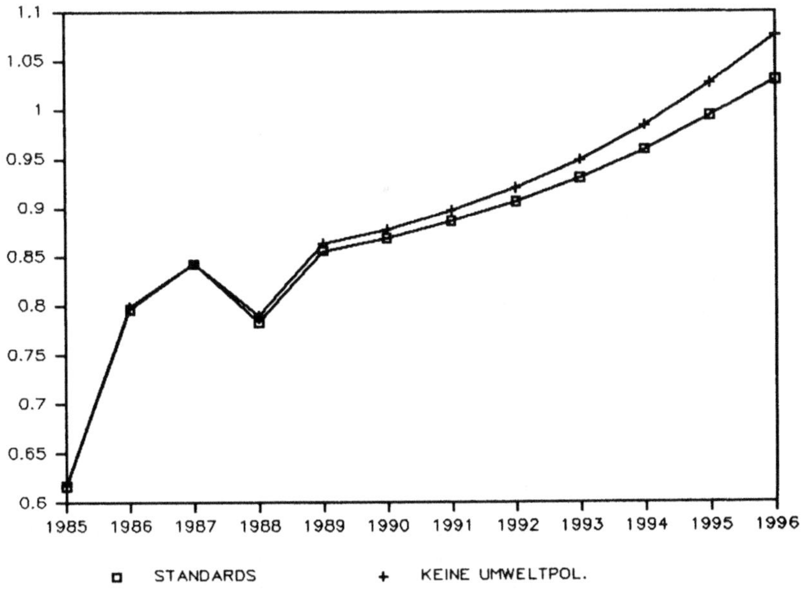

Interessante Einblicke in die Wirksamkeit der gegenwärtig geltenden Umweltpolitik in Form von Emissionsstandards geben die zwei folgenden Abbildungen. Sie zeigen jeweils für SO_2 und NO_x die sich im Zeitverlauf ergebenden Kombinationen von realen Emissionssteuersätzen und gesamten Emissionsmengen.[29] Die Kurven zeigen die implizit in den Emissionsstandards enthaltenen Bewertungen der Schadstoffemissionen.

Die Kurve beginnt links unten mit den Werten für 1985 und endet rechts oben mit den Werten für 1996. Die Kurve steigt zunächst von 1985 bis 1992 an und zeigt damit an, daß für die sich erge

Abbildung 3.2.8: EMISSIONSSTEUERSÄTZE UND ZUGEORDNETE GESAMTE EMISSIONSMENGEN FÜR STICKOXIDE
(Steuersätze in [DM/t NO_x], in Preisen von 1978; Emissionen in Tausend t.)

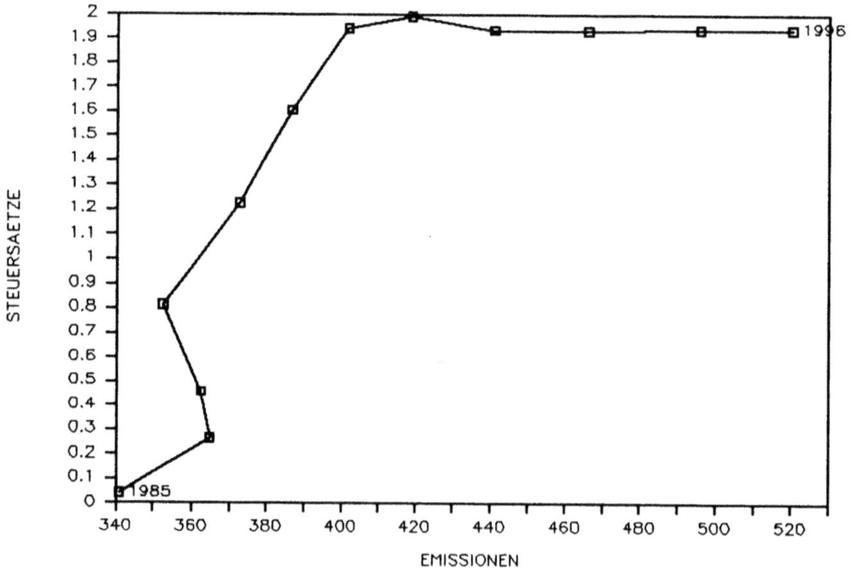

29 Die Emissionssteuersätze werden hier als Approximation der durchschnittlichen Schattenpreise verwendet, um ein einheitliches Maß für die durchschnittlichen Kosten je entsorgter Schadstoffeinheit zu erhalten.

benden größeren Emissionsmengen je Mengeneinheit ein höherer realer Preis zu zahlen ist.[30]
Ab 1993 bis 1996 ergeben sich jedoch ungefähr gleiche reale Emissionssteuern für von Jahr zu Jahr größere Emissionsmengen. Für eine größere Emissionsmenge ist damit der gleiche Preis zu zahlen, wie für eine kleinere Menge. Da mit einer größeren Menge an Schadstoffen im allgemeinen auch ein größerer Umweltschaden verbunden ist, zeigt dies, daß die Emissionsstandards implizit zu einer falschen Bewertung der Schäden führen.
Diese Aussage über die geltenden Emissionsstandards gilt in noch wesentlich stärkerem Maße in bezug auf Schwefeldioxid.

Die Kurve beginnt links mit den Werten für 1985 und endet rechts unten mit den Werten für 1996. Schon ab dem Jahre 1988

Abbildung 3.2.9: EMISSIONSSTEUERSÄTZE UND ZUGEORDNETE GESAMTE EMISSIONSMENGEN FÜR SCHWEFELDIOXID
(Steuersätze in [DM/t SO_2], in Preisen von 1978; Emissionen in Tausend t.)

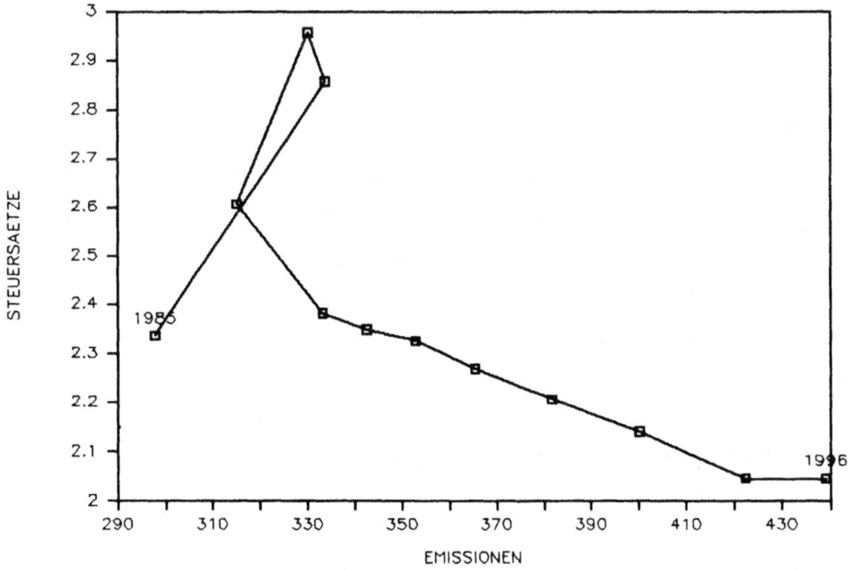

[30] Diese Interpretation ist unabhängig davon, ob Emissionsstandards oder Emissionssteuern eingesetzt werden.

zeigt sich ein fallender Verlauf der Kurve. Dies bedeutet, daß der reale Preis für Schadstoffemissionen mit steigenden Emissionsmengen abnimmt.
Für die ebenfalls ansteigenden Umweltschäden entstehen bei den Emittenten somit immer geringer werdende reale Kosten je Einheit Schadstoff.
Die beiden zuletzt dargestellten Abbildungen sind wesentlich abhängig von den sich im Modell ergebenden Schadstoffemissionen. Die Kurvenverläufe lassen sich somit, ebenso wie diejenigen der Schadstoffemissionen, auf die Entwicklung des Verbrauchs fossiler Brennstoffe zurückführen.
Die in den Interpretationen zu diesen beiden Abbildungen und den Abbildungen der Schadstoffemissionen gemachte negative Beurteilung der gegenwärtig geltenden Vorschriften zur Reduktion von Emissionen aus Feuerungsanlagen ist allerdings von der unterstellten Entwicklung im Verbrauch fossiler Brennstoffe abhängig. Die im Modell implementierten umweltpolitischen Maßnahmen sind nur dann geeignet, zu einer Abnahme der Schadstoffemissionen zu führen, wenn der Verbrauch fossiler Brennstoffe ebenfalls abnimmt. Mit den gegenwärtig geltenden Luftreinhaltevorschriften allein kann eine solche Senkung des Verbrauchs fossiler Brennstoffe jedoch nicht erreicht werden.

Für die alternativen umweltpolitischen Instrumente - Emissionsstandards und Emissionssteuern - lassen sich im ENEAS-Modell unterschiedliche sektorale Effekte nachweisen.
In der folgenden Tabelle 3.2.3 werden die sich bei Anwendung der Emissionsstandards ergebenden Schattenpreise mit den einheitlichen Emissionssteuern verglichen. Aus der Auswertung der Tabelle können Schlußfolgerungen auf die unterschiedlichen sektoralen Wirkungen von Emissionsstandards und Emissionssteuern gezogen werden.

Die Emissionssteuern liegen, wie zu erwarten war, zwischen dem geringsten und dem höchstem Wert der jeweiligen Schattenpreise. Der Vergleich der Schattenpreise mit den Emissionsssteuern zeigt nun, daß der Elektrizitätssektor von der Einführung von Emissionssteuern profitiert, während für die meisten der regulierten Industriesektoren die Verwendung der geltenden Emissionsstandards vorteilhafter ist.

Tabelle 3.2.3: SCHATTENPREISE DER EMISSIONSSTANDARDS UND EMISSIONSSTEUERN
(jeweils in der Einheit [DM/t Schadstoff])

für 1990	Staub	Schwefeldioxid	Stickoxide
a)	Schattenpreise		
Elektrizitätswirtschaft	713	4173 - 4181	4386 - 4482
Industrie	50 - 450	2900 - 4350	150 - 2900
b)	Emissionssteuern		
	437	3492	2385

für 1996	Staub	Schwefeldioxid	Stickoxide
a)	Schattenpreise		
Elektrizitätswirtschaft	811	4476 - 4485	4540 - 4635
Industrie	63 - 650	3170 - 4700	186 - 3500
b)	Emissionssteuern		
	516	3830	3626

Da die Emissionssteuern immer kleiner sind als die Schattenpreise, die sich für den Elektrizitätssektor ergeben, bedeutet der Übergang von Emissionssteuern somit eine Verringerung der umweltschutzbedingten Kostenbelastung für diesen Sektor. Umgekehrt verhält es sich bei den meisten der regulierten Industriesektoren. Die Emissionssteuern sind für fast alle Industriesektoren größer als die Schattenpreise der vorgeschriebenen Emissionsstandards. Diese Sektoren werden dadurch auch höhere umweltschutzbedingte Kosten zu tragen haben.

Die konkreten Unterschiede in den sektoralen Kostenbelastungen durch die beiden alternativen umweltpolitischen Instrumente zeigen sich in der folgenden Tabelle 3.2.4.

Tabelle 3.2.4: SEKTORALE EFFEKTE

		Emissions-standards (Basislauf)		Emissions-steuern		keine Umwelt-politik	
		1990	1996	1990	1996	1990	1996
Elektrizität	(Me)	7,699	9,657	7,760	9,737	8,041	10,526
(2)	(Pr)	1,491	1,868	1,486	1,872	1,461	1,926
Chemie	(Me)	19,671	23,962	19,590	23,932	19,760	24,801
(4)	(Pr)	1,521	1,896	1,536	1,913	1,534	1,985
Mineralöl	(Me)	8,081	10,393	7,850	10,182	8,122	11,030
(5)	(Pr)	1,274	1,675	1,291	1,699	1,281	1,739
Steine, Erden	(Me)	6,981	9,933	6,961	9,950	7,080	10,981
(6)	(Pr)	1,509	1,893	1,534	1,921	1,523	2.009
Eisen, NE	(Me)	13,469	17,089	13,452	17,117	13,910	18,354
(7)	(Pr)	1,584	1,976	1,596	1,990	1,600	2,077
Maschinenbau	(Me)	43,360	54,151	43,371	54,280	43,850	56,522
(8)	(Pr)	1,608	1,997	1,615	2,006	1,625	2,098
Fahrzeugbau	(Me)	39,605	50,137	39,605	50,257	39,838	52,030
(9)	(Pr)	1,628	2,196	1,638	2,215	1,650	2,444
E.-technik	(Me)	32,550	40,891	32,550	41,000	32,630	42,300
(10)	(Pr)	1,602	1,989	1,610	1,999	1,619	2,091
Papier, Pappe	(Me)	6,590	8,041	6,560	8,030	6,671	8,382
(13)	(Pr)	1,589	1,981	1,606	2,000	1,604	2,074
Dienstlei-	(Me)	127,470	172,350	127,742	173,600	128,351	183,151
stungen (18)	(Pr)	1,465	1,866	1,472	1,873	1,484	1,990

(Menge (Me) in Milliarden DM, zu Preisen von 1978, Preise (Pr) jeweils zur Basis 1978. Alle Zahlen geben die absoluten Werte des jeweiligen Simulationslaufes an.)

Der Vergleich der Outputmengen zeigt deutliche Unterschiede in den Wirkungen der Umweltpolitik auf die einzelnen Sektoren.

Im Falle von Emissionstandards sinkt die Produktion beispielsweise im Jahre 1996 im Durchschnitt um 5,4%, verglichen mit der Situation ohne Umweltpolitik. Der Output von Elektrizität sinkt dagegen um 8,2%. Im Sektor Sektor Steine u. Erden sinkt der Output um 9,8%, im Sektor Eisen und NE-Metalle um 6,8%, in den Sektoren Chemie und Elektrotechnik jeweils um 3,4% und im Sektor Dienstleistungen um 5,8%.

Beim Übergang von Emissionsstandards zu Emissionssteuern ergibt sich beispielsweise im Jahre 1996 eine Erhöhung der gesamtwirtschaftlichen Produktion von 0,4%. Der Output im Sektor Elektrizität steigt dagegen um 0,8%, während in den Industriesektoren der Output entweder absolut zurückgeht oder maximal um 0,2% ansteigt. Dies zeigt, daß bei Anwendung der geltenden Emissionsstandards der Sektor Elektrizität einen relativ größeren Teil der Kosten der Emissionssenkung zu tragen hat als die Industriesektoren.
Bei Anwendung von Emissionssteuern werden die Kosten entsprechend den verursachten Schadstoffemissionen verteilt und es stellen sich bei jedem Verursacher die gleichen Grenzkosten der Emissionsvermeidung ein. Das Ergebnis ist, daß der Sektor Elektrizität entlastet wird und die Industriesektoren einen größeren Beitrag zur Reduktion der Emissionen zu leisten haben. Besonders deutlich wird diese Aussage, wenn man die Emissionen des Elektrizitätssektors und der Industriesektoren vor und nach Einführung von Emissionssteuern miteinander vergleicht (siehe dazu die folgenden Abbildungen 3.2.10 und 3.2.11).

Bei Anwendung von Emissionssteuern steigen die Schwefeldioxidemissionen im Elektrizitätssektor ab dem Jahre 1988 im Vergleich zum Basislauf stark an. Dies zeigt, daß der Elektrizitätssektor nach Einführung der Emissionssteuern weniger stark reguliert wird als durch die Emissionsstandards. Die Entlastung tritt allerdings erst ab dem Jahre 1988 ein, da in diesem Jahr im Modell die Industriesektoren mit der Entsorgung von Schadstoffen beginnen.

Abbildung 3.2.10: DIE EMISSIONEN VON SCHWEFELDIOXID IM ELEKTRIZITÄTSSEKTOR
(in Tausend t.)

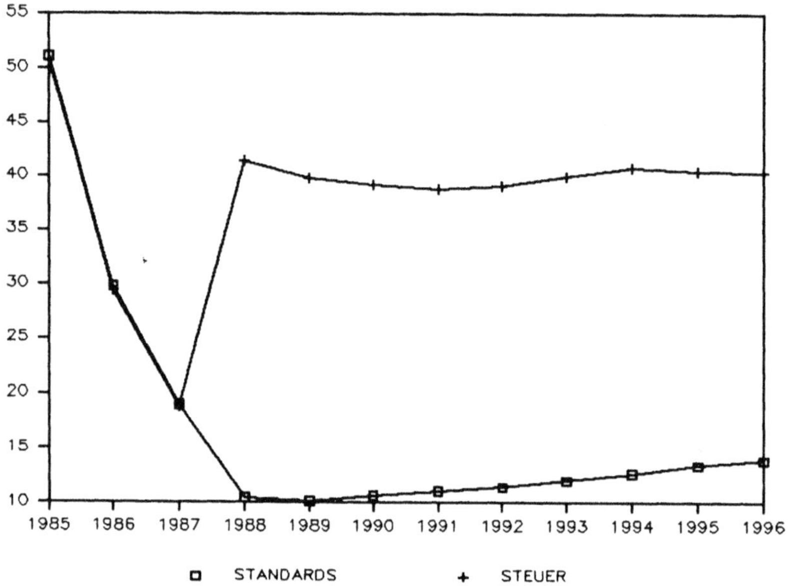

Die Entlastung des Elektrizitätssektors bedeutet eine entsprechende zusätzliche Belastung der Industriesektoren. In der folgenden Abbildung 3.2.11 zeigt sich dies in der Abnahme der Schwefeldioxidemissionen der Industriesektoren ab dem Jahre 1988 bei Anwendung von Emissionssteuern.

Abbildung 3.2.11: DIE EMISSIONEN VON SCHWEFELDIOXID IN DEN INDUSTRIESEKTOREN
(in Tausend t.)

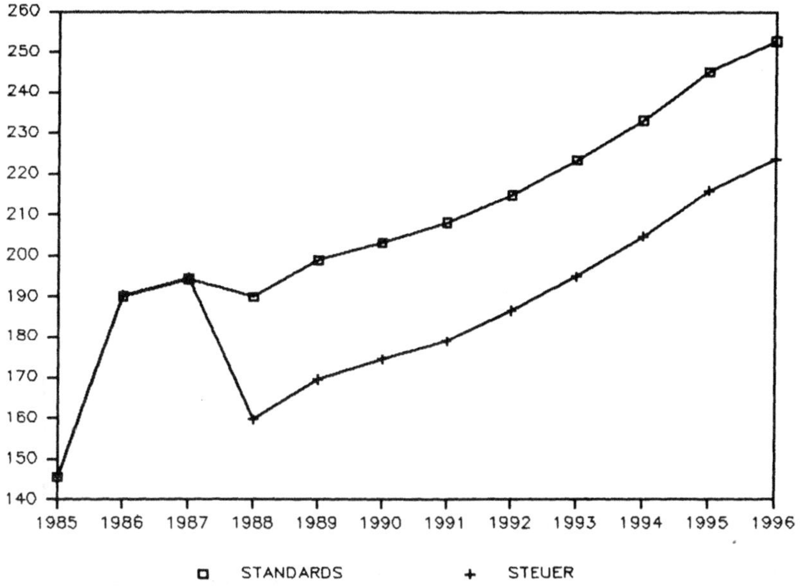

3.2.3 Emissionsstandards versus effiziente Emissionsregulierung versus keine Umweltpolitik. Version 2: geringe Substitutionsmöglichkeiten

In diesem Kapitel werden die Ergebnisse von drei Simulationen besprochen, die bis auf eine wesentliche Modelleigenschaft identisch aufgebaut sind wie die drei Simulationen des Kapitels zuvor: der wesentliche Unterschied besteht darin, daß es nun zwischen sämtlichen Energie- und Nichtenergievorleistungen keinerlei Substitutionsmöglichkeiten mehr gibt. Substitution ist nur noch möglich zwischen Arbeit und einem Aggregat, das aus allen anderen Vorleistungen besteht.[31]
Die folgende Tabelle 3.2.5 zeigt die Entwicklung der wichtig-

[31] Wie zuvor bestehen natürlich noch die langfristigen Substitutionsmöglichkeiten zwischen diesen Inputs und dem Faktor Kapital.

sten gesamtwirtschaftlichen Variablen für die Jahre 1990 und 1996.[32]

Tabelle 3.2.5: DIE WERTE DER GESAMTWIRTSCHAFTLICHEN VARIABLEN

		Emissionsstandards (Basislauf)		Emissionssteuern		Keine Umweltpolitik	
		1990	1996	1990	1996	1990	1996
BSP	(Mrd.)	233,7	293,2	+0,5	+1,1	+0,9	+3,1
Arbeitslose	(Tsd.)	135,8	498,7	-4,7	-11,4	-10,4	-21,6
inl. Produktion	(Mrd.)	474,7	593,3	+0,0	+0,9	+1,9	+5,0
Konsum	(Mrd.)	126,2	166,4	+0,4	+0,7	+0,7	+1,9
Wohlfahrt	(Mio.)	0,0	0,0	+528	+1529	+1046	+3842
Leistungsbilanz	(Mrd.)	62,7	60,4	-0,3	-0,6	-1,1	-2,1
Investitionen	(Mrd.)	45,0	72,6	+0,4	+0,5	+1,0	+1,6
Kapitalpreis		1,251	1,765	1,251	1,756	1,253	1,737
Lohn		1,674	2,165	1,677	2,164	1,675	2,128
inl. Preisniveau		1,482	1,973	1,486	1,973	1,481	1,953
Emissionssteuern	(Mrd.)	0,0	0,0	+778	+1168	0,0	0,0

(Die Werte des Basislaufes sind in absoluten Werten angegeben. Die Werte in den Spalten 3 bis 6 geben, mit Ausnahme der Preise, die absoluten Veränderungen zu den Spalten 1 bzw. 2 wieder.
Die Preise beziehen sich auf das Basisjahr 1978. Die gesamtwirtschaftliche Aggregate sind real in Preisen von 1978.)

Im Unterschied zu den Simulationsläufen mit guten Substitutionsmöglichkeiten (vgl. Tabelle 3.2.1) ist nun das Wachstum der Volkswirtschaft geringer. Beim Vergleich des Basislaufes aus Tabelle 3.2.5 mit demjenigen aus Tabelle 3.2.1 ergibt sich z. B. für das Jahr 1996 ein um 3,4% geringeres reales BSP. Die

[32] Alle drei Simulationsläufe, also auch der Basislauf, sind neu erstellt mit den geänderten Substitutionselastizitäten.

inländische Produktion ist um 3,9% geringer, der Konsum um 3,1% und die Investitionen gar um 14,4%. Entsprechend ergibt sich eine wesentlich größere Arbeitslosigkeit. Diese Unterschiede in den gesamtwirtschaftlichen Entwicklungen sind ausschließlich auf die Veränderungen der Substitutionsbeziehungen zurückzuführen.

Beim Vergleich der drei Simulationsläufe aus Tabelle 3.2.5 untereinander ergeben sich im Prinzip die gleichen Effekte wie bei den drei Simulationsläufen aus dem vorangegangenen Kapitel. Die absoluten Abweichungen sind jedoch wesentlich geringer.

Der Übergang von Emissionsstandards zu Emissionssteuern bedeutet natürlich auch jetzt eine Wohlfahrtsverbesserung. Die Zunahme des realen BSP beträgt in 1990 0,2%, in 1996 jedoch nur 0,37%. Die inländische Produktion ist in 1990 unverändert zur Situation mit Emissionsstandards und erhöht sich 1996 lediglich um 0,15%. Entsprechend sind auch die Abweichungen bei den Arbeitslosen sehr gering: in 1990 führt die Einführung von Emissionssteuern zu einem Rückgang von 3,5% und in 1996 von 2,2%. Die Erhöhung des inländischen Preisniveaus durch die Emissionssteuern ist ebenfalls sehr klein.

Die Kosten der Umweltpolitik, die mit den geltenden Emissionsstandards verbunden sind, sind bei eingeschränkten Substitutionsmöglichkeiten relativ geringer. Dies zeigt der Vergleich des Basislaufes mit der Simulation ohne Umweltpolitik. In 1990 beträgt der durch die Umweltpolitik verursachte Rückgang des realen BSP 0,38% und im Jahre 1996 1%. Für die gleichen Jahre beträgt die Verminderung der inländischen Produktion 0,4% bzw. 0,8%. Die durch die geringere inländischen Produktion bewirkte Erhöhung der Arbeitslosigkeit ist ebenfalls deutlich geringer als bei den Simulationen von Tabelle 3.2.1.
Das inländische Preisniveau ist nun im Falle von Umweltpolitik etwas höher als ohne Umweltpolitik. Dieser eigentlich zu erwartende Effekt trat ja bei den Simulationen im vorangegangenen

Kapitel nicht auf. Hier ist nun jedoch die Produktionsausweitung nach einer Abschaffung der Umweltpolitik ziemlich gering, so daß der Kapitalpreis ohne Umweltpolitik nicht über das Niveau mit Umweltpolitik ansteigt.
Zur Verdeutlichung der gesamtwirtschaftlichen Effekte werden im folgenden die Zeitreihen des Wohlfahrtsmaßes, des realen BSP und der Anzahl der Arbeitslosen graphisch abgebildet.

Abbildung 3.2.12: VERGLEICH DER WOHLFAHRTSSITUATION
(in Millionen DM)

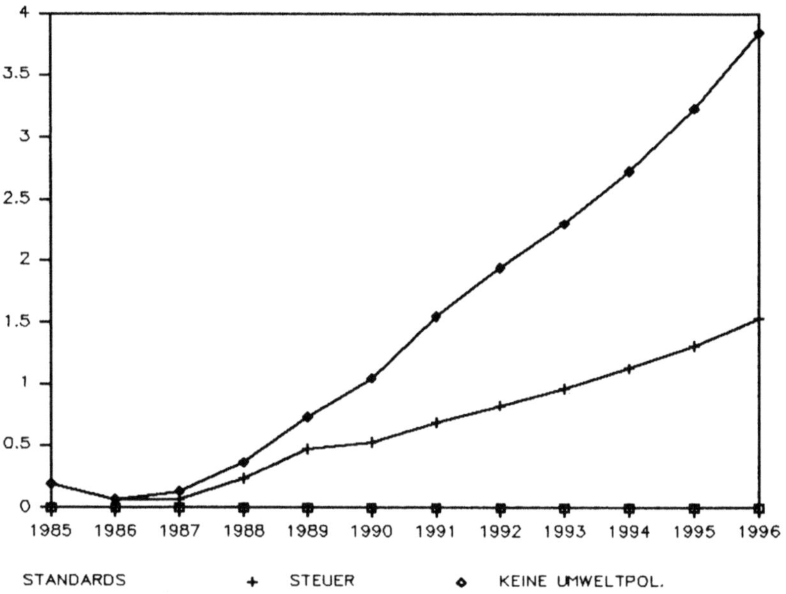

Wie aus der Abbildung ersichtlich ist, ist der Wohlfahrtsgewinn durch den Wechsel zu einer effizienten Umweltpolitik etwa halb so groß wie der Wohlfahrtsgewinn, der durch die völlige Abschaffung der Umweltpolitik entsteht.

Wie deutlich zu sehen ist, sind die Abstände der einzelnen Kurven zueinander sehr gering, verglichen mit der Situation, die sich bei guten Substitutionsmöglichkeiten ergibt. (Vgl. die Abbildungen 3.2.1, 3.2.2 und 3.2.3).

Abbildung 3.2.13: VERGLEICH DES REALEN BSP
(in Milliarden DM)

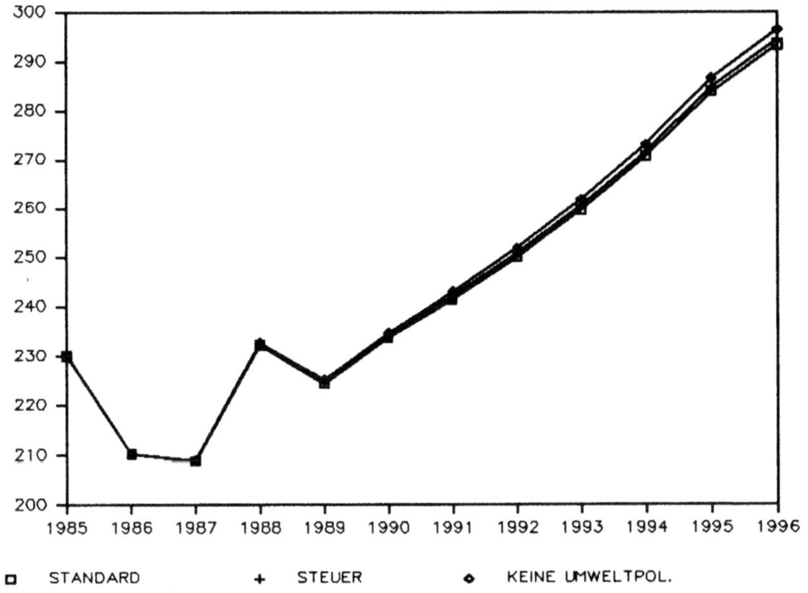

Abbildung 3.2.14: VERGLEICH DER ZAHL DER ARBEITSLOSEN
(in Tausend)

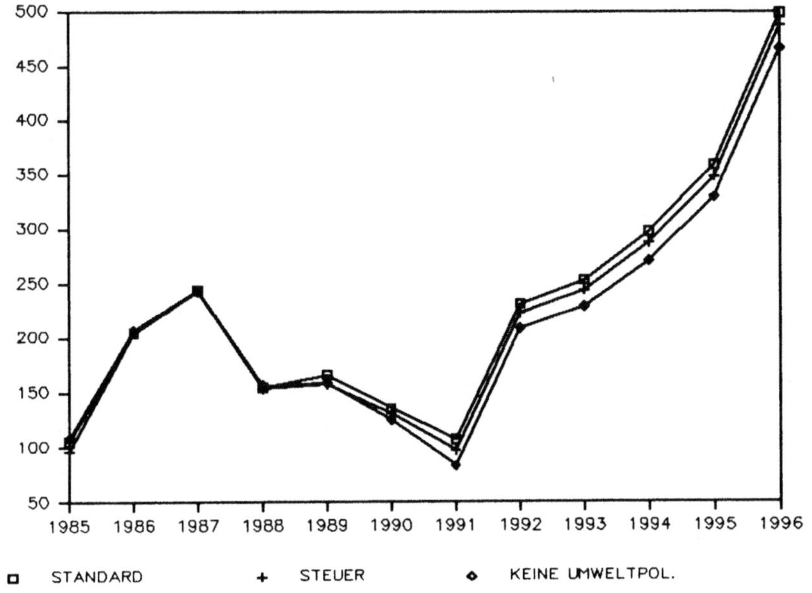

Der Grund für die nun geringeren volkswirtschaftlichen Unterschiede liegt darin, daß die Emissionsvermeidung durch Verminderung des Einsatzes emissionsintensiver Inputs nicht mehr möglich ist. Die Verminderung der Emissionen muß ausschließlich durch den Einsatz von end-of-pipe Entsorgungsanlagen geschehen. Es kann somit auch nicht mehr zu größeren Allokationsverschiebungen kommen, die bei den Simulationen des vorhergehenden Kapitels hauptsächlich die Wohlfahrtsverluste aus Umweltpolitik bewirkt haben.

Die folgende Tabelle 3.2.6 zeigt, daß die Unterschiede in der Höhe der entsorgten Schadstoffe zwischen dem Basislauf und der Simulation mit Emissionssteuern vernachlässigbar klein sind.

Tabelle 3.2.6: SCHADSTOFFEMISSIONEN UND ENTSORGUNG

		Emissions-standards (Basislauf) (in Tsd. t.)		Emissions-steuern		Keine Umwelt-politik	
				prozentuale Abweichung zum Basislauf			
		1990	1996	1990	1996	1990	1996
Staub	gesamt	34,4	41,2	+0,0	+0,0	+50,8	+58,5
	entsorgt	17,3	22,7	+1,7	+0,0	-	-
SO_2	gesamt	317,2	400,7	+0,0	+0,0	+20,6	+20,9
	entsorgt	59,6	74,6	-1,6	-1,8	-	-
NO_x	gesamt	362,3	477,6	+0,0	+0,0	+16,4	+16,2
	entsorgt	53,4	67,4	+0,9	+1,7	-	-
CO_2	gesamt	79673	91807	+0,0	+0,0	+0,0	+1,6

(Die Spalten 4 bis 6 geben die prozentualen Veränderungen zu den entsprechenden Werten der Spalten 1 und 2 an.)

Bei Anwendung von Emissionssteuern kann nicht mehr Inputsubstitution betrieben werden, als im Falle von Emissionsstandards. Die Kosten der Emissionsvermeidung bestehen allgemein aus den Kosten des Betriebs von Entsorgungsanlagen und den Kosten für die Substitution der Inputs. Hier bestehen sie nun (fast) ausschließlich aus den durch die Entsorgungsanlagen verursachten Kosten. Die Einführung von Emissionssteuern bewirkt, daß die Grenzkosten der Schadstoffentsorgung für alle besteuerten Emittenten gleich sind. Wegen der fehlenden Inputsubstitution müssen die Entsorgungsanlagen im Falle von Emissionssteuern mit einem höheren Entsorgungsgrad betrieben werden, als bei der gleichen Simulation des vorangegangenen Kapitels. Um dies zu bewirken, müssen die Emissionssteuersätze höher sein, als im Falle guter Substitutionsmöglichkeiten. Die folgende Abbildung 3.2.15 bestätigt genau diese Aussage für die Emissionssteuersätze von Stickoxiden.

Abbildung 3.2.15: VERGLEICH DER EMISSIONSSTEUERSÄTZE FÜR NO_x a) BEI GUTEN (= STEUER) UND b) BEI GERINGEN (= LEONTIEF) SUBSTITUTIONSMÖGLICHKEITEN (in Tausend DM, zu Preisen von 1978)

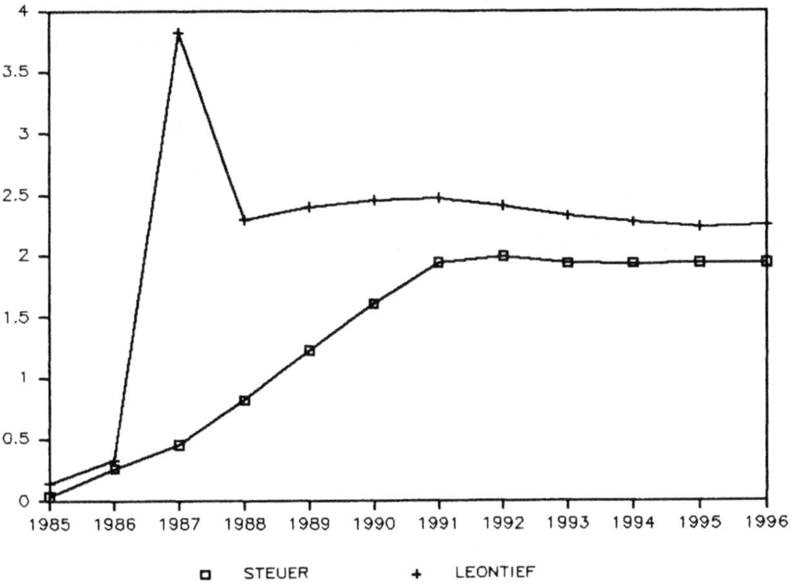

Wie in Abbildung 3.2.15 zu sehen ist, sind die Emissionssteuersätze für Stickoxide bei eingeschränkten Substitutionsmöglichkeiten im gesamten Simulationszeitraum größer als die entsprechenden Steuersätze, die sich bei guten Substitutionsmöglichkeiten ergeben. Dies trifft ebenso für die Schadstoffe Schwefeldioxid und Staub zu.

Die Abbildungen der Zeitreihen der gesamten Emissionen von SO_2, NO_x, Staub und CO_2 unterscheiden sich kaum von den entsprechenden Abbildungen 3.2.4 bis 3.2.7 des vorangegangenen Kapitels. Auch hier ist letztlich der Verbrauch fossiler Brennstoffe bestimmend für die zeitliche Entwicklung der Schadstoffemissionen, da die geltenden Emissionsstandards keine absolute Obergrenze der Emissionen festlegen, sondern nur einen konstanten Prozentsatz der Emissionsreduktion aus den Rauchgasen festlegen.

Die folgende Tabelle 3.2.7 zeigt die Effekte der unterschiedlichen umweltpolitischen Maßnahmen auf sektoraler Ebene.

Die sektoralen Unterschiede, die sich durch den Übergang von Emissionsstandards zu Emissionssteuern ergeben, sind sehr gering. Im Jahre 1996 beispielsweise sind alle sektoralen Outputveränderungen kleiner als 0,5%. Sie sind damit deutlich geringer als die entsprechenden Effekte von Tabelle 3.2.4 des vorhergehenden Kapitels. Dies trifft ebenfalls für den Vergleich zwischen Basislauf und der Simulation ohne Umweltpolitik zu.

Tabelle 3.2.7: SEKTORALE EFFEKTE

		Emissionsstandards (Basislauf)		Emissionssteuern		keine Umweltpolitik	
		1990	1996	1990	1996	1990	1996
Elektrizität	(Me)	7,673	9,337	7,663	9,337	7,723	9,433
(2)	(Pr)	1,485	1,986	1,485	1,982	1,425	1,888
Chemie	(Me)	19,861	23,170	19,781	23,122	19,910	23,341
(4)	(Pr)	1,499	1,989	1,513	2,000	1,498	1,969
Mineralöl	(Me)	7,445	9,433	7,412	9,410	7,500	9,558
(5)	(Pr)	1,299	1,724	1,325	1,752	1,300	1,713
Steine, Erden	(Me)	6,732	9,157	6,723	9,154	6,805	9,289
(6)	(Pr)	1,485	1,954	1,508	1,977	1,482	1,929
Eisen, NE	(Me)	13,587	16,194	13,554	16,186	13,650	16,359
(7)	(Pr)	1,547	2,041	1,557	2,049	1,545	2,020
Maschinenbau	(Me)	44,378	51,644	44,361	51,721	44,543	52,121
(8)	(Pr)	1,570	2,056	1,574	2,056	1,571	2,038
Fahrzeugbau	(Me)	40,686	50,583	40,673	50,662	40,859	51,084
(9)	(Pr)	1,540	2,040	1,546	2,042	1,541	2,022
E.-technik	(Me)	33,127	39,305	33,115	39,360	33,239	39,649
(10)	(Pr)	1,563	2,062	1,567	2,060	1,564	2,042
Papier, Pappe	(Me)	6,862	8,109	6,834	8,089	6,880	8,165
(13)	(Pr)	1,544	2,051	1,559	2,064	1,544	2,032
Dienstleistungen (18)	(Me)	125,596	165,369	125,770	165,900	126,251	167,208
	(Pr)	1,426	1,952	1,428	1,947	1,427	1,928

(Menge (Me) in Milliarden DM, zu Preisen von 1978, Preise (Pr) jeweils zur Basis 1978. Alle Zahlen geben die absoluten Werte des jeweiligen Simulationslaufes an.)

Beim Vergleich der Ergebnisse der drei Simulationsläufe bei eingeschränkten Möglichkeiten der Inputsubstitution mit denjenigen bei relativ großen Substitionsmöglichkeiten haben sich folgende Resultate ergeben:

1. Je geringer die Substitutionsmöglichkeiten sind, desto geringer ist für alle durchgeführten Simulationen das jährliche Wachstum der Volkswirtschaft und entsprechend ist auch die Wohlfahrtssituation deutlich schlechter.

2. Je geringer die Substitutionsmöglichkeiten sind, desto kleiner werden die relativen Unterschiede in den ökonomischen Auswirkungen zwischen Emissionsstandards und Emissionssteuern. Dies trifft sowohl auf gesamtwirtschaftlicher Ebene, als auch auf sektoraler Ebene zu.

3. Je geringer die Substitutionsmöglichkeiten sind, desto größer werden die Grenzkosten der Emissionsvermeidung, da Entsorgung zunehmend nur noch durch end-of-pipe Anlagen betrieben werden kann.

3.3 Die volkswirtschaftlichen Effekte von Subventionen auf beseitigte Schadstoffe

Die Subventionierung beseitigter Schadstoffe gibt einen monetären Anreiz, Schadstoffe zu entsorgen. Im Vergleich zu Emissionssteuern sind Subventionen jedoch ein volkswirtschaftlich ineffizientes Instrument, da sie emissionsintensive Inputfaktoren und die damit produzierten Güter verbilligen. Durch die so verzerrten Preisstrukturen werden in der Vorleistungs- und der Endnachfrage unerwünschte Substitutionsprozesse ausgelöst.[33]
In Kapitel (2.2.2.3) wurden diese unerwünschten Preisveränderungen im Rahmen des Produzentenmodells des ENEAS-Modells beschrieben.
Bei der nun darzustellenden Simulation mit Subventionen auf beseitigte Schadstoffe wird versucht, Einblicke in die konkreten Auswirkugen dieses umweltpolitischen Instrumentes auf die Allokation der Wirtschaft Baden-Württembergs zu geben.
Ausgangspunkt sind die Gesamtemissionen, die aus dem Basislauf[34] bei Anwendung der gesetzlich vorgeschriebenen Emissionsstandards resultieren. Die Subventionssätze je Einheit der beseitigten Schadstoffe werden im Modell so berechnet, daß sich genau die vorgegebenen Gesamtemissionen der Schadstoffe Staub, SO_2 und NO_x ergeben. Nach Einführung der Subventionen werden im ENEAS-Modell für jedes Jahr neue Gleichgewichtswerte berechnet. Diese werden mit den Gleichgewichtswerten, die sich bei Anwendung von Emissionssteuern ergeben haben, verglichen[35].
Dabei wird davon ausgegangen, daß das Staatsbudget in jeder Periode die gleiche Höhe hat wie im Basislauf. Die durch die Subventionszahlungen entstehenden zusätzlichen Ausgaben des Staates werden mittels einer Erhöhung des Einkommensteuersatzes allokationsneutral finanziert.

---

33 Vgl. Siebert (1987,122-3) und Siebert (1976,12-5).

34 Siehe zum Basislauf Kapitel (3.2).

35 Zur Simulation mit Emissionssteuern siehe Kapitel (3.2).

Die folgende Tabelle 3.3.1 zeigt die Wirkungen der Subventionen auf die wichtigsten gesamtwirtschaftlichen Variablen des Modells.

Tabelle 3.3.1: DIE WERTE DER GESAMTWIRTSCHAFTLICHEN VARIABLEN

		Emissions-steuern		Subvention	
		1990	1996	1990	1996
BSP	(Mrd.)	234,2	305,4	-0,7	-1,1
Arbeitslose	(Tsd.)	148,1	190,3	-1,4	-2,0
inl. Produktion	(Mrd.)	477,4	620,3	+0,2	+0,3
Konsum	(Mrd.)	128,0	173,2	-0,3	-0,5
Wohlfahrt	(Mio.)	623	2765	-501,7	-984,5
Leistungsbilanz	(Mrd.)	54,7	40,3	-0,2	-0,5
Investitionen	(Mrd.)	49,4	86,2	-0,5	-0,3
Kapitalpreis		1,289	1,663	1,288	1,671
Lohn		1,719	2,112	1,714	2,110
inl. Preisniveau		1,523	1,926	1,517	1,924
Emissionssteuern	(Mio.)	706,7	986,5	-132,7	-156,2

(Die Werte des Simulationslaufes mit Emissionssteuern sind in absoluten Werten angegeben. Die Werte in den Spalten 3 und 4 geben, mit Ausnahme der Preise und der Emissionssteuer- bzw. der Subventionszahlungen, die absoluten Veränderungen zu den Spalten 1 und 2 wieder. Die Preise beziehen sich jeweils auf das Basisjahr 1978. Die gesamtwirtschaftlichen Aggregate sind real in Preisen von 1978.)

Wie zu erwarten war, ist die Wohlfahrt nach Einführung von Subventionen auf beseitigte Schadstoffe schlechter als es bei Anwendung von Emissionssteuern der Fall ist. Ebenso stellt sich ein leichter Rückgang des realen BSP, des Konsums und der Inve-

stitionen ein.
Das inländische Preisniveau ist durch die Anwendung von Subventionen gesenkt worden, verglichen mit dem Fall von Emissionssteuern. Diese durchschnittliche Preissenkung führt zu einer leichten Erhöhung der inländischen Produktion und einer damit verbundenen geringfügigen Abnahme der Zahl der Arbeitslosen.
Die Zunahme der inländischen Produktion wird getragen von einer Zunahme der Exportnachfrage, die ihrerseits durch die im Inland verminderten Preise stimuliert wird.
Insgesamt zeigt sich allerdings, daß die Größenordnungen der gesamtwirtschaftlichen Veränderungen zum Simulationslauf mit Emissionssteuern, mit Ausnahme der Wohlfahrtseffekte, fast vernachlässigbar sind.

Die ökonomische Situation der Wirtschaft Baden-Württembergs wird durch die Subventionen zwar verschlechtert, verglichen mit der Situtation bei Anwendung von Emissionssteuer.
Die ökonomische Entwicklung und die Wohlfahrtssituation sind aber, abgesehen von den ersten fünf Jahren nach Einführung der Subventionen, besser als bei Anwendung von Emissionsstandards. Dies zeigt exemplarisch der Vergleich der Zeitreihen der Wohlfahrtsmaße in der folgenden Abbildung 3.3.1.

Bis zum Jahre 1989 ist das Wohlfahrtsmaß bei Anwendungen von Subventionen negativ und damit kleiner als in der Situation mit Emissionsstandards. Ab 1990 wird das Wohlfahrtsmaß positiv und verläuft in den folgenden Perioden weitgehend parallel zur Zeitreihe des Wohlfahrtsmaßes bei Emissionssteuern.

Abbildung 3.3.1: VERGLEICH DER WOHLFAHRT
(in Millionen DM)

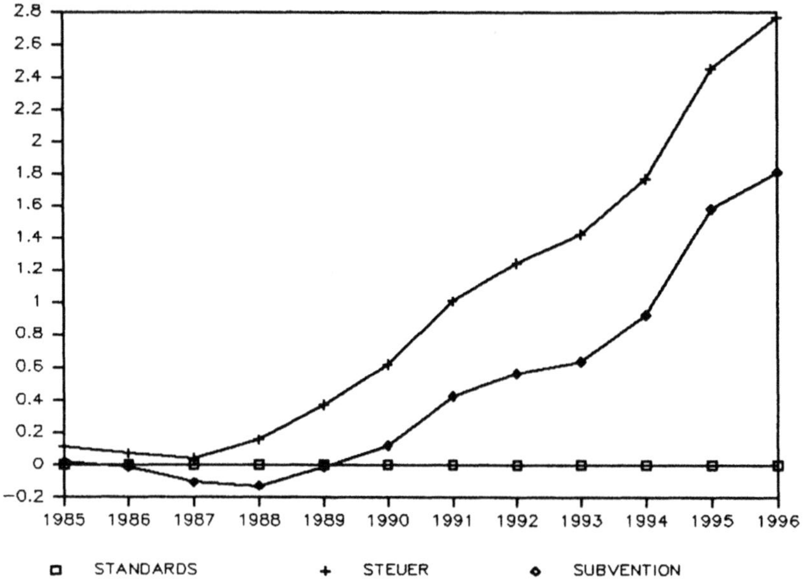

Die relativ geringen Effekte der Subvention auf gesamtwirtschaftlicher Ebene bedeuten nicht, daß auch auf sektoraler Ebene und in bezug auf die Entsorgung von Schadstoffen nur geringe Veränderungen zu der Situation bei Emissionssteuern zu erwarten wären; das Gegenteil ist der Fall.

Die folgende Tabelle 3.3.2 zeigt die Effekte auf die Höhe der Entsorgung der einzelnen Schadstoffe.

Die Einführung von Subventionen auf beseitigte Schadstoffe führt zu Senkungen der Kosten emissionsintensiver Inputs und Güter. Dies bedeutet, daß diese Inputs und Güter relativ stärker nachgefragt werden. Der durch diesen unerwünschten Substitutionseffekt ausgelöste Anstieg der Schadstoffemissionen muß durch verstärkte Entsorgungsleistungen ausgeglichen werden, damit sich das gleiche Emissionsniveau wie bei Emissionssteuern ergibt.

Tabelle 3.3.2: SCHADSTOFFEMISSIONEN UND ENTSORGUNG

		Emissionssteuern (in Tsd. t.)		Subvention prozentuale Abweichung	
		1990	1996	1990	1996
Staub	gesamt	35,9	44,0	0,0	0,0
	entsorgt	10,7	15,0	+59,2	+53,5
SO_2	gesamt	342,5	439,0	0,0	0,0
	entsorgt	9,1	17,7	+655,3	+377,3
NO_x	gesamt	386,5	520,1	0,0	0,0
	entsorgt	33,4	46,4	+78,3	+72,7
CO_2	gesamt	80363	95517	+2,3	+2,2

(Die Spalten 3 und 4 geben jeweils die prozentualen Veränderungen zu den Spalten 1 und 2 an.)

Aus Tabelle 3.3.2 ist ersichtlich, daß die notwendigen zusätzlichen entsorgten Schadstoffmengen ganz erheblich über dem Niveau bei Emissionssteuern liegen. Eine solche Steigerung der Entsorgung ist nur dadurch möglich, daß die realen Subventionssätze wesentlich über den realen Emissionssteuersätzen liegen.

In Abbildung der folgenden Abbildung 3.3.2 wird die Zeitreihe der realen Subventionssätze für SO_2 mit den realen Emissionssteuersätzen verglichen. Sie zeigt deutlich, daß die realen Subventionssätze im gesamten Kurvenverlauf größer sind als die realen Emissionssteuersätze.

Abbildung 3.3.2: SUBVENTIONSSÄTZE UND EMISSIONSSTEUERSÄTZE FÜR SCHWEFELDIOXID
(in [DM/t SO_2], in Preisen von 1978)

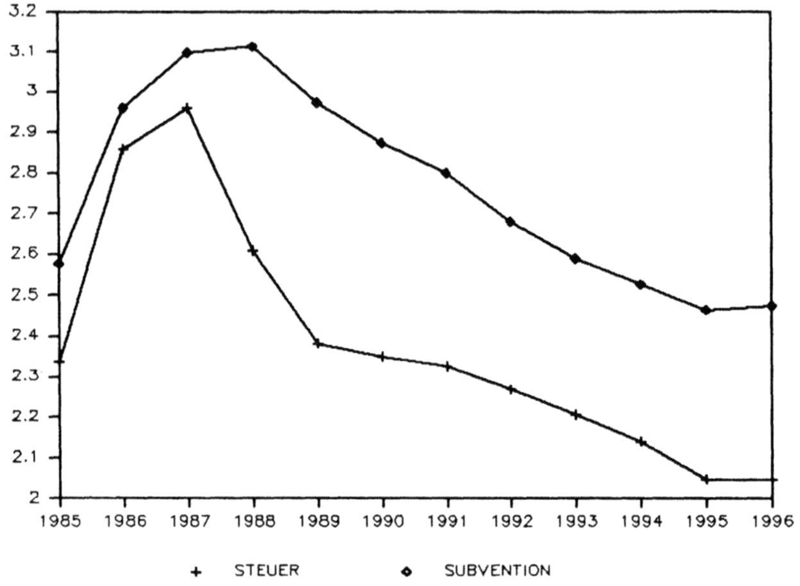

Nach Einführung von Subventionen anstelle von Emissionssteuern entwickeln sich in Baden-Wüttemberg deutlich emissionsintensivere Produktionsstrukturen, die allerdings durch den verstärkten Aufbau von Entsorgungsanlagen in ihrer Wirkung auf die Gesamtemissionen ausgeglichen werden.

Die folgende Tabelle 3.3.3 zeigt die Wirkungen der Subventionen auf sektoraler Ebene.
Der durch die Subventionen ausgelöste unerwünschte Substitutionsprozeß ist dabei klar ersichtlich.

Die produzierten Mengen des Elektrizitätssektors und aller oben aufgeführten Industriesektoren sind sowohl in 1990, als auch in 1996 bei Anwendung von Subventionen größer als im Falle von Emissionssteuern.

Tabelle 3.3.3: SEKTORALE EFFEKTE

		Emissions-steuern		Subvention	
		1990	1996	1990	1996
Elektrizität	(Me)	7,760	9,737	7,941	9,988
(2)	(Pr)	1,486	1,872	1,440	1,820
Chemie	(Me)	19,590	23,932	19,728	24,075
(4)	(Pr)	1,536	1,913	1,520	1,901
Mineralöl	(Me)	7,850	10,182	8,085	10,441
(5)	(Pr)	1,291	1,699	1,274	1,678
Steine, Erden	(Me)	6,961	9,950	6,993	10,015
(6)	(Pr)	1,534	1,921	1,506	1,896
Eisen, NE	(Me)	13,452	17,117	13,719	17,431
(7)	(Pr)	1,596	1,990	1,584	1,981
Maschinenbau	(Me)	43,371	54,280	43,587	54,510
(8)	(Pr)	1,615	2,006	1,610	2,005
Fahrzeugbau	(Me)	39,605	50,257	39,673	50,320
(9)	(Pr)	1,638	2,215	1,630	2,210
E.-technik	(Me)	32,550	41,000	32,554	40,996
(10)	(Pr)	1,610	1,999	1,605	1,998
Papier, Pappe	(Me)	6,560	8,030	6,639	8,113
(13)	(Pr)	1,606	2,000	1,589	1,987
Dienstlei-	(Me)	127,742	173,600	127,532	173,143
stungen (18)	(Pr)	1,472	1,873	1,468	1,876

(Menge (Me) in Milliarden DM, zu Preisen von 1978; Preise (Pr) jeweils zur Basis 1978. Alle Zahlen geben die absoluten Werte des jeweiligen Simulationslaufes an.)

In 1996 beträgt der Zuwachs im Output des Elektrizitätssektors 2,6%, im Sektor Mineralölprodukte 2,5%, im Sektor Eisen, NE-Metalle 1,9 % und im Sektor Papier u. Pappe 1%.
Demgegenüber vermindert sich der Output im Sektor Dienstleistungen. 1996 beträgt die Outputsenkung 0,2%.

Ebenso verhält es sich mit den Wirkungen der Subvention auf die sektoralen Preise. Die Preise des am emissionsintensivsten produzierenden Sektors, des Elektrizitätssektors, vermindern sich in 1990 und 1996 um jeweils ca. 0,05 Prozentpunkte. Die Preise der Industriesektoren vermindern sich ebenfalls, verglichen mit dem Fall von Emissionssteuern.
Im Dienstleistungssektor dagegen bleibt der Outputpreis in 1990 nahezu konstant und erhöht sich in 1996 sogar um 0,003 Prozentpunkte.

Die gesamtwirtschaftlichen Effekte und auch einige der sektoralen Effekte sind nur wenig verschieden von den Effekten, die sich bei Anwendung von Emissionssteuern einstellen.
Es ist dagegen sehr schwerwiegend, daß die Verwendung von Subventionen auf beseitigte Schadstoffe zu unerwünschten Substitutionswirkungen zugunsten einer schadstoffintensiveren Produktion führt. Die Unternehmen erhalten durch die Subventionen Anreize, gerade die emissionsintensiven Inputfaktoren verstärkt einzusetzen. Ebenso steigt aufgrund der induzierten Preissenkungen die Nachfrage nach Gütern, die schadstoffintensiv produziert werden.
Dies ist besonders nachteilig in bezug auf Schadstoffe, die nicht mittels end-of-pipe Entsorgungsanlagen relativ effizient vermindert werden können. Diese Schadstoffe wie z. B. CO_2 werden nach Einführung von Subventionen aufgrund der schadstoffintensiveren Produktionsweise in verstärktem Maße emittiert werden.[36]
Insgesamt ist daher der Einsatz von Subventionen auf beseitigte Schadstoffe deutlich negativ zu beurteilen.

---

[36] Die schadstoffintensivere Produktionsweise führt bei allen Schadstoffen, die durch den Einsatz fossiler Brennstoffe verursacht werden, zu einem Anstieg der Emissionen. Sofern Entsorgungsanlagen eingesetzt werden können, lassen sich durch ihren Einsatz die an die Umwelt abgegebenen Schadstoffemissionen wieder vermindern.
Die Zunahme der Emissionen von CO_2 ist aus Tabelle 3.3.2 ersichtlich.

3.4 Die Auswirkungen exogener Emissionsverminderungen: 3-Wege-Katalysatoren bei PKW, Wirbelschichtfeuerung für Kohlekraftwerke und Emissionsreduktion im europäischen Ausland

3.4.1 Einleitung

In diesem Kapitel werden drei Simulationen vorgestellt, bei denen exogene Emissionsverminderungen durchgeführt werden. Diese Emissionsverminderungen betreffen technische Veränderungen, die zu einer Senkung von Emissionsfaktoren führen (Einführung von 3-Wege-Katalysatoren und von Wirbelschichtfeuerung) und internationale Vereinbarungen zur Emissionsreduktion (Verminderung von Emissionen im europäischen Ausland).
Die Einhaltung der Werte der Gesamtemissionen, die aus dem Basislauf vorgegeben werden, wird durch die Verwendung von Emissionssteuer garantiert.

Die Ergebnisse dieser Simulationen werden mit der Simulation mit Emissionssteuern aus Kapitel (3.2) verglichen. Auf diese Weise ist es möglich, die Wohlfahrtsverbesserungen und die Steigerungen des wirtschaftlichen Wachstums zu quantifizieren, die aus den exogenen Emissionsminderungen resultieren.

Im folgenden werden die drei Simulationen im einzelnen beschrieben:

1. Die Einführung von **3-Wege-Katalysatoren bei PKW** führt zu Senkungen der Emissionen von Stickoxiden und Kohlenwasserstoffen eines durchschnittlichen PKW um ca. 80%. Im ENEAS-Modell wird daher angenommen, daß der Emissionsfaktor von NO_x eines PKW mit Katalysator, der von dem repräsentativen Konsumenten benutzt wird, um 80% geringer ist als bei einem PKW ohne Katalysator.
   Es wird davon ausgegangen, daß ab 1991 bei allen von den privaten Haushalten neu gekauften PKW ein 3-Wege-Katalysator eingebaut ist. Für die Jahre 1985 bis 1990 wird von folgenden Anteilen von PKW mit 3-Wege-Katalysator an den Neuan-

schaffungen ausgegangen:[37] 1985: 1%, 1986: 10%, 1987: 23%, 1988: 34%, 1989: 55% und 1990: 77%.
Der durchschnittliche Emissionsfaktor des PKW-Bestandes der privaten Haushalte ist ein arithmetisches Mittel aus den Emissionsfaktoren eines PKW mit und ohne Katalysator. Die Gewichte der Durchschnittsberechnung werden durch den zunehmenden Anteil des PKW-Bestandes mit Katalysator bestimmt. Die Einführung von 3-Wege-Katalysatoren führt somit über eine allmähliche Veränderung der Emissionsintensität des gesamten PKW-Bestandes zu einer Abnahme der NO_x-Emissionen, die durch die private Nutzung von PKW verursacht werden.

2. Die **Wirbelschichtfeuerung** (WSF) ist eine Feuerungstechnik, die im Vergleich zu herkömmlichen Feuerungstechniken für Kohlekraftwerke deutlich geringere Emissionen an Schwefeldioxid und Stickoxiden verursacht.
Im ENEAS-Modell wird angenommen, daß der Sektor Elektrizitätswirtschaft ab 1985 bei allen Neuinvestitionen für Kohlekraftwerke nur noch Feuerungsanlagen mit Wirbelschichtfeuerung installiert.
Für die im Modell berücksichtigte idealtypische Wirbelschichtfeuerungsanlage werden folgende Emissionsfaktoren festgelegt:[38] SO_2: 400 mg/m^3 Abgas und NO_x: 200 mg/m^3 Abgas. Da diese Emissionsfaktoren identisch sind mit den gesetzlich vorgeschriebenen Emissionsstandards, müßten im Basislauf (siehe Kapitel (3.2)) keine zusätzlichen Entsorgungsanlagen für diese beiden Schadstoffe installiert werden.
Nachteilig ist allerdings, daß sich die Emissionsfaktoren für Staub in etwa vervierfachen.[39]
Mit der Installation von Wirbelschichtfeuerungen verändern sich allmählich die durchschnittlichen Emissionsfaktoren für

---

37 Die Werte für 1987 und 1988 sind Burkard/Stenius (1989,85) entnommen. Alle anderen Werte sind frei gesetzt.

38 Vgl. Staatsministerium (1986,46-7).

39 Vgl. Martin (1982,308).

Staub, SO_2 und NO_x der öffentlichen Kohlekraftwerke.
Die Gesamtemissionen aus dem Basislauf werden durch den Einsatz von Emissionssteuern eingehalten.

3. Emissionen der Schadstoffe Staub, Schwefeldioxid und Stickoxide, die außerhalb Baden-Württembergs, im Ausland und in den anderen Bundesländern verursacht werden, gelangen über den Transport in der Luft auf das Gebiet Baden-Württembergs und können dort schädigend wirken.
Mit einer Faustformel läßt sich angeben, daß ungefähr die Hälfte der Schadstoffimmissionen in Baden-Württemberg in Emissionen außerhalb Baden-Württembergs ihre Ursache haben. Ebenso gilt, daß ungefähr die Hälfte der in Baden-Württemberg emittierten Schadstoffmengen sich in Baden-Württemberg selbst als Immissionen niederschlagen, während die andere Hälfte durch die Luft in andere Länder tranportiert wird.

Bei der hier durchgeführten Simulation im ENEAS-Modell wird angenommen, daß in den an Baden-Württemberg angrenzenden Ländern genau die gleiche Schadstoffreduktion durchgeführt wird wie im Basislauf in Baden-Württemberg (siehe Kapitel (3.2)), verglichen mit der Situation ohne Umweltpolitik. Dadurch vermindern sich entsprechend die Immissionen in Baden-Württemberg.
Die Emissionen in Baden-Württemberg selbst können nun soweit erhöht werden, bis sich für alle Schadstoffe das gleiche Immissionsniveau wie im Basislauf ergibt.[40]
Die folgende Abbildung 3.4.1 zeigt exemplarisch das für diesen Simulationslauf neu gesetzte Emissionsziel für SO_2, das zwischen den Emissionen des Basislaufes und denen im Falle ohne Umweltpolitik liegt.

---

40 In Zahlen ausgedrückt bedeutet dies, daß eine Reduktion der Emissionen im Ausland um z. B. 10% eine Reduktion der Immissionen in Baden-Württemberg um 5% bewirkt. Entsprechend können die Emissionen in Baden-Württemberg selbst um 10% ansteigen, so daß sich insgesamt das gleiche Immissionsniveau wie im Basislauf ergibt.

Abbildung 3.4.1: DIE EMISSIONEN VON SO_2 BEI SCHADSTOFF-ENTSORGUNG IM AUSLAND
(in Tausend t.)

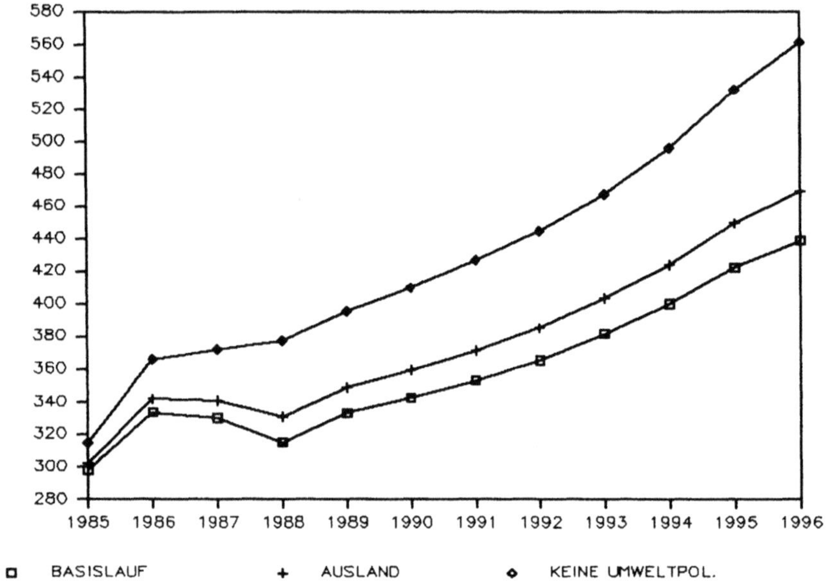

Die entsprechenden Abbildungen für Staub und NO_x zeigen eine analoge Entwicklung.[41]
Entsprechend der geringeren notwendigen Schadstoffreduktion in Baden-Württemberg sinken auch die einzel- und die gesamtwirtschaftlichen Kosten.

3.4.2 Die Simulationsergebnisse mit dem ENEAS-Modell

Die folgende Tabelle 3.4.1 zeigt die Werte der gesamtwirtschaftlichen Variablen der drei oben beschriebenen Simulationsläufe als absolute Differenzen zu den Werten des Simulations-

---

41 Der Abstand der Kurve der Gesamtemissionen im Basislauf zu der Kurve mit den neuen Emissionsvorgaben ist für jeden der drei regulierten Schadstoffe genau ein Viertel des Abstandes zu den Gesamtemissionen ohne Umweltpolitik.

laufes mit Emissionssteuern aus Kapitel (3.2).[42]

Tabelle 3.4.1: DIE WERTE DER GESAMTWIRTSCHAFTLICHEN VARIABLEN

		Entsorgung im Ausland		PKW mit Katalysator		W S F	
		1990	1996	1990	1996	1990	1996
BSP	(Mrd.)	+0,2	+2,1	+0,0	+1,1	+0,0	+0,3
Arbeitslose	(Tsd.)	+0,0	-59,0	-3,9	-34,8	+0,0	-15,1
inl. Produktion	(Mrd.)	+0,9	5,81	+0,4	+3,3	+0,4	+1,6
Konsum	(Mrd.)	+0,3	+2,2	+0,1	+1,3	+0,0	+0,5
Wohlfahrt	(Mio.)	+355	+4143	+120	+2437	+0,0	+908
Leistungsbilanz	(Mrd.)	-0,5	-4,4	-0,2	-2,7	-0,1	-1,2
Investitionen	(Mrd.)	+0,3	+2,5	+0,0	+1,5	+0,3	+0,6
Kapitalpreis		1,293	1,685	1,289	1,680	1,288	1,670
Lohn		1,722	2,134	1,720	2,129	1,718	2,117
inl. Preisniveau		1,526	1,946	1,525	1,941	1,522	1,930
Emissionssteuern	(Mio.)	-62,6	-30,2	-23,9	-9,8	-68,7	-75,7

(Die Werte der drei Simulationsläufe geben, mit Ausnahme der Preise, die absoluten Veränderungen zum Simulationslauf mit Emissionssteuern (siehe Kapitel (3.3), Tabelle 3.3.1) wieder. Die Preise beziehen sich jeweils auf das Basisjahr 1978. Alle gesamtwirtschaftlichen Werte sind real in Preisen von 1978.)

Verglichen mit dem Simulationslauf mit Emissionssteuern aus Kapitel (3.2) ergibt sich bei allen dargestellten Simulationen ein höheres reales BSP, eine höhere inländische Produktion mit einer entsprechenden Abnahme der Zahl der Arbeitslosen sowie eine Zunahme der Investitionen und des Konsums.
Die Analyse der Unterschiede in den Werten der gesamtwirt-

[42] Siehe Kapitel (3.3), Tabelle 3.3.1 zu den gesamtwirtschaftlichen Werten des Simulationslaufes mit Emissionssteuern.

schaftlichen Variablen zeigt eine klare Reihenfolge der volkswirtschaftlichen Kosten zwischen den drei Simulationen. Besonders deutlich wird diese Reihenfolge der Simulationen, wenn man die Verläufe der Zeitreihen des Wohlfahrtsmaßes miteinander vergleicht. Einen solchen Vergleich liefert die folgende Abbildung 3.4.2.

Abbildung 3.4.2: VERGLEICH DER WOHLFAHRT
(in Millionen DM)

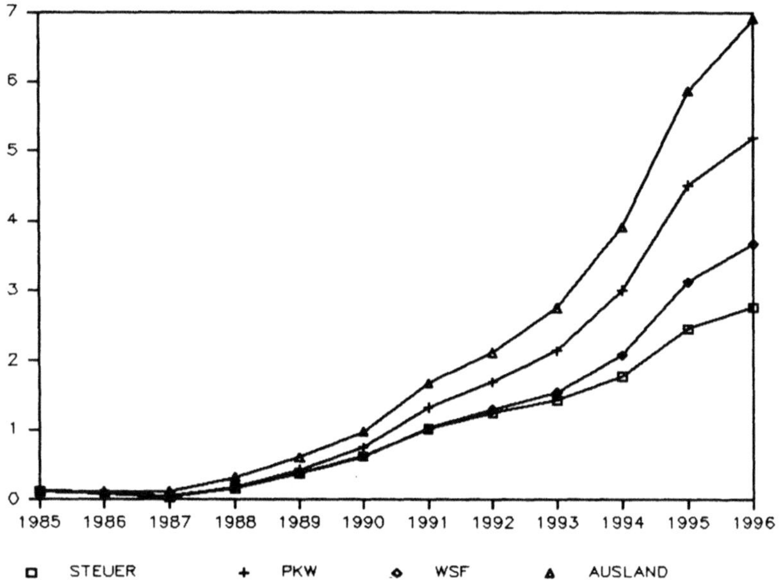

Die größte volkswirtschaftliche Kostenersparnis im Vergleich der drei dargestellten Simulationen wird dadurch erreicht, daß das Ausland die gleiche Schadstoffreduktion durchführt wie es in Baden-Württemberg im Basislauf der Fall ist. An zweiter Stelle in bezug auf die volkswirtschaftliche Kostenersparnis steht die Einführung von 3-Wege-Katalysatoren für PKW und an dritter Stelle die Installation von Wirbelschichtfeuerungen im Elektrizitätssektor.
Insgesamt zeigt sich aber, daß die Effekte auf die gesamtwirtschaftlichen Variablen relativ gering sind. Die größte Änderung

des realen BSP beträgt im Simulationslauf mit Emissionsreduktion im Ausland für das Jahr 1996 gerade +0,7%.

Wesentlich stärker sind die Effekte auf die Höhe der entsorgten Schadstoffe. Dies ist aus der folgenden Tabelle 3.4.2 ersichtlich.

Tabelle 3.4.2: SCHADSTOFFEMISSIONEN UND ENTSORGUNG

		Ausland		3-Wege-Kat.		W S F	
		1990	1996	1990	1996	1990	1996
Staub	gesamt	+11,7	+15,0	0,0	0,0	0,0	0,0
	entsorgt	-63,9	-29,7	+3,9	+10,2	+92,4	+182,2
SO_2	gesamt	+4,9	+6,8	0,0	0,0	0,0	0,0
	entsorgt	-100,0	-81,7	+16,4	+43,4	-22,1	-49,7
NO_x	gesamt	+4,0	+6,0	0,0	0,0	0,0	0,0
	entsorgt	-32,6	-34,9	-64,8	-100,0	-15,0	-20,5
CO_2	gesamt	+0,4	+1,0	+0,1	+0,6	+0,3	+0,4

(Die Spalten 1 bis 6 geben jeweils die prozentualen Veränderungen zu den entsprechenden Werten der Simulation mit Emissionssteuern aus Kapitel (3.2) wieder. Siehe Tabelle 3.3.2 in Kapitel (3.3) zu den absoluten Werten des Simulationslaufes mit Emissionssteuern.)

Die ersten beiden Spalten zeigen, in welcher Höhe die Schadstoffemissionen in Baden-Württemberg bei Einhaltung des gleichen Immissionsniveaus wie im Basislauf zunehmen können, wenn im Ausland die beschriebene Emissionsreduktion durchgeführt wird. Bei allen drei regulierten Schadstoffen können die entsorgten Schadstoffmengen stark vermindert werden. Die durch die implementierten Emissionssteuern bewirkte Reduktion der Emissionen durch Inputsubstitution reicht in 1990 sogar allein aus, das Emissionsziel für SO_2 zu erreichen. In diesem Falle ist also keine Entsorgung durch Rauchgasentschwefelung mehr nötig.

Bei den anderen zwei Simulationen ist die Höhe der Schadstoff-

emissionen identisch mit denjenigen des Basislaufes.[43]
Im Falle der Simulation mit **3-Wege-Katalysatoren bei PKW** werden die von den privaten Haushalten verursachten NO_x-Emissionen erheblich vermindert. Dies zeigt auch die folgende Abbildung 3.4.3.

Abbildung 3.4.3: DIE STICKOXIDEMISSIONEN DER PRIVATEN HAUSHALTE BEIM EINSATZ VON 3-WEGE-KATALYSATOREN

(in Tausend t.)

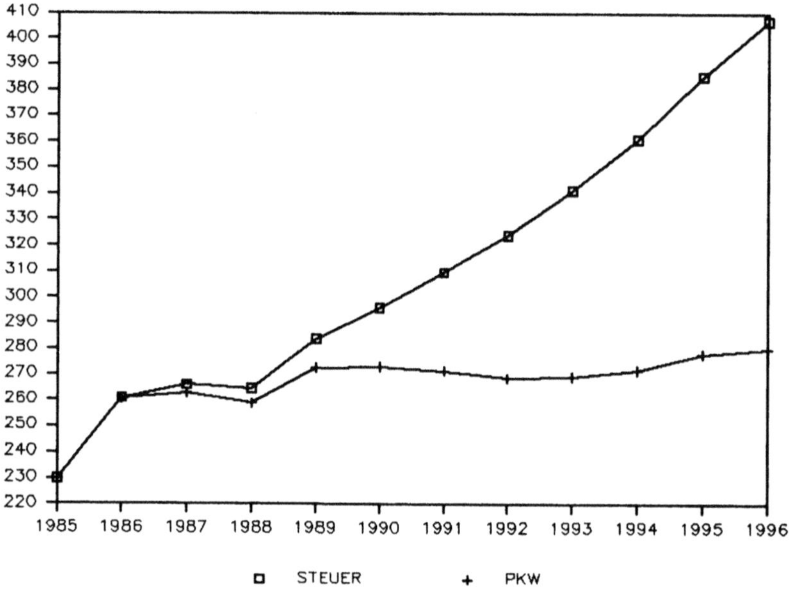

Im Gegensatz zu dem steil ansteigenden Verlauf der NO_x-Emissionskurve der privaten Haushalte ergibt sich nun eine im wesentlichen gleichbleibende Höhe der NO_x-Emissionen.
Da das Emissionsziel identisch ist mit den Emissionen des Basislaufes, können der Elektrizitätssektor und die Industriesektoren ihre Emissionen erhöhen, d.h., sie müssen eine geringere Emissionsreduktion durchführen. Dies verdeutlichen die beiden folgenden Abbildungen 3.4.4 und 3.4.5, die die Emissionen des

43 Siehe Kapitel (3.2).

Elektrizitätssektors und der Industriesektoren für den Fall der Installation von 3-Wege-Katalysatoren bei PKW wiedergeben.

Abbildung 3.4.4: DIE NO_x-EMISSIONEN IM ELEKTRIZITÄTSSEKTOR (in Tausend t.)

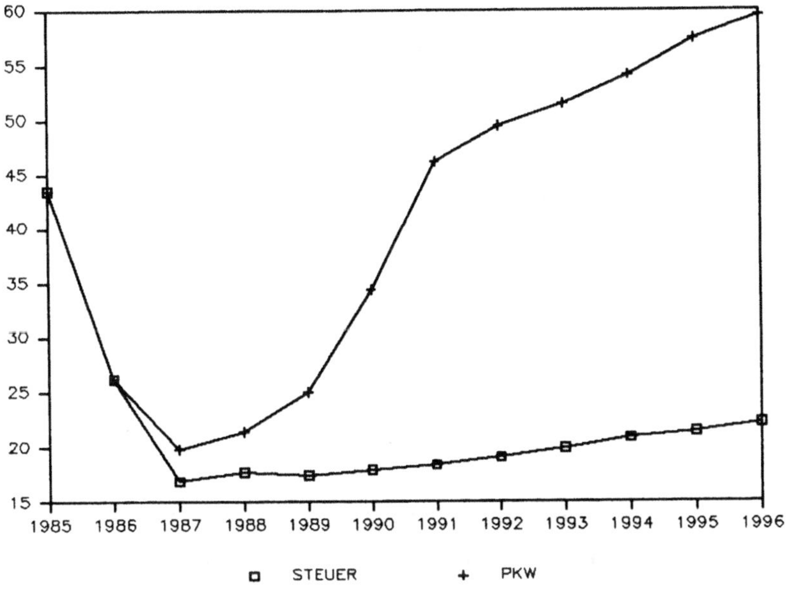

Aus Tabelle 3.4.2 ist ersichtlich, daß die entsorgten Schadstoffemissionen stark zurückgehen. Allerdings nehmen die entsorgten Schadstoffmengen der Schadstoffe Staub und SO_2 zu. Dies hat folgende Ursache: zur Einhaltung der vorgegebenen Gesamtemissionen für NO_x reicht ein relativ geringer Emissionssteuersatz aus. Ab 1991 ist der reale Emissionssteuersatz für NO_x ungefähr gleich Null. Dies bewirkt ceteris paribus eine Zunahme des Einsatzes fossiler Brennstoffe und führt damit zu einer Zunahme der Emissionen der Schadstoffe Staub und SO_2.

Abbildung 3.4.5: DIE NO_x-EMISSIONEN IN DEN INDUSTRIESEKTOREN (in Tausend t.)

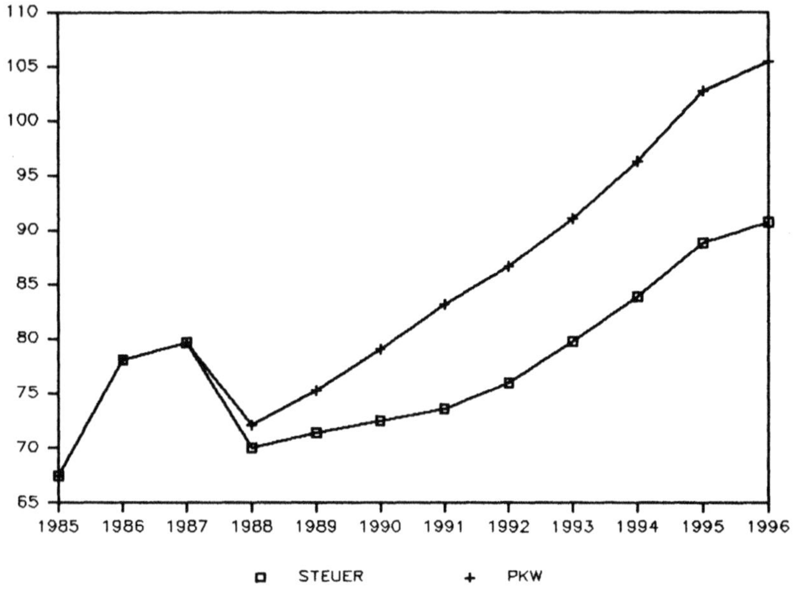

Damit bei diesen beiden Schadstoffen die Vorgaben für die Gesamtemissionen eingehalten werden können, müssen die entsprechenden Emissionssteuersätze ansteigen. Und dies führt zu einer Steigerung der entsorgten Mengen der Schadstoffe Staub und SO_2.

Der Einsatz von Kraftwerken mit **Wirbelschichtfeuerung** im Elektrizitätssektor bewirkt ceteris paribus, daß die Emissionen von SO_2 und NO_x abnehmen und die Staubemissionen zunehmen. Bei Vorgabe der erlaubten Gesamtemissionen überträgt sich dieser Effekt auf die Höhe der realen Emissionssteuersätze: die Emissionssteuersätze für SO_2 und NO_x nehmen ab und der Emissionssteuersatz für Staub nimmt zu. Dies bewirkt, wie in Tabelle 3.4.2 zu erkennen ist, eine erhebliche Steigerung der entsorgten Schadstoffmengen bei Staub und eine Abnahme der Entsorgungsaktivitäten in bezug auf SO_2 und NO_x.
Da in der Simulation mit dem ENEAS-Modell nur im Elektrizitätssektor Wirbelschichtfeuerung berücksichtigt wird, ergibt sich in diesem Sektor eine Abnahme der SO_2-Emissionen. Bei den Indu-

striesektoren kann die Menge der SO_2-Emissionen entsprechend zunehmen.

Die Wirkungen der drei umweltpolitischen Maßnahmen auf sektoraler Ebene sind relativ unbedeutend. Mit geringfügigen Abweichungen verändern sich die sektoralen Kosten und Outputmengen bei allen Sektoren ziemlich gleichförmig.[44]

Die hier dargestellten drei Simulationen zeigen, daß es mit dem ENEAS-Modell möglich ist, die Veränderung der volkswirtschaftlichen Kosten zu quantifizieren, die durch einzelne umweltpolitische Vorhaben bewirkt werden. Die Analysen der Simulationsläufe, beispielsweise desjenigen mit 3-Wege-Katalysatoren bei PKW geben Aufschluß über die Veränderungen der Variablen auf gesamtwirtschaftlicher und sektoraler Ebene. Deutlich werden die Einflüße auf das Entsorgungsverhalten und auch die "Substitutionsbeziehungen" zwischen den in die Analyse einbezogenen Schadstoffen. Das letztere ist besonders wichtig, um mögliche Ausweichreaktionen der Unternehmen zu erkennen.

---

44 Es wird in diesem Fall daher auf die Abbildung der entsprechenden Tabelle mit den sektoralen Werten verzichtet.

3.5 Die volkswirtschaftlichen Effekte unterschiedlicher Verfahren zur Rückverteilung der Emissionssteueraufkommen

Bei der Simulation mit Emissionssteuern in Kapitel (3.2) wurde angenommen, daß die Emissionssteueraufkommen der drei Schadstoffe Staub, SO_2 und NO_x allokationsneutral zurückverteilt werden. In diesem Fall führt der gewählte Ansatz mit einheitlichen Emissionssteuern je Schadstoff zu einer Reduktion der Schadstoffe bei geringstmöglichen volkswirtschaftlichen Kosten. Eine andere, nicht allokationsneutrale Art der Rückverteilung, wird dazu führen, daß die Kombination aus Emissionssteuern und der Steuerrückverteilung höhere volkswirtschaftliche Kosten verursacht. Es ist sogar möglich, daß die volkwirtschaftlichen Kosten nun größer sind, als bei Anwendung von Emissionsstandards. Der Zweck der folgenden drei Simulationen ist es, die Auswirkungen anderer Rückverteilungsarten als der allokationsneutralen Rückgabe der Steueraufkommen, im Rahmen des ENEAS-Modell quantitativ zu ermitteln.
Bei den folgenden drei Simulationen wird das gesamte Aufkommen an Emissionssteuern auf jeweils andere Weise nicht allokationsneutral zurückverteilt. Es werden die folgenden Rückverteilungsverfahren angewandt:

1. Das gesamte Emissionssteueraufkommen wird vom Staat einbehalten und dient lediglich dazu, das vorhandene staatliche Budgetdefizit zu vermindern. In diesem Fall findet also **keine Rückverteilung** statt.

2. Das Aufkommen an Emissionssteuern wird über eine adäquate Senkung der **Mehrwertsteuer** an die Volkswirtschaft zurückgegegeben.

3. Das Emissionssteueraufkommen wird dazu verwendet, den von den Unternehmern zu zahlenden **Lohnsatz** mittels einer Subvention zu **senken**. Die Arbeitnehmer erhalten den gleichen Reallohn wie in den anderen Simulationen. Die Subventionszahlun-

gen an die Unternehmer sollen einen monetären Anreiz zur Einstellung von mehr Arbeitnehmern bewirken, um so eine bestehende Arbeitslosenzahl zu vermindern.

Eine weitere Möglichkeit der Rückverteilung der Emissionssteueraufkommen könnte darin bestehen, die Staatsausgaben entsprechend zu erhöhen. Dabei tritt jedoch eine Schwierigkeit im Zusammenhang mit der Modellierung der Staatsausgaben auf, die in allen CGE-Modellen zu finden ist: die Staatsausgaben sind rein konsumptive Ausgaben des Staats, die in der Nutzenfunktion des repräsentativen Konsumenten nicht berücksichtigt werden.
Eine Erhöhung der Staatsausgaben hat daher keine direkte Stei-

Tabelle 3.5.1: DIE WERTE DER GESAMTWIRTSCHAFTLICHEN VARIABLEN

		allokations-neutral		keine Rück-verteilung	
		1990	1996	1990	1996
BSP	(Mrd.)	234,2	305,4	+0,3	-0,8
Arbeitslose	(Tsd.)	148,1	190,3	+3,9	+56,5
inl. Produktion	(Mrd.)	477,4	620,3	-0,1	-4,6
Konsum	(Mrd.)	128,0	173,2	-0,2	-1,8
Wohlfahrt	(Mio.)	623	2765	-408	-3540
Leistungsbilanz	(Mrd.)	54,7	40,3	+0,1	+3,9
Investitionen	(Mrd.)	49,4	86,2	+0,2	-1,4
Kapitalpreis		1,289	1,663	1,288	1,626
Lohn		1,719	2,112	1,715	2,109
inl. Preisniveau		1,523	1,926	1,518	1,895
Emissionssteuern	(Mio.)	706,7	986,5	-10,3	-36,2

gerung der Wohlfahrt zur Folge. Der volkswirtschaftliche Effekt erhöhter Staatsausgaben besteht allein darin, daß die zusätzlichen konsumptiven Ausgaben in voller Höhe ein crowding-out der privaten Investitionen verursachen und so die Volkswirtschaft auf einen Pfad geringeren Wachstums führen. Auf die Simulation dieser Form der Rückverteilung wird daher im Rahmen des ENEAS-Modells verzichtet.

Die Tabelle 3.5.1 gibt die Werte der gesamtwirtschaftlichen Variablen der drei genannten Simulationen wieder und stellt einen Vergleich zur Simulation mit Emissionssteuern und allokationsneutraler Rückverteilung (siehe Kapitel (3.2)) her.

(Fortsetzung von Tabelle 3.5.1)		Mehrwertsteuer		Lohnsubvention	
		1990	1996	1990	1996
BSP	(Mrd.)	-0,1	-1,8	+0,1	-0,8
Arbeitslose	(Tsd.)	+2,1	+33,9	-1,9	+11,8
inl. Produktion	(Mrd.)	-0,8	-4,3	-0,2	-0,4
Konsum	(Mrd.)	-0,4	-1,8	-0,1	-1,0
Wohlfahrt	(Mio.)	-774	-3723	-214	-1942
Leistungsbilanz	(Mrd.)	+2,3	+5,5	+0,6	+2,7
Investitionen	(Mrd.)	-0,9	-2,0	-0,5	-1,4
Kapitalpreis		1,277	1,654	1,281	1,650
Lohn		1,701	2,093	1,709	2,087
inl. Preisniveau		1,508	1,908	1,513	1,906
Emissionssteuern	(Mio.)	-30,8	-37,1	-17,6	-27,3

(Die Werte des Simulationslaufes mit Emissionssteuern und allokationsneutraler Rückverteilung sind in den Spalten 1 und 2 angegeben. Die Werte in den Spalten 3 bis 8 geben, mit Ausnahme der Preise, die absoluten Veränderungen zu den Spalten 1 und 2 wieder. Die Preise beziehen sich auf das Basisjahr 1978. Die gesamtwirtschaftlichen Variablen sind real in Preisen von 1978.)

Als Verdeutlichung der Resultate dient die nachfolgende Abbildung, die die Zeitreihen der Wohlfahrtsmaße der vier oben aufgeführten Simulationen enthält.

Der Vergleich der Wohlfahrtsmaße zeigt das erwartete Resultat, daß die Rückverteilungsverfahren, die nicht allokationsneutral wirken, zu geringerer Wohlfahrt führen, als es bei allokationsneutraler Rückgabe der Aufkommen aus Emissionssteuern der Fall ist.

Abbildung 3.5.1: VERGLEICH DER WOHLFAHRT
(STEUER = allokationsneutrale Rückverteilung)
(in Millionen DM)

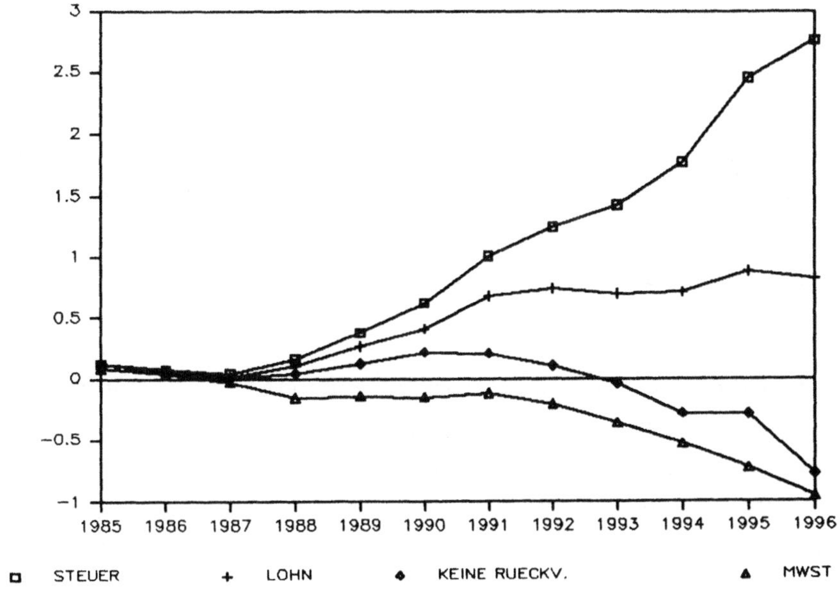

Interessant ist allerdings, wie sich die ineffizienten Rückverteilungsverfahren untereinander unterscheiden und ob die resultierenden Wohlfahrtssituationen besser oder schlechter sind als

bei Anwendung von Emissionsstandards.[45]
Wie aus Abbildung 3.5.1 zu ersehen ist, ergibt sich das relativ beste Wohlfahrtsniveau durch die Rückverteilung mittels einer **Lohnsubventionierung**. Nur in diesem Fall ist das Wohlfahrtsniveau durchgehend größer als im Falle des Basislaufes mit Emissionsstandards. Der Vergleich mit der Tabelle 3.2.1 zeigt, daß auch alle anderen gesamtwirtschaftlichen Variablen wie z. B. das reale BSP, die Produktion und die Arbeitslosenzahl bessere Werte aufweisen als im Basislauf.
Von den Simulationsläufen mit ineffizienter Rückverteilung ergibt sich hier die geringste Zahl an Arbeitslosen. Zurückzuführen ist dies auf das größere Produktionsniveau und die Verbilligung des Faktors Arbeit durch die Lohnsubvention. Der nominale Lohn, den die Unternehmen tatsächlich zu zahlen haben, ist gleich dem in Tabelle 3.5.1 aufgeführten Lohn abzüglich den Subventionszahlungen. Konkret bedeutet dies, daß in 1990 der von den Unternehmen zu zahlende Lohn statt 1,709 nur 1,703 beträgt und in 1996 ermäßigt sich der zu zahlende Lohn von 2,087 auf 2,082. Die Zahl der Arbeitslosen ist allerdings für die meisten Perioden größer als bei allokationsneutraler Rückverteilung, da die Lohnermäßigung nicht ausreicht, um den negativen Effekt, der durch das geringere Produktionsniveau bewirkt wird, auszugleichen.

Die zweitbeste Wohlfahrtsentwicklung ergibt sich dann, wenn **keine Rückverteilung** stattfindet. Das Fehlen einer Rückverteilung bedeutet gleichzeitig, daß die Summe der konsumptiven Ausgaben der Volkswirtschaft ceteris paribus geringer ist als bei den anderen, in Tabelle 3.5.1 berücksichtigten Simulationsläufen. Diese Verminderung der konsumptiven Ausgaben hat zwei Auswirkungen:

1. Die privaten Investitionen können aufgrund eines crowding-in

---

[45] Die Zeitreihe des Wohlfahrtsmaßes bei Emissionsstandards wird wie bei allen Wohlfahrtsabbildungen zuvor durch die Null-Linie dargestellt.

Effektes ansteigen. Dies ist etwa bis 1992 der Fall und wird durch die Zahlen für 1990 in Tabelle 3.5.1 belegt. Die Investitionen sind nicht nur höher als bei den anderen Simulationen mit ineffizienter Rückverteilung. Sie übersteigen auch die Investitionen bei allokationsneutraler Rückverteilung. Dies führt in 1990 sogar zu einem höheren realen BSP.

2. Die Gesamtnachfrage wird ohne die Rückverteilung der Emissionssteueraufkommen insgesamt vermindert. Ab 1993 führt dieser Effekt dazu, daß die Wohlfahrt geringer ist als bei Verwendung von Emissionsstandards im Basislauf. Der positive Effekt einer relativen Erhöhung der Investitionen wird nun durch die Verminderung der gesamten Nachfrage überkompensiert.

Die schlechteste Wohlfahrtsentwicklung stellt sich ein, wenn eine Senkung der **Mehrwertsteuer** zur Rückverteilung der Emissionssteuern verwendet wird. Das Wohlfahrtsniveau ist hier für fast alle Simulationsjahre kleiner als bei Anwendung der Emissionsstandards im Basislauf. Ebenso entwickeln sich auch mehrere der anderen gesamtwirtschaftlichen Variablen schlechter als bei Emissionsstandards. Dies trifft vor allem auf das inländische Produktionsniveau, die Investitionen und die Zahl der Arbeitslosen zu.
Verursacht wird die schlechte wirtschaftliche Entwicklung durch eine Erhöhung der Exporte[46] und des privaten Konsums. Beides zusammen bewirkt eine Verdrängung der privaten Investitionen und führt so zu einem Wachstumsverlust der Volkswirtschaft. Von allen in Tabelle 3.5.1 abgebildeten Simulationsläufen besteht

46 Die Zunahme der Exporte läßt sich auch aus der Veränderung des Leistungsbilanzsaldos ersehen. Bei dem hier betrachteten Simulationslauf ist die Entwicklung des Leistungsbilanzsaldos im Vergleich mit den anderen in Tabelle 3.5.1 berücksichtigten Simulationsläufen weitaus am positivsten. Die starke Verbesserung der Leistungsbilanz resultiert nicht nur aus der Abnahme der Importe, die durch die geringere inländische Produktion ausgelöst wird, sondern auch aus einer Zunahme der Summe der Exporte aufgrund relativ gesunkener inländischer Preise.

bei dieser Simulation daher auch die geringste Nachfrage nach Investitionsgütern.

Die Ergebnisse der in diesem Kapitel ausgewerteten Simulationsläufe machen deutlich, daß bei der Anwendung von einheitlichen Emissionssteuern genau darauf geachtet werden muß, wie die Emissionssteueraufkommen verwendet werden. Nur im Falle einer allokationsneutralen Rückverteilung kann mit Sicherheit darauf geschlossen werden, daß die volkswirtschaftlichen Kosten geringer sind als bei Verwendung von Emissionsstandards. Andere Verwendungsarten können sogar dazu führen, daß sich eine schlechtere wirtschaftliche Entwicklung ergibt als im Falle von Emissionsstandards.

3.6 Reduktion von CO_2-Emissionen

3.6.1 Einleitung

Die mögliche Gefahr einer drohenden Klimakatastrophe, verursacht durch die Emission von sog. Treibhausgasen wie z.B. CO_2, Methan und FCKW ist seit Ende der 80er Jahre ein ständiges Thema im Bereich der Energiewissenschaften.[47]
Zur Abwendung einer zu großen Veränderung des globalen Klimas wurde auf der Weltklimakonferenz in Toronto im Jahre 1988 beschlossen, daß alle Industrienationen ihre CO_2-Emissionen bis zum Jahre 2005, bezogen auf 1988, um 20% senken sollen.[48]
Es gibt bisher allerdings nur wenige ökonomische Analysen, die untersuchen, welche Auswirkungen sich für eine Gesamtwirtschaft und einzelne Sektoren ergeben, wenn eine Reduktion von CO_2-Emissionen durchgeführt wird.
Die wichtigsten Veröffentlichungen zu diesem Thema werden im folgenden kurz beschrieben und auf ihre Aussagekraft hin bewertet.

(1) Die meisten Studien zu volkswirtschaftlichen Effekten einer CO_2-Reduktion führen einfache Projektionen durch. Dabei wird der Energieverbrauch und die von ihm verursachten CO_2-Emissionen aus der Vergangenheit in die Zukunft fortgeschrieben. Änderungen der Technologie und der Höhe und Struktur der Energienachfrage werden exogen in die Modelle eingeführt.[49]
Diese Modelle lassen keine ökonomische Analyse der Effekte einer CO_2-Reduktion zu, da wichtige ökonomische Variablen wie z. B. die Preise und die Einkommensentstehung exogen sind.
Die Studie von Nordhaus/Yohe (1983) über zukünftige globale CO_2-Emissionen ist in dieser Hinsicht ein Fortschritt, da die

---

[47] Vgl. die Zusammenstellung von Artikeln zu diesem Thema in StromDISKUSSION (1989).

[48] Vgl. z. B. Lesch/Bach (1989)

[49] Vgl. Stähler (1988) und Keepin (1986).

Nachfrage nach Energie preisabhängig gestaltet wird. Die Simulationen betreffen u.a. die Einführung von CO_2-Steuern zur Reduktion der Nachfrage nach Energie und der damit bewirkten Verminderung von CO_2-Emissionen.[50]
Die Aussagekraft der Resultate ist allerdings dadurch stark eingeschränkt, daß der gewählte Modellansatz partialanalytisch ist und nur preisabhängige Projektionen der Energienachfrage, ohne explizite Berücksichtigung des Energieangebots zuläßt.

(2) Die Analyse der ökonomischen Wirkungen von Maßnahmen zur Reduktion von CO_2-Emissionen macht erst durch die Verwendung angewandter Gleichgewichtsmodelle größere Fortschritte.[51]

Kokoski/Smith (1987) untersuchen die Unterschiede in den Wohlfahrtsberechnungen, die sich aus dem Vergleich von Partial- und Gleichgewichtsmodellen ergeben. Die Autoren verwenden für ihre Analyse ein statisches CGE-Modell und wählen als Anwendungsbeispiel negative Produktivitätseffekte in der Landwirtschaft, die durch Klimaveränderungen aufgrund der Emission von CO_2 verursacht werden.
Kokoski und Smith führen allerdings keine Emissionslimits für CO_2 und keine umweltpolitischen Instrumente in ihr Modell ein, so daß die ökonomischen Effekte einer CO_2-Reduktion mit ihrem Modell nicht untersucht werden können.

Whalley/Wigle (1989) verwenden ein statisches CGE-Modell, um die ökonomischen Effekte alternativer Maßnahmen zur Durchführung einer CO_2-Reduktion zu bewerten. Das Modell bildet die gesamte Welt-Ökonomie in drei Regionen ab: industrialisierte Staaten, Entwicklungsländer und Öl exportierende Staaten. Die

50 Vgl. Nordhaus/Yohe (1983,145-151). Durch die Einführung einer CO_2-Steuer ergibt sich in dem Modell eine starke Reduktion der CO_2-Emissionen, in Abhängigkeit von der Wahl der Substitutionselastizität, des Bevölkerungswachstums und der zukünftigen Energieeffizienz.

51 Vgl. Kokoski/Smith (1987), Alfsen (1989,13-5), Whalley/Wigle (1989), Bergman (1990) und Manne (1990).

Produktionsfunktionen der einzelnen Regionen bestehen aus Primärfaktoren und Energie. Das Energie-Aggregat setzt sich zusammen aus fossilen Energieträgern, die Emissionen von CO_2 bewirken, und aus einem Aggregat aller anderen Energieträger.
Whalley und Wigle untersuchen die Effekte von vier alternativen CO_2-Reduktionsstrategien auf die Handelsströme der energieintensiven und nicht-energieintensiven Güter zwischen den drei Regionen und die Wohlfahrtseffekte in den einzelnen Regionen.[52]

Manne (1990) verwendet das ETA-MACRO Modell zur Abschätzung der ökonomischen Kosten von globalen CO_2-Emissionslimits.[53] Der Schwerpunkt dieses CGE-Modells liegt in der detailierten Abbildung der Nachfrage nach Energieträgern in Produktion und Konsum. Dabei werden auch solche Energieträger berücksichtigt, die heute erst einen kleinen Marktanteil haben, aber durch eine Verteuerung fossiler Brennstoffe kostengünstig werden, wie z.B. Sonnenenergie, synthetische Kraftstoffe sowie Kraftstoffe aus Biomasse.
Bei den Modellsimulationen wird eine Einteilung der Welt in sechs Regionen vorgenommen[54], denen jeweils unterschiedliche CO_2-Emissionslimits auferlegt werden. Die Welt-Emissionen an CO_2 werden im Modell bis zum Jahre 2020 noch um insgesamt 15% wachsen und danach konstant bleiben.
Die regionalen Emissionslimits werden im Modell durch regional

---

52 Die vier Reduktionsstrategien zur Erreichung einer 50%igen CO2-Reduktion sind: a) nationale Produktionssteuern auf Energie aus fossilen Brennstoffen, b) nationale Konsumsteuern auf den Verbrauch fossiler Brennstoffe, c) gleiche Konsumsteuer in allen drei Regionen, d) CO_2-Emissionsstandard pro Kopf der Bevölkerung der drei Regionen. Vgl. Whalley/Wigle (1989,13).

53 Vgl. Manne (1990,2-4,9-18). Für eine Kurzübersicht zum ETA-MACRO Modell vgl. auch Conrad/Schröder (1987,392-3).

54 Manne (1990,2) nimmt folgende Einteilung vor: USA, die anderen OECD-Staaten, Sowjetunion, Osteuropa, China und ein Aggregat, das alle anderen Staaten der Welt enthält.

differenzierte Emissionssteuern auf CO_2 implementiert.[55] Dies führt zu ökonomischen Kosten in Form eines Rückganges des GDP zwischen 2% und 5% in Europa und allen anderen Regionen, mit Ausnahme von China. Dort beträgt der Rückgang des GDP auf über 10%.
Nachteilig ist an dem Modell vor allem die fehlende Einbeziehung von internationalem Handel zwischen den sechs Regionen, da insbesondere die Kosten von CO_2-intensiven Gütern wie z.B. Stahl durch die differenzierten Emissionssteuern in den einzelnen Regionen ganz unterschiedlich ansteigen werden. Ebenso ist ein Handel von Emissionslizenzen für CO_2 zwischen den Regionen nicht vorgesehen. Dies würde zu einem Ausgleich der unterschiedlichen Grenzkosten der CO_2-Verminderung führen und könnte dadurch die Modellresultate stark verändern.[56]

Bergman (1990) verwendet das schon in Kapitel (2.1.2) kurz dargestellte CGE-Modell für Schweden vor allem zur Bewertung der Wirkungen von CO_2-Emissionslimits auf die schwedische Volkswirtschaft.[57] Sein Ziel ist es, durch sukzessives Verändern eines für die gesamte Ökonomie geltenden Emissionslimits, die Grenzkosten der CO_2-Vermeidung zu bestimmen.[58]
Die gesamtwirtschaftlichen Grenzkosten, die er ermittelt, steigen überproportional im Prozentsatz der vermiedenen CO_2-Emissionen an.[59] Als weiteres Resultat ergibt sich aus Bergmans Analysen, daß bei zunehmender Verminderung der erlaubten CO_2-Emissionen sowohl der Kapitalpreis, als auch der Lohnsatz abnehmen, während der Preis für die Produktion von Elektrizität ansteigt. Die Effekte auf das gesamtwirtschaftliche Preisniveau

---

55 Vgl. Manne (1990,8) für eine Abbildung der Zeitpfade der Emissionssteuern für die einzelnen Regionen.

56 Vgl. Manne (1990,19).

57 Vgl. Bergman (1990,24-5).

58 Das Emissionslimit hat im Modell die gleiche Wirkung wie eine einheitliche Steuer auf CO_2-Emissionen in Höhe der Grenzkosten der CO_2-Vermeidung.

59 Vgl. Bergman (1990,33).

werden allerdings nicht ausgewiesen.

3.6.2 Simulationsergebnisse mit dem ENEAS-Modell

Mit dem ENEAS-Modell wurden zwei Simulationen zur Ermittlung ökonomischer Effekte einer CO_2-Reduktion durchgeführt.
Beiden Simulationen liegt als zu erreichendes Emissionsziel für CO_2 der eingangs erwähnte Vorschlag der Weltklimakonferenz von Toronto in 1988 zugrunde. Eine 20%ige Senkung der CO_2-Emissionen zwischen 1989 und 2005 bedeutet eine jährliche Verminderung der gesamten CO_2-Emissionen um ca. 1,17%. Dieser Wert wird den CO_2-Simulationen als Nebenbedingung vorgegeben.
Beiden Simulationen ist ebenfalls gemeinsam, daß sie auf dem in Kapitel (3.2) beschriebenen Basislauf aufbauen. Das CO_2-Emissionslimit wird also zusätzlich zu den geltenden Emissionsstandards für Staub, SO_2 und NO_x eingeführt.

Bei der ersten Simulation werden **alle** Verursacher von CO_2-Emissionen so besteuert, daß das CO2-Emissionslimit eingehalten wird. Es handelt sich dabei um eine Mengensteuer auf CO_2-Emissionen, die für alle Emittenten die gleiche Höhe hat. Diese Steuer bewirkt eine Verteuerung aller Güter, bei deren Einsatz oder Nutzung CO_2-Emissionen entstehen. Im Modell sind davon alle fossilen Brennstoffe betroffen. Die fossilen Brennstoffe verteuern sich in der Verwendung entsprechend ihrem jeweiligen Emissionsfaktor. Dadurch wird eine einheitliche CO_2-Steuer den Einsatz von Kohle am stärksten verteuern, gefolgt von schwerem Heizöl und Erdgas.[60]
Das Steueraufkommen aus Emissionssteuern wird in dieser und in der zweiten Simulation allokationsneutral an die Konsumenten zurückverteilt, indem der Einkommensteuersatz entsprechend

---

60 Vgl. Seeliger/Zimmermeyer (1979,127). Danach betragen die CO_2-Emissionen bei Verwendung von Kohle zur Erzeugung einer GWh elektrischer Energie 880 t. Bei schwerem Heizöl werden 778 t CO_2 emittiert und bei Verwendung von Erdgas 508 t.

gesenkt wird.[61]

Die Konsumenten verursachen einen großen Teil der gesamten CO_2-Emissionen durch den Einsatz von Benzin und Diesel für den Gebrauch von PKW und durch die Verbrennung verschiedener fossiler Brennstoffe in Heizungsanlagen.
Eine Steuer auf CO_2-Emissionen wird über eine Verteuerung von Benzin und Diesel die user-cost für PKW erhöhen und zu einem geringeren gewünschten PKW-Bestand führen. Entsprechend werden sich die Neuanschaffungen von PKW und damit auch die CO_2-Emissionen aus der PKW-Nutzung verringern.
Bei der Nachfrage nach fossilen Brennstoffen für Heizungsanlagen wird außerdem eine Substitution von Brennstoffen stattfinden, da die einzelnen Brennstoffe unterschiedlich emissionsintensiv sind und damit auch unterschiedlich stark verteuert werden.[62]

In der zweiten Simulation werden nur diejenigen Sektoren mit einer CO_2-Steuer besteuert, denen im Basislauf die Emissionsstandards auf Staub, SO_2 und NO_x auferlegt wurden.[63] Die zu erreichende Verminderung der CO_2-Emissionen stimmt mit der Vorgabe in der ersten Simulation überein.
Die ökonomischen Kosten zur Einhaltung des CO_2-Emissionslimits werden hier über die CO_2-Steuer vor allem diesen ausgewählten Sektoren auferlegt, während alle anderen Sektoren und die Konsumenten für ihre CO_2-Emissionen direkt keinen Preis zu zahlen haben. Im Vergleich zur ersten Simulation besteht hier durch den gespaltenen Preis für CO_2-Emissionen eine ineffiziente Allokation, die sich unter anderem in einer Verminderung des realen BSP und einer Verzerrung der Produktionsstrukturen äußert.

---

61 Die Einkommensteuer wirkt im ENEAS-Modell wie eine lump-sum Steuer.

62 Vgl. dazu die Herleitung und Beschreibung des Konsumentenverhaltens und der Nachfragefunktionen in Kapitel (2.2.3).

63 Es sind dies die Sektoren 2, 4, 5, 6, 7, 8, 9, 13, 15 und 16. Vgl. das Verzeichnis der Sektoren in Anhang 1.

In beiden Simulationen können die Produzenten ihre CO_2-Emissionen nur durch Brennstoffsubstitution und die Substitution von Energie- durch Nicht-Energieinputs senken. Zusätzlich tritt eine Verminderung der CO_2-Emissionen durch die Senkung der Produktionsniveaus der Sektoren ein.[64]

Abbildung 3.6.1: CO_2-EMISSIONEN
(in Millionen t.)

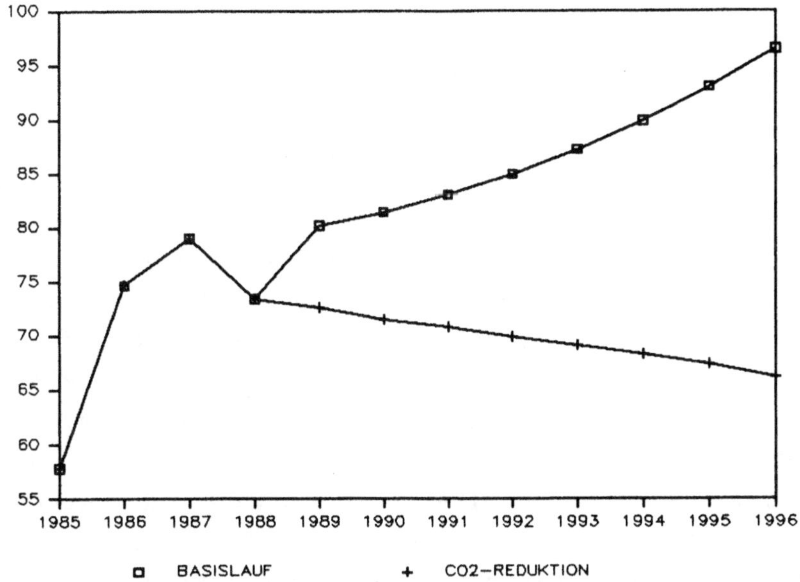

Die gesamtwirtschaftlichen Kosten eines CO_2-Limits bestehen im Modell, wie auch in der Realität, hauptsächlich in den Kosten,

64 Eine explizite Modellierung neuer, energiesparender Produktionsprozesse wie z. B. Sonnenenergie, Biomasse, Windenergie, die insbesondere im Bereich der Elektrizitätserzeugung von Bedeutung werden könnten, wird im Modell nicht vorgenommen. Die Anpassung der I/O-Koeffizienten an veränderte Relativpreise kann allerdings als implizite Abbildung neuer, noch nicht explizit bekannter Technologien zur Elektrizitätserzeugung und Energienutzung verstanden werden. Die Möglichkeiten des Einsatzes dieser neuen Technologien wird damit im Modell wesentlich durch die exogen festgelegten Substitutionselastizitäten bestimmt.

die durch Substitution von Inputfaktoren entstehen, da eine Verminderung von CO_2-Emissionen durch den Einsatz von end-of-pipe Anlagen praktisch nicht möglich ist.
Die Abbildung 3.6.1 zeigt die CO_2-Emissionen im Basislauf und bei Einhaltung des CO_2-Emissionslimits.

Eine Verminderung der CO_2-Emissionen tritt ab 1989 ein und beträgt pro Jahr 1,17%, bezogen auf die CO_2-Emissionen von 1988. Die jährlich zu vermindernde Menge an CO_2-Emissionen beträgt allerdings tatsächlich wesentlich mehr als die festgelegten 1,17%, bezogen auf die Emissionen von 1988. Der Grund dafür sind die stetig ansteigenden CO_2-Emissionen im Basislauf, die dazu führen, daß z. B. 1996 ca 30% der CO_2-Emissionen zu vermindern sind, statt der 9,4% bezogen auf 1988.[65]

In der folgenden Tabelle 3.6.1 werden die wichtigsten Einflüsse des CO_2-Emissionslimits auf die gesamtwirtschaftlichen Aggregate wiedergegeben. Beim Vergleich der Werte der CO_2-Simulationen mit dem Basislauf ist allerdings zu beachten, daß die Situation der Umwelt jeweils unterschiedlich ist.[66] Ein direkter Vergleich der volkswirtschaftlichen Kosten ist somit nicht möglich. Es wird jedoch deutlich, welche Kosten einer durch eine CO_2-Steuer bewirkten Umweltverbesserung gegenüberstehen.
Der Vergleich der Resultate der beiden CO_2-Simulationen untereinander ist jedoch wieder im Sinne einer Kosten-Wirksamkeits-Analyse möglich, da die Emissionsminderungen bei allen Schad-

---

65 Im ENEAS-Modell ist kein technischer Fortschritt implementiert, insbesondere fehlt der in der Realität zu beobachtende Trend, Energie einzusparen, der dazu geführt hat, daß der Energieverbrauch in der Bundesrepublik in den letzten Jahren im wesentlichen konstant geblieben ist. Ein solcher Trend könnte dem Modell exogen vorgegeben werden. In diesem Fall würden parallel zu dem Energieverbrauch auch die CO_2-Emissionen im Basislauf weitgehend konstant verlaufen. Die im Jahre 1996 zu vermindernde Menge an CO_2-Emissionen würde dann nur wenig über dem Wert von 9,4% liegen.

66 Wie aus Tabelle 3.6.3 in diesem Kapitel zu ersehen ist, führt eine CO_2-Steuer bei allen Schadstoffen zu einer Emissionsminderung, verglichen mit dem Basislauf.

stoffen (fast) identisch sind. Zusätzliche Kosten bedeuten dabei einen excess burden, der durch die Verwendung einer ineffizienten Steuer zur Erreichung des vorgegebenen Emissionszieles verursacht wird.

Aus der Tabelle 3.6.1 ist ersichtlich, daß die Einführung einer CO_2-Steuer langfristig zu einem starken relativen Rückgang des realen BSP und der realen inländischen Produktion führt. Gleichzeitig vermindert sich jedoch der Kapitalpreis und das inländische Preisniveau.

Tabelle 3.6.1: DIE WERTE DER GESAMTWIRTSCHAFTLICHEN VARIABLEN

		Emissionsstandards (Basislauf)		CO_2-Steuer alle Verurs.		CO_2-Steuer Industrie	
		1990	1996	1990	1996	1990	1996
BSP	(Mrd.)	233,7	303,6	-0,09	-22,8	-1,7	-32,5
Arbeitslose	(Tsd.)	158,5	222,0	+204,9	+1102,0	+367,1	+1421,9
inl. Produktion	(Mrd.)	477,4	618,2	-19,1	-114,9	-45,1	-144,6
Konsum	(Mrd.)	127,7	172,0	-3,8	-32,5	-7,2	-40,4
Wohlfahrt	(Mio.)	0,0	0,0	-5252	-58883	-10015	-72303
Leistungsbilanz	(Mrd.)	55,0	41,7	+5,9	+60,3	+8,9	+62,7
Investitionen	(Mrd.)	48,9	84,8	-1,2	-28,2	-1,6	-28,3
Kapitalpreis		1,282	1,659	1,187	1,281	1,148	1,182
Lohn		1,713	2,103	1,682	1,755	1,682	1,853
Preisniveau		.1,516	1,916	1,479	1,629	1,473	1,703
Emissionssteuern	(Mio.)	0,0	0,0	12686	90000	4287	11797

(Die Werte des Basislaufs sind in absoluten Werten angegeben. Die Werte in den Spalten 3 bis 6 für die CO_2-Simulationen geben, mit Ausnahme der Preise, die absoluten Veränderungen zu den Spalten 1 bzw. 2 wieder. Die Preise beziehen sich jeweils auf das Basisjahr 1978. Die gesamtwirtschaftlichen Aggregate sind real in Preisen von 1978.)

Dieser auf den ersten Blick seltsame Effekt ist, wie in Kapitel (3.2) beschrieben, auf die verminderte Nachfrage nach Kapital und die Senkung der variablen Kosten zurückzuführen, die beide durch den Rückgang des Produktionsniveaus (-18,6% in 1996) bewirkt werden. Der Schattenpreis für Kapital vermindert sich in 1996 von 1,659 auf 1,281 und weist damit auf eine starke Senkung der marginalen Kapitalerträge hin. Da Kapital anteilsmäßig der wichtigste Produktionsfaktor ist, kann die Kapitalpreissenkung, zusammen mit den verminderten variablen Kosten, sogar die durch die CO_2-Steuer bewirkte Preiserhöhungstendenz in ihr Gegenteil umkehren und zu einer Senkung des gesamten inländischen Preisniveaus führen.[67]

Der Rückgang des realen BSP setzt sich zusammen aus einem Rückgang des Konsums und der Investitionen sowie einem teilweise kompensierenden Anstieg des Leistungsbilanzsaldos. Für 1996 gilt beispielsweise:
Veränderung des realen BSP (-22,8 Mrd. DM) = Veränderung des Konsums (-32,5 Mrd. DM) + Veränderung der Investitionen (-28,2 Mrd. DM) + Veränderung des Leistungsbilanzsaldos (+60,3 Mrd. DM).
Die anderen Bestandteile des realen BSP sind entweder konstant (Staatsausgaben) oder nahezu konstant (Vorratsinvestitionen) und damit ohne Einfluß auf die relativen Veränderungen des realen BSP im Vergleich der Simulationen.
Die positive Veränderung des Leistungsbilanzsaldos in 1996 ergibt sich aus einer Erhöhung der realen Exporte, die im wesentlichen durch eine Steigerung des Welthandelsniveaus bewirkt wird sowie einer Abnahme der Importe für Produktions- und Konsumzwecke. Dabei spielt insbesondere die Verminderung der Energieimporte eine Rolle.

---

[67] Die Verminderung des Kapitalpreises ist allerdings immer größer als die Verminderung des inl. Preisniveaus, so daß sich der reale Kapitalpreis ebenfalls vermindert. Z.B. in 1996 ergibt sich im Basislauf ein realer Kapitalpreis von 0.846 und bei Besteuerung aller CO_2-Emittenten ein Wert von 0.786.

Die große Veränderung der Zahl der Arbeitslosen ist im wesentlichen auf den Rückgang der Produktion zurückzuführen. Obwohl der Reallohn in den Simulationen nicht vorgegeben wird, verändert er sich verglichen mit dem Basislauf nur geringfügig, so daß Substitutionseffekte vernachlässigbar sind.[68]

Eine starke Verminderung erfahren auch der reale Konsum und die realen Investitionen. Das letztere ist wieder eine Folge der geringeren inländische Produktion, die zu kleineren gewünschten Kapitalstöcken führt, so daß die Investitionsnachfrage abnimmt. Der Rückgang des Konsums wird im wesentlichen durch das gesunkene Realeinkommen bestimmt. Parallel zum Konsum vermindert sich auch das Wohlfahrtsniveau.

Abbildung 3.6.2: VERGLEICH DES REALEN BSP
(in Milliarden DM, zu Preisen von 1978)

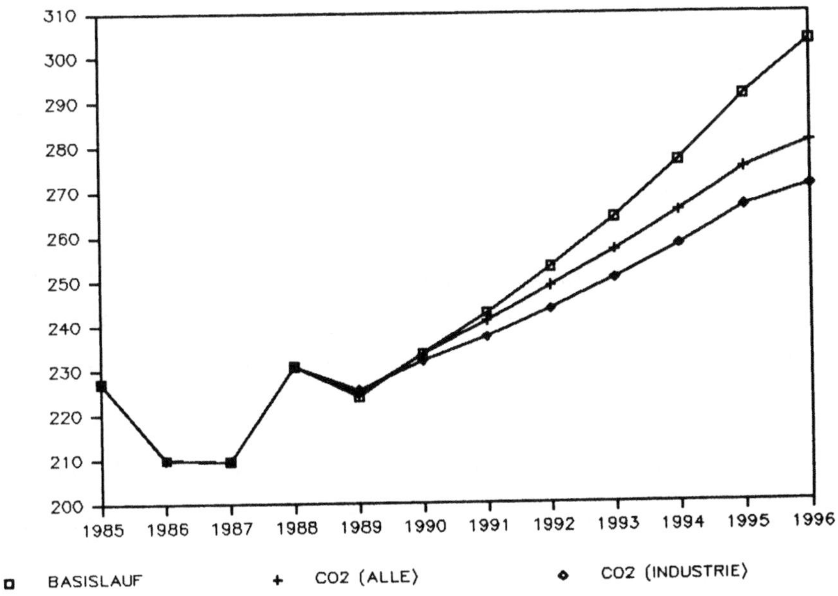

68 Reallohn in 1990: Basislauf: 1,130, CO_2 (alle Verursacher): 1,137, CO_2 (Industrie): 1,238. Für 1996 ergeben sich in der gleichen Reihenfolge die Werte: 1,097, 1,077 und 1,088.

Die relativen Veränderungen des realen BSP lassen sich gut aus Abbildung 3.6.2 ersehen.

Die Abbildung zeigt deutlich die Unterschiede der BSP-Entwicklung der drei Simulationsläufe. Interessant ist, daß der Abstand zwischen der BSP-Kurve bei Besteuerung aller Emittenten zu der bei Besteuerung nur einiger Industriesektoren recht groß ist. Er beträgt anfangs ein Vielfaches des Abstandes zur BSP-Kurve des Basislaufes, schwächt sich zwar im Zeitverlauf ab, beträgt aber 1996 noch etwa 42,7%.[69]
Der zusätzliche Rückgang des realen BSP (1996: 3,2%) und der inländischen Produktion (1996: 4,8%) bei Einführung einer ineffizienten CO_2-Steuer ist somit von beachtlichem Ausmaß.
Aus Abbildung 3.6.2 ist zu erkennen, daß der Abstand der BSP-Kurven bei CO_2-Besteuerung zu der BSP-Kurve im Basislauf im Zeitverlauf zunimmt.
Ein ähnliches Phänomen zeigt sich auch in Abbildung 3.6.3 beim Vergleich der Wohlfahrtsmaße.

Der Unterschied zwischen den beiden CO_2-Simulationen ist gemessen am Abstand der Wohlfahrtskurven nicht so groß wie beim Vergleich der BSP-Kurven. Der Wohlfahrtsverlust ist im wesentlichen identisch mit dem Rückgang des realen Konsums und wird hier nicht durch noch andere gesamtwirtschaftliche Zeitreihen wie z. B. den Leistungsbilanzsaldo überlagert, wie dies beim realen BSP der Fall ist. In 1996 beträgt der Wohlfahrtsverlust durch ineffiziente Besteuerung immerhin ca. 13,4 Mrd. DM.[70]

---

[69] Zur Berechnung: aus Tabelle 3.6.1 ist ersichtlich, daß für 1996 der Abstand des realen BSP bei Besteuerung einiger Industriesektoren zu dem entsprechenden Wert bei Besteuerung aller Emittenten -3,2% beträgt. Für die Erreichung des CO_2-Limits wird aber mindestens ein BSP-Verlust in Höhe von 7,5% bei effizienter Besteuerung eintreten. Der zusätzliche Verlust durch die Einschränkung der Besteuerung auf Industriesektoren ist somit für 1996 ca. 42,7% des mindestens eintretenden Verlustes.

[70] Der Betrag ergibt sich als Differenz der Wohlfahrtsmaße bei ineffizienter und bei effizienter CO_2-Besteuerung.

Bezogen auf den bei Besteuerung aller Emittenten eintretenden Wohlfahrtsverlust von ca. 58,8 Mrd. DM ist dies ein zusätzlicher Wohlfahrtsrückgang von ca. 22%.

Abbildung 3.6.3: VERGLEICH DER WOHLFAHRT
(in Milliarden DM)

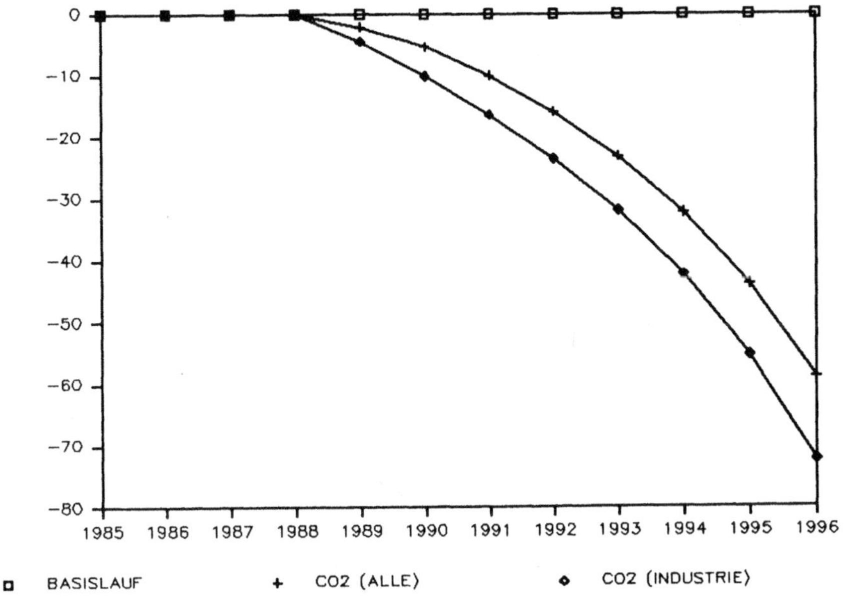

Ein Teil des Konsumrückganges besteht in der Abnahme der Neuanschaffungen von PKW. In der jeweils nächsten Periode wird dadurch der Bestand an PKW abnehmen. Da die Benzinnachfrage im Modell proportional zum PKW-Bestand ist, wird sie mit der gleichen Rate abnehmen wie der Bestand an PKW. Dadurch vermindern sich ebenso die an die Benzinnachfrage gekoppelten CO_2-Emissionen.[71]

71 Die Benzinnachfrage ist mit einem fixen Koeffizienten an den PKW-Bestand gebunden. Der Koeffizient, der die CO_2-Emissionen mit der Nachfrage nach Benzin verbindet ist ebenfalls fix. Es wird dabei also nicht angenommen, daß der Benzinverbrauch durch technische Verbesserungen der PKW in der Zukunft gesenkt werden kann.

Die Abbildung 3.6.4 vergleicht den PKW-Bestand vom Basislauf mit dem bei Besteuerung aller CO_2-Emittenten sich ergebenden Bestand. Der Bestand an PKW wächst nach Einführung des CO_2-Limits ab 1990 mit geringerer Rate, so daß die CO_2-Emissionen aus dem Einsatz von Benzin und Diesel bei den Konsumenten in entsprechender Weise abnehmen.

Abbildung 3.6.4: BESTAND AN PKW
(in Milliarden DM, zu Preisen von 1978).

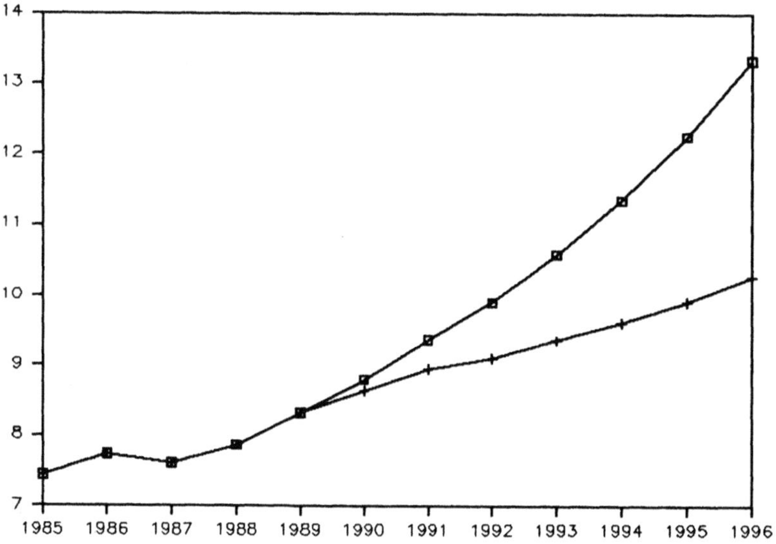

In Bergman (1990,33) werden gesamtwirtschaftliche Grenzkosten von CO_2-Emissionslimits berechnet.

Die Abbildung 3.6.5 zeigt die gesamtwirtschaftlichen Grenzkosten, die sich aus dem ENEAS-Modell im Falle der Besteuerung aller Emittenten ergeben.[72]

Wie bei Bergman zeigt sich auch hier eine überproportionale Zunahme der Grenzkosten bei Verminderung der erlaubten CO_2-Emissionen. Dies bedeutet eine entsprechende überproportionale Verteuerung der Input-Substitution zur Einhaltung eines restriktiver werdenden CO_2-Limits.

Abbildung 3.6.5: GRENZKOSTEN DER CO_2-VERMINDERUNG (CO_2-Steuer: in Tausend DM je t CO_2, zu Preisen von 1989, CO_2-Emissionen: in Millionen t.)

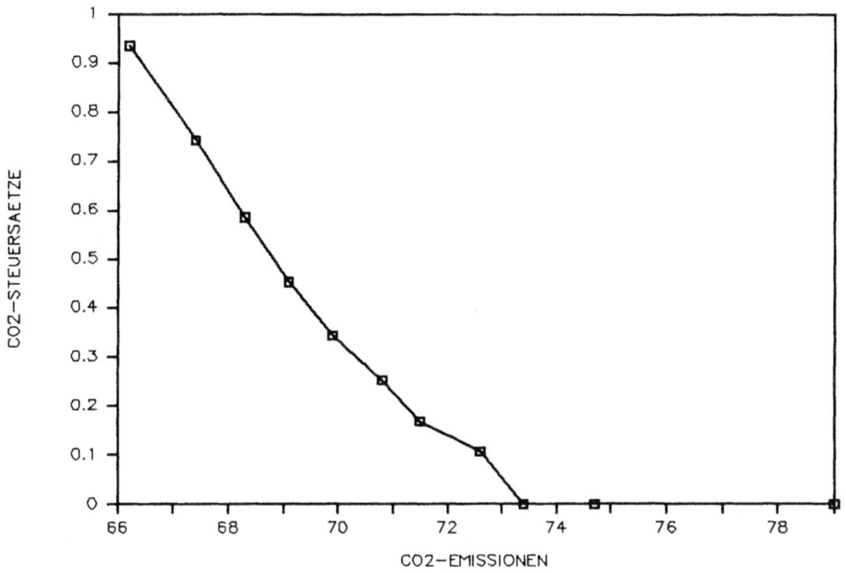

Die nächste Tabelle 3.6.2 zeigt die Wirkungen eines CO_2-Emissionslimits auf die produzierten Mengen und die Preise einiger

72 Zur **Konstruktion der Grenzkostenkurve**: in jedem Jahr der Simulationsperiode wird ein Steuersatz für CO_2 berechnet, der zu der vorgegebenen Emissionsreduktion führt. Es ist somit eine direkte Zuordnung von Grenzkosten der CO_2-Vermeidung (= Steuersätze) und den resultierenden gesamten CO_2-Emissionen möglich. Die Grenzkosten werden bezüglich des Jahres 1989 deflationiert, so daß sie die realen Kostensteigerungen angeben.

ausgewählter Sektoren.

Tabelle 3.6.2: SEKTORALE WIRKUNGEN

		Emissions-standards (Basislauf)		CO2-Reduktion (alle Verurs.)		CO2-Reduktion (Industrie)	
		1990	1996	1990	1996	1990	1996
Elektrizität	(Me)	7,674	9,636	7,381	7,667	6,803	6,338
(2)	(Pr)	1,489	1,875	1,569	2,156	1,786	3,087
Chemie	(Me)	19,671	23,962	18,580	18,961	17,050	15,931
(4)	(Pr)	1,521	1,896	1,428	1,726	1,537	1,955
Mineralöl	(Me)	8,135	10,457	7,274	7,536	7,088	7,015
(5)	(Pr)	1,275	1,678	1,224	1,507	1,256	1,675
Steine, Erden	(Me)	6,977	9,943	6,563	6,649	6,020	5,531
(6)	(Pr)	1,511	1,902	1,503	1,763	1,569	2,106
Eisen, NE	(Me)	13,471	17,091	12,183	12,242	10,838	10,208
(7)	(Pr)	1,586	1,985	1,561	1,754	1,583	1,941
Maschinenbau	(Me)	43,367	54,129	40,970	43,868	37,691	38,010
(8)	(Pr)	1,610	2,006	1,571	1,705	1,570	1,820
Fahrzeugbau	(Me)	39,626	50,148	37,720	40,371	34,942	34,549
(9)	(Pr)	1,629	2,207	1,568	1,712	1,549	1,816
Papier, Pappe	(Me)	6,586	8,037	6,118	6,189	5,575	5,245
(13)	(Pr)	1,590	1,990	1,568	1,791	1,598	1,999
Dienstlei-	(Me)	127,528	172,527	123,710	143,091	122,766	141,509
stungen (18)	(Pr)	1,466	1,874	1,407	1,491	1,385	1,517

(Menge (Me) in Milliarden DM, zu Preisen von 1978; Preise (Pr) zur Basis 1978. Alle Zahlen geben die absoluten Werte des jeweiligen Simulationslaufes an.)

Der Vergleich der Outputmengen im Falle der Besteuerung aller CO_2-Emittenten mit dem Basislauf zeigt klare sektorale Verschiebungen. Während im Durchschnitt die Produktion in 1996 um 18,6% abnimmt, sinkt der Output bei Dienstleistungen nur um 17%. Die Produktion des Sektors Steine u. Erden sinkt dagegen um 33,1%, die von Elektrizität und die des Sektors Chemie um 20%, sowie diejenige von Mineralölprodukten und Eisen u. NE-Metallen jeweils um 28,6%.

Bis auf Sektor 2 (Elektrizität) nehmen die Preise dagegen ab, verglichen mit dem Basislauf. In den meisten Sektoren wirkt somit die Senkung des Kapitalpreises über den verminderten Bedarf an Kapital und der variablen Kosten stärker als die Erhöhung der Gesamtkosten durch die CO_2-Steuer.
Die Beschränkung einer CO_2-Steuer auf einige Industriesektoren verstärkt noch die Veränderungen der sektoralen Produktionsstrukturen. Bei zahlreichen Sektoren (2, 4, 5, 6, 7, 9 und 13) wird in diesem Falle die Produktion in 1996 sogar absolut klei ner sein als im Jahre 1990.
Im Durchschnitt wird nun im Jahre 1996 die Produktion um 23,4% geringer sein als im Basislauf. Der Output bei Dienstleistungen sinkt dagegen nur um 18%. Die produzierten Mengen im Sektor Steine u. Erden sinken aber um 44,4%, im Sektor Elektrizität um 34,4%, im Sektor Mineralöl und im Sektor Chemie um 33% und im Sektor Eisen u. NE-Metalle um 40,4%.
Eine ineffiziente CO_2-Steuer zur Erreichung eines vorgegebenen Emissionslimits wird somit außer zu Verschlechterungen gesamtwirtschaftlicher Variablen auch zu stärkeren Veränderungen in den sektoralen Produktionsstrukturen führen.
Der Vergleich der Preise bei Besteuerung aller CO_2-Emittenten mit dem Fall der Besteuerung einiger Industriesektoren zeigt eine Zunahme der Preise im letzteren Fall. Die steuerinduzierten Kostensteigerungen übertreffen hier also die Tendenzen zu Preissenkungen durch den geringeren Kapitalpreis.

Die folgenden drei Abbildungen zeigen die Emissionen von Staub, SO_2 und NO_x nach Einführung der CO_2-Steuer.
Die Einführung von CO_2-Emissionslimits führt, wie zu sehen ist, außer zu einer Verminderung der CO_2-Emissionen auch zu beachtlichen Senkungen der Emissionen bei den drei anderen Schadstoffen.

Abbildung 3.6.6: STAUB-EMISSIONEN
(in Tausend t.)

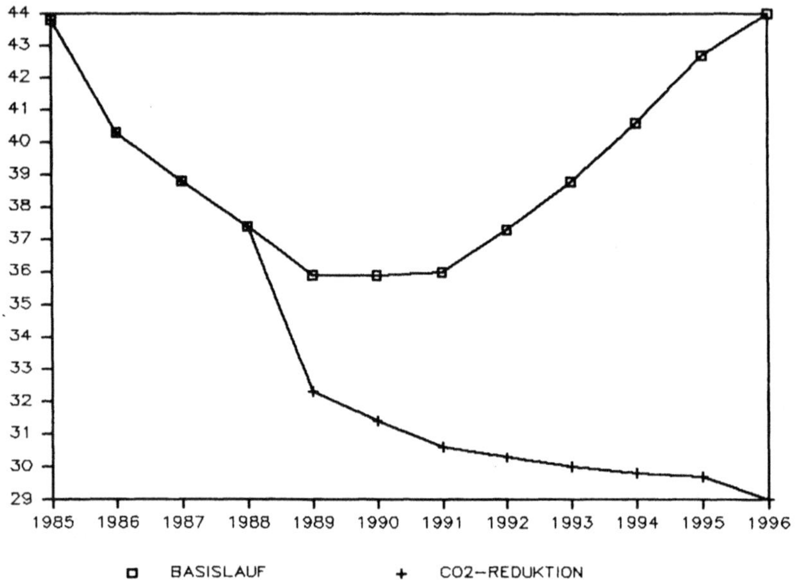

Abbildung 3.6.7: SO_2-EMISSIONEN
(in Tausend t.)

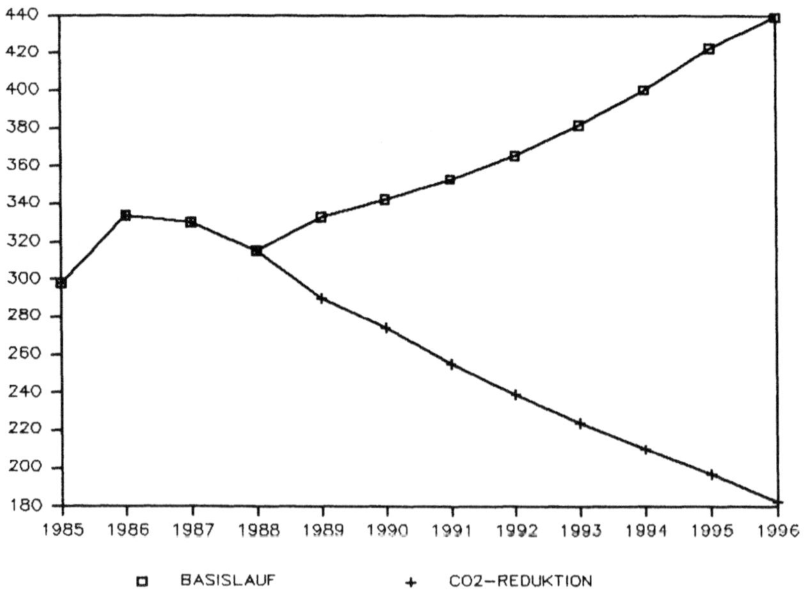

Abbildung 3.6.8: NO_x-EMISSIONEN
(in Tausend t.)

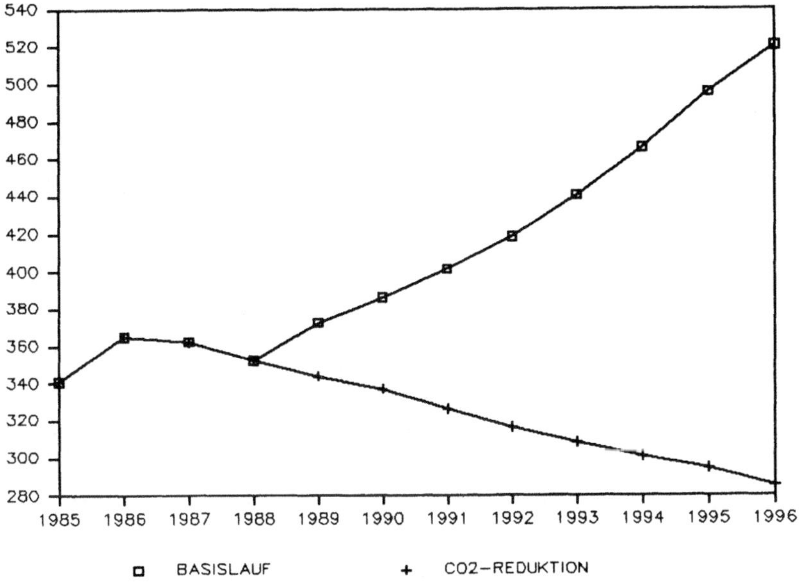

Die folgende Tabelle 3.6.3 zeigt die Unterschiede in den Gesamtemissionen und den entsorgten Schadstoffmengen für die zwei Jahre 1990 und 1996. Es wird dabei nur ein Vergleich zwischen dem Basislauf und der CO_2-Simulation, bei der alle Emittenten besteuert werden, durchgeführt, da sich bei der anderen CO_2-Simulation von der Tendenz her ähnliche Resultate ergeben.

Der Vergleich des Rückganges der emittierten Schadstoffmengen von Staub, SO_2 und NO_x mit dem Rückgang der CO_2-Emissionen zeigt das überraschende Ergebnis, daß die CO_2-Emissionen von allen Schadstoffen die geringste Verminderung aufweisen.
Die Senkung der CO_2-Emissionen wird vor allem bewirkt durch den verminderten Einsatz fossiler Brennstoffe in der Produktion. Zusätzlich vermindert auch das geringere Produktionsniveau die CO_2-Emissionen.
Im Falle der Besteuerung aller CO_2-Emittenten sinkt, verglichen mit dem Basislauf, der Einsatz von Steinkohle im Jahre 1990 um

ca. 22%. Die Verwendung von Mineralölprodukten (schweres und leichtes Heizöl, Benzin und Diesel) vermindert sich um ca. 19% und die von Erdgas um ca. 17%.

Tabelle 3.6.3: EMISSIONEN UND ENTSORGTE SCHADSTOFFMENGEN

		Emissionsstandards (Basislauf) (in Tausend t.)		CO_2-Reduktion (alle Emittenten) prozentuale Abweichung zum Basislauf	
		1990	1996	1990	1996
Staub	gesamt	35,9	44,0	-12,5	-34,1
	entsorgt	11,8	16,6	-25,9	-60,2
SO_2	gesamt	342,5	439,0	-19,9	-58,4
	entsorgt	37,2	50,3	-5,4	-38,8
NO_x	gesamt	386,5	520,1	-12,8	-45,1
	entsorgt	37,4	50,5	-9,9	-46,1
CO_2	gesamt	81800,0	96200,0	-12,2	-31,4

(Die Spalten 3 und 4 geben die prozentualen Veränderungen zu den entsprechenden Werten der Spalten 1 und 2 an.)

Der starke Rückgang der Emissionen von Staub, SO_2 und NO_x nach Einführung einer CO_2-Steuer erklärt sich aus dieser geringeren Verwendung fossiler Brennstoffe in Produktion und Konsum.[73] Da die Produktion in 1990 nur um 4% gesunken ist, ist somit eine starke Substitution weg von fossilen Brennstoffen eingetreten. Diese Behauptung wird noch dadurch unterstützt, daß die

73 Der starke Rückgang im Einsatz fossiler Brennstoffe führt über die daran gekoppelten konstanten Emissionsfaktoren direkt zu einer entsprechenden Verminderung der Schadstoffemissionen von Staub, SO_2 und NO_x. Da allerdings die einzelnen fossilen Brennstoffe die vier Schadstoffe in unterschiedlicher Intensität emittieren, führt ein 1%iger Rückgang im Verbrauch eines Brennstoffes zu einem je Schadstoff unterschiedlichen Rückgang der Emissionen zwischen 0% und 1%.

entsorgten Schadstoffmengen ebenfalls zurückgehen.[74] Dies bedeutet, daß an die Stelle von fossilen Brennstoffen andere Vorleistungen sowie Arbeit und Kapital getreten sind. Die Produktionstrukturen der Ökonomie haben sich also so verändert, daß nach Einführung der CO_2-Steuer relativ weniger Primärenergie eingesetzt wird. Die daran gebundenen Schadstoffemissionen nehmen somit in entsprechender Weise ab.

Die CO_2-Steuer hat im Modell dazu geführt, daß die Volkswirtschaft Baden-Württembergs in bezug auf die im Modell enthaltenen Schadstoffe deutlich weniger emissionsintensiv produziert als zuvor. Die Verminderung der CO_2-Emissionen wird allerdings erkauft durch eine ebenso deutliche Verminderung der inländischen Produktion, und dies obwohl das im Modell implementierte CO_2-Limit noch relativ moderat ist, verglichen mit z. B. der Forderung nach einer 90%igen CO_2-Reduktion bis 2020, die von Lesch/Bach (1989,77) erhoben wird.
Die im Modell errechneten Kosten zur CO_2-Reduktion sind eher als Untergrenze der tatsächlichen Kosten anzusehen, da im Modell die Substitutionselastizität zwischen den Energieinputs 1.0 beträgt und die zwischen Energie- und Nicht-Energieinputs immerhin 0.75, so daß Substitution relativ leicht möglich ist. Andererseits bestimmt die Höhe der CO_2-Emissionen des Basislaufes im wesentlichen die Menge der zu vermindernden Emissionen bei den CO_2-Simulationsläufen. Ein mehr flacher Verlauf der Kurve der CO_2-Emissionen im Basislauf (Abbildung 3.6.1) könnte ganz erheblich die Kosten einer CO_2-Steuer senken, da dadurch die Menge der zu entsorgenden Schadstoffe stark abnähme.[75] In

---

[74] Der Rückgang in den entsorgten Schadstoffmengen wird verursacht durch einen Rückgang der gesamten Emissionen und eine Veränderung des durchschnittlichen Entsorgungsgrades. Das letztere ist eine Folge der veränderten sektoralen Zusammensetzung im Verbrauch fossiler Brennstoffe, da jedem Brennstoff im allgemeinen ein anderer Entsorgungsgrad zugeordnet ist.

[75] Wenn man annimmt, daß die CO_2-Emissionen ab 1988 weitgehend konstant sind, dann sind in 1996 die CO_2-Emissionen nur um ca. 10% anstelle der im Modell angenommen 31,4% zu reduzie-

diesem Sinne sind die im Modell errechneten Kosten allerdings eher eine Obergrenze der tatsächlichen Kosten.

Ein Indiz dafür, daß die im Modell für Baden-Württemberg errechneten Kosten einer CO_2-Minderung für die gesamte Bundesrepublik Deutschland eher eine Untergrenze darstellen, ist in der verglichen mit anderen Bundesländern relativ geringen Energieintensität Baden-Württembergs in der Produktion zu sehen.[76] Die meisten anderen Bundesländer und die Bundesrepublik insgesamt müssten daher höhere Kosten der CO_2-Vermeidung haben als Baden-Württemberg.

Relativ eindeutig ist die Frage nach den Kosten einer ineffizienten CO_2-Steuer zu beantworten. Das Ausnehmen der sogenannten Kleinverbraucher und dabei insbesondere der Konsumenten von der CO_2-Steuer führt zu beträchtlichen zusätzlichen Wohlfahrtsverlusten, Produktionsminderungen und Verzerrungen der Produktionsstrukturen verglichen mit einer effizienten Ausgestaltung der CO_2-Steuer. Aus den Modellergebnissen ist daher der Schluß zu ziehen, daß möglichst alle Emittenten von einer CO_2-Steuer erfaßt werden sollten.

---

ren. Als grobe Näherungslösung bietet es sich in diesem Fall an, die bei den Simulationen entstehenden volkswirtschaftlichen Kosten durch 3 zu dividieren.

76 Baden-Württemberg hat z.B. fast keine Grundstoff- und Schwerindustrie und einen relativ hohen Anteil von Strom aus Kernenergie.

4. Schlußbetrachtungen zum ENEAS-Modell

Die Darstellung der Simulationen und die Interpretation ihrer Ergebnisse in Kapitel (3) haben gezeigt, daß CGE-Modelle zur Analyse der ökonomischen Wirkungen von Umweltpolitik sehr leistungsfähige Instrumente sind.
Die Rückwirkungen von umweltpolitischen Instrumente über veränderte Preise und Mengen werden im ENEAS-Modell, im Gegensatz zu umweltökonomischen I/O-Modellen, weitestgehend erfasst.
Die Flexibilität des CGE-Ansatzes erlaubt es, eine detailierte Modellierung von Reaktionen der Produzenten und Konsumenten auf umweltpolitische Regulierungen durchzuführen.
Die Simulationen haben gezeigt, daß es mit dem ENEAS-Modell möglich ist, zahlreiche umweltpolitische Regulierungsmaßnahmen aus dem Bereich der Luftreinhaltung im Modell abzubilden und durch die Modellergebnisse miteinander zu vergleichen. Die verschiedenen implementierten umweltpolitischen Maßnahmen wurden anhand ihrer volkswirtschaftlichen Kosten, ihrer Effekte auf die Produktionsstrukturen und die jeweils induzierten Reaktionen bei Produzenten und Konsumenten bewertet.

Das Modell ist vom Prinzip her auch für Analysen von Umweltpolitik in den Bereichen Wasserreinhaltung und Abfallentsorgung verwendbar. Ebenso ist es möglich, das ENEAS-Modell für umweltpolitische Analysen in anderen Bundesländern oder für die gesamte Bundesrepublik einzusetzen.

Die Ergebnisse der Simulationen sind allerdings auch im Lichte der Ausführungen zur Validität von CGE-Modellen in Kapitel (3.1.1) zu sehen.
Die Modellresultate stellen in erster Linie Beispielrechnungen dar, die die Anwendungsmöglichkeiten von CGE-Modellen und insbesondere des ENEAS-Modells für umweltpolitische Fragestellungen aufzeigen sollen. Die Simulationsergebnisse sind von vielen exogenen Parametern abhängig und können durch die speziellen

Modellierungsansätze stark beeinflusst werden.[77]
Das Potential eines CGE-Modells wird erst dann richtig offenkundig, wenn es als **Experimentiermöglichkeit** mit theoretischem ökonomischem Fundament aufgefasst wird. Im Dialog mit einem Modellanwender ist es möglich, Modellierungsansätze und Parameter in großem Umfange zu variieren. Die Interpretation der verschiedenen Modellergebnisse trägt dadurch zu einem Lernprozeß bei, der die Stärken und auch die Schwächen ökonomischer Theorie aufzeigen kann. Die Diskussion wirtschafts- und umweltpolitischer Maßnahmen kann durch die Verwendung von CGE-Modellen auf eine rationalere Grundlage gestellt werden und konzentriert den Blick auf die strittigen Ansätze des Modells bzw. der zugrundeliegenden Theorie.[78]

Zur Vermittlung eines größeren Vertrauens in die Ergebnisse von CGE-Modellen wäre es sehr wünschenswert, wenn sich die Datenbasis der Modelle verbessern würde. Eine Möglichkeit, dies zu erreichen, besteht in der Koppelung eines CGE-Modells mit Optimierungsmodellen, die eine detailierte Beschreibung von produktionstechnischen Abläufen bereitstellen.[79]

Für viele wirtschaftspolitischen Fragestellungen, bei denen die Wirkungen auf die Wirtschaftstruktur im Vordergrund steht, wäre es sinnvoll, wenn der weithin gebräuchliche Einsatz von Input-Output Modellen zugunsten der Verwendung von CGE-Modellen eingeschränkt würde. Ein wichtiger Schritt in diese Richtung könnte darin bestehen, standardisierte CGE-Software-Pakete zu entwickeln, die die Handhabung der Modelle für einen Modellanwender zu einer weniger zeitintensiven und komplizierten Angelegenheit machen würden, als es zur Zeit der Fall ist.

---

77 Beispielsweise werden die Modellergebnisse von der Wahl der Produktions- und Nutzenfunktionen beeinflusst. Allgemein akzeptierte Regeln für die Festlegung dieser Funktionen gibt es jedoch nicht.

78 Vgl. Whalley (1985,44-5).

79 Vgl. dazu auch den gleichlautenden Vorschlag in Henseler-Unger (1986,253).

Anhang 1: Die Sektoren und Inputs im ENEAS-Modell

Sektornummer	Sektorbezeichnung	
1	Land- und Forstwirtschaft	
2	Elektrizitätserzeugung	
3	Gas, Wasser und sonstige Bergbauerzeugnisse	
4	Chemie, Kunststoffe, Gummi	
5	Mineralölerzeugnisse	
6	Steine, Erden, Glas	
7	Eisen, Gießereien, NE-Metalle	
8	Maschinenbau, ADV	
9	Fahrzeugbau	
10	Elektrotechnik	
11	EBM-Waren	
12	Holz	
13	Papier- und Pappeherstellung	
14	Druckereierzeugnisse	
15	Leder, Textilien, Bekleidung	
16	Nahrungsmittel und Tabak	
17	Bau	
18	Dienstleistungen (Handel, Vermietung, Banken, Versicherungen, Gesundheitswesen, Wissenschaft und sonstige)	
19	Verkehrs-Dienstleistungen (Eisenbahn, Schiffahrt, Post und sonstige)	
20	Staat	
Nicht-konkurrierende Importe		
21	Steinkohle	(Ausland)
22	Steinkohle	(andere Bundesländer)
23	Braunkohle	(andere Bundesländer)
24	Erdöl	(Ausland)
25	Erdöl	(andere Bundesländer)
26	Erdgas	(Ausland)
27	Erdgas	(andere Bundesländer)
Primärfaktoren		
28	Arbeit	
29	Kapital	

Die wesentlichen Daten für die Produktionsverflechtung im ENEAS-Modell basieren auf der Input-Output-Tabelle Baden-Württembergs von 1978.[1] Diese I/O-Tabelle besteht aus 27 Sektoren inklusive einem Energiesektor. Für die mit dem ENEAS-Modell durchgeführten Analysen ist die Sektoraufteilung der I/O-Tabelle nicht ideal. Es war deshalb notwendig, einige Sektoren zu disaggregieren und andere zusammenzufassen.
Die Disaggregation betrifft insbesondere die Sektoren Energie/Bergbauprodukte und Chemie/Mineralöl der ursprünglichen I/O-Tabelle. Im Sektor Energie/Bergbauprodukte sind unter anderem sämtliche fossilen Brennstoffe zusammengefaßt, die im ENEAS-Modell als nicht-konkurrierende Importe ausgewiesen werden.[2]
Zusammengefaßt wurden insbesondere die Dienstleistungssektoren der I/O-Tabelle von 1978. Wie in der obigen Sektoraufstellung ersichtlich, werden nur noch zwei Dienstleistungssektoren explizit ausgewiesen, anstelle der ursprünglich zehn Sektoren.
Die I/O-Tabelle von Baden-Württemberg weist keine Aufteilung der Wertschöpfung in Arbeit und Kapital auf. Die Aufteilung erfolgt daher analog den sektoralen Strukturen zwischen Arbeit und Kapital, die sich für die Bundesrepublik ergibt; die Angaben sind der I/O-Tabelle des Statistischen Bundesamtes (Fachserie 18, Reihe 2, 1978) entnommen.

Im ENEAS-Modell wird eine Investitionsverflechtungsmatrix zur Umrechnung der Investitionen nach Bestimmung in die Investitionen nach Herkunft verwendet. Da es für Baden-Württemberg eine solche Tabelle nicht gibt, wird eine Ifo-Tabelle für die Bundesrepublik benutzt.[3]

---

1 Vgl. Münzenmaier (1985,248-253) und (1985a,145-167).

2 Für die Disaggregation dieser und einiger anderer Sektoren und die explizite Berücksichtigung der fossilen Brennstoffe als nicht-konkurrierende Importe wurden vor allem Angaben aus Statistisches Landesamt (1985,44-9) und (1979,73-6) herangezogen. Verwendung fand auch die I/O-Tabelle Baden-Württembergs von 1972, die über eine stärker disaggregierte Sektorstruktur verfügt; vgl. Münzenmaier (1982,67-91).

3 Vgl. Henseler-Unger (1986,163).

Anhang 2: Emissionsfaktoren und Entsorgungskosten

1. Emissionsfaktoren

Die Emissionen von Staub, Schwefeldioxid, Stickoxiden und Kohlendioxid werden zu einem großen Teil durch die Verbrennung von fossilen Brennstoffen bei Produzenten und Konsumenten verursacht. Im ENEAS-Modell werden inputabhängige Emissionsfaktoren zur Berechnung dieser Emissionen verwendet. Die Berechnung von sogenannten Prozessemissionen wird mittels outputabhängiger Emissionsfaktoren durchgeführt.
Im folgenden wird die Differenzierung der im Modell eingesetzten Emissionsfaktoren beschrieben.

a) Die inputabhängigen Emissionsfaktoren für die Schadstoffe SO_2 und NO_x sind der Veröffentlichung Statistisches Landesamt (1984) entnommen. Dabei werden die Emissionsfaktoren nach Emittentengruppen differenziert. Es ist daher auch im ENEAS-Modell für diese zwei Schadstoffe möglich, getrennte Emissionsfaktoren für die Elektrizitätswirtschaft, die Industrie und die privaten Haushalte zu verwenden.
Eine weitere Differenzierung findet für die drei Emittentengruppen jeweils nach den im Modell eingesetzten fossilen Brennstoffen statt. Zusätzlich wird die Verbrennung von Sulfitablauge im Sektor Papier u. Pappe als weitere Emissionsquelle von SO_2 berücksichtigt.

b) Die Emissionsfaktoren für Staub sind der Veröffentlichung Umweltbundesamt (1981,20) entnommen. Auch in diesem Fall sind die in a) beschriebenen Differenzierungen möglich.

c) Emissionsfaktoren für CO_2 waren leider nicht verfügbar. Die CO_2-Emissionsfaktoren mussten daher selbst berechnet werden. Die wesentliche Quelle für die Berechnungen ist Seeliger/ Zimmermeyer (1979,127). Die dort gemachten Angaben beziehen sich auf CO_2-Emissionen aus öffentlichen Kraftwerke, die durch den Einsatz von Steinkohle, schwerem Heizöl und Erdgas entstehen. Für die CO_2-Emissionen wird angenommen, daß bei allen Emittenten die gleichen Emissionsfaktoren anwendbar sind.

d) Im Modell werden Prozeßemissionen der Schadstoffe SO_2 und NO_x berücksichtigt.[1] Die emittierten Schadstoffmengen sind Burkard (1984,336) entnommen. Die Prozeßemissionen werden mittels outputabhängiger Emissionsfaktoren im Modell berücksichtigt.

Eine Schwierigkeit bei der Anwendung von Emissionsfaktoren im ENEAS-Modell sind die unterschiedlichen Dimensionen von Inputmengen im Modell und den Emissionsfaktoren. Die Inputmengen haben die Dimension [DM in Preisen von 1978]. Die Emissionsfaktoren haben dagegen die Dimension [Menge Schadstoff/Menge Input]. Eine Lösung dieses Problems ergibt sich dadurch, daß die Emissionsfaktoren nur dazu verwendet werden, um die Struktur der Emissionsintensitäten der verschiedenen Emittenten und fossilen Brennstoffe festzulegen.
In den Veröffentlichungen Statistisches Landesamt (1984), Umweltbundesamt (1981) und Umweltbundesamt (1986) werden Angaben zu den gesamten Emissionen von Staub, SO_2, NO_x und CO_2 gemacht. Dabei wird ebenfalls nach den Emittentengruppen und den verursachenden fossilen Brennstoffen differenziert. Durch Verwendung dieser absoluten Emissionsmengen ist es möglich, die Höhe der Emissionsfaktoren so anzupassen, daß sich im Modell für das Basisjahr 1978 genau die tatsächlichen Emissionsmengen ergeben. Die so korrigierten Emissionsfaktoren werden im Modell zur Berechnung der Schadstoffemissionen verwendet.

---

1 Die im Modell berücksichtigten Prozeßemissionen von SO_2 beziehen sich auf die Produktion von Aluminium, Zellstoff und Schwefel. Die NO_x-Prozeßemissionen werden durch die Produktion von Zement und Glas verursacht. Diese Emissionen werden im Modell direkt auf die Outputmengen der sie verursachenden Sektoren bezogen.

2. Entsorgungskosten

Die in Kapitel (2.2.2.2) dargestellten Kostenfunktionen für end-of-pipe Entsorgungsanlagen werden im ENEAS-Modell nach Schadstoffen, Sektoren und nach dem Alter der Feuerungsanlagen differenziert. Im folgenden werden die verschiedenen Differenzierungen bei den Entsorgungskosten beschrieben.
Der genaue Verlauf der Entsorgungskostenkurven wird im folgenden beispielhaft dargestellt für die Grenzkosten der Entsorgung von Schwefeldioxid in neuen Feuerungsanlagen in den Industriesektoren.

Abbildung A.2.1: Die Grenzkosten der Entsorgung von Schwefeldioxid in neuen Feuerungsanlagen in den Industriesektoren
(Grenzkosten in [Tausend DM/entsorgte t SO_2])

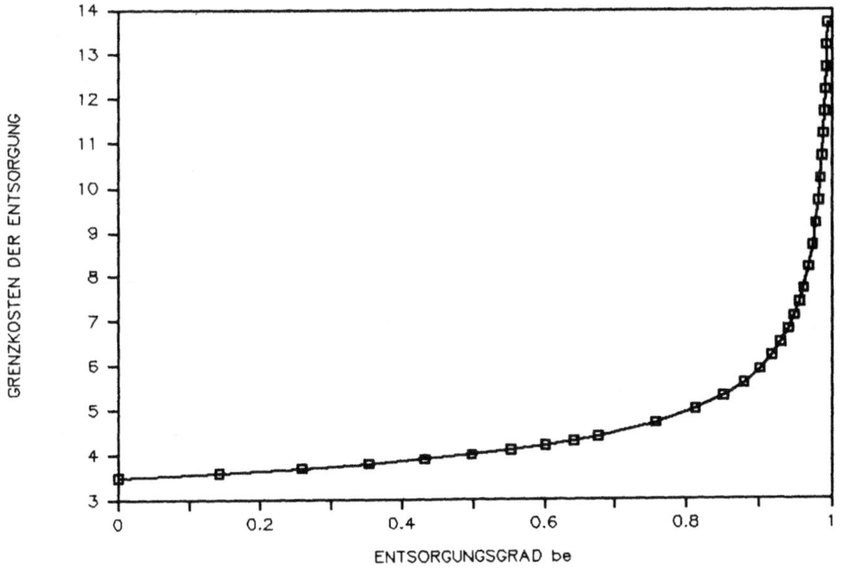

Der ungefähre Verlauf aller anderen Grenzkostenkurven für end-of-pipe Anlagen ist im Modell ähnlich Abbildung A.2.1.
Der wesentliche Unterschied zwischen den einzelnen Kostenverläufen besteht in der Höhe der Mindestkosten für die Entsor-

gung.[2] Diese Mindestkosten werden in Abbildung A.2.1 dargestellt durch die Höhe der Grenzkosten im Schnittpunkt der Grenzkostenkurve mit der Ordinate, also bei be = 0.
Die Unternehmen, die Entsorgung durchführen, müssen zur Durchführung Vorleistungsfaktoren sowie Arbeit und Kapital einsetzen. Die Berechnungen der Mindestkosten erfolgt durch Addition der jeweils notwendigen Kosten für die Inputfaktoren. Im Modell werden die Inputfaktoren für Entsorgung mit den Preisen bewertet, die sich in der jeweiligen Periode aus dem Modell ergeben.

a) Für die Entsorgung des Schadstoffes Staub wird angenommen, daß alle Sektoren, die Entsorgung durchführen, die gleichen Kosten haben. Die Mindestkosten der Entsorgung einer t Staub sind im Modell 365 DM. Dieser Wert beruht auf eigenen Berechnungen, wobei Angaben zu den Kosten der Entsorgung von Staub folgenden Publikationen entnommen sind:
Rentz/Hanicke/Hempelmann (1981,214-226) und Rentz (1979,282).

b) Bei der Entsorgung des Schadstoffes SO_2 mit Rauchgas-Entschwefelungsanlagen ist es aufgrund der Daten möglich, eine Differenzierung der Entsorgungskosten nach den Sektorgruppen Elektrizitätswirtschaft und Industrie[3] vorzunehmen. Die Kosten werden weiterhin danach differenziert, ob es sich um Neuanlagen oder um Retrofitanlagen handelt. Für die Entsorgung einer t SO_2 ergeben sich folgende Mindestkosten:[4]

Elektrizitätswirtschaft:	Neuanlage	3000 DM
	Retrofitanlage	3770 DM
Industrie:	Neuanlage	3500 DM

---

2 Siehe Kapitel (2.2.2.2).

3 Es sind dies die Sektoren 4 bis 9, 13, 15 und 16. Dies sind die gleichen Sektoren, für die angenommen wird, daß sie über die Vorschriften der TA-Luft'86 reguliert werden. Zur Art und Höhe der Regulierung siehe Anhang 4.

4 Vgl. Voß/Reuter (1988,81) und Staatsministerium (1986,135). Angaben zu den Mehrkosten von Retrofit-Anlagen finden sich in Staatsministerium (1983,90).

	Retrofitanlage	4400 DM

Für die Berechnung der Inputfaktoren von Rauchgasentschwefelungs-Anlagen wurden Angaben in Rentz/Hanicke/Hempelmann (1981,270-275), Staatsministerium (1986,75), Staatsministerium (1983,84) und Schärer/Haug (1982,408) verwendet.

b) Bei der Abbildung der Kosten von Rauchgas-Entstickungsmaßnahmen im Modell wird ebenfalls zusätzlich zu der Differenzierung in Elektrizitätswirtschaft und Industrie noch unterschieden, ob es sich um eine neue oder um eine Retrofit Anlage handelt. Es ergeben sich folgende Mindestkosten der Entsorgung einer t NO_x:[5]

Elektrizitätswirtschaft:	Neuanlage	3000 DM
	Retrofitanlage	4200 DM
Industrie:	Neuanlage	7000 DM
	Retrofitanlage	10000 DM

Für die Berechnung der Inputkoeffizienten wurden Angaben aus Staatsministerium (1984,119-120) und Staatsministerium (1986,74-5) verwendet.

Bezüglich der Entsorgung von Stickoxiden werden im ENEAS-Modell auch Primärmaßnahmen berücksichtigt. Primärmaßnahmen verändern die feuerungstechnischen Bedingungen von Feuerungsanlagen wie z. B. die Art der Luftzufuhr.[6] Dadurch ist es möglich, die Entstehung von Stickoxiden während des Verbrennungsprozesses zu vermindern.

Im Modell wird angenommen, daß der Elektrizitätssektor bis zu 60% seiner NO_x-Emissionen durch Primärmaßnahmen beseitigen kann. Dabei entstehen maximal Kosten in Höhe von 1000 DM/t NO_x.

---

5 Vgl. Voß/Reuter(1988,84) und Staatsministerium (1986,145). Die zusätzlichen Kosten von Retrofit-Anlagen sind Staatsministerium (1984,1199 entnommen.

6 Vgl. z. B. Lingg (1989,60).

Die Industriesektoren können ebenfalls 60% ihrer NO_x-Emissionen durch den Einsatz von Primärmaßnahmen vermeiden. Ihre maximalen Kosten betragen 7500 DM/t NO_x.[7] Es wird angenommen, daß die Grenzkosten der Entsorgung bei Primärmaßnahmen direkt proportional zum Entsorgungsgrad sind.
Die folgende Abbildung zeigt beispielhaft den Verlauf der Grenzkostenkurve für die Entsorgung von Stickoxiden unter Einbezug von Primärmaßnahmen.

Abbildung A.2.2: Die Grenzkosten der Entsorgung von Stickoxiden in neuen Feuerungsanlagen im Elektrizitätssektor

(Grenzkosten in [Tausend DM/entsorgte t NO_x])

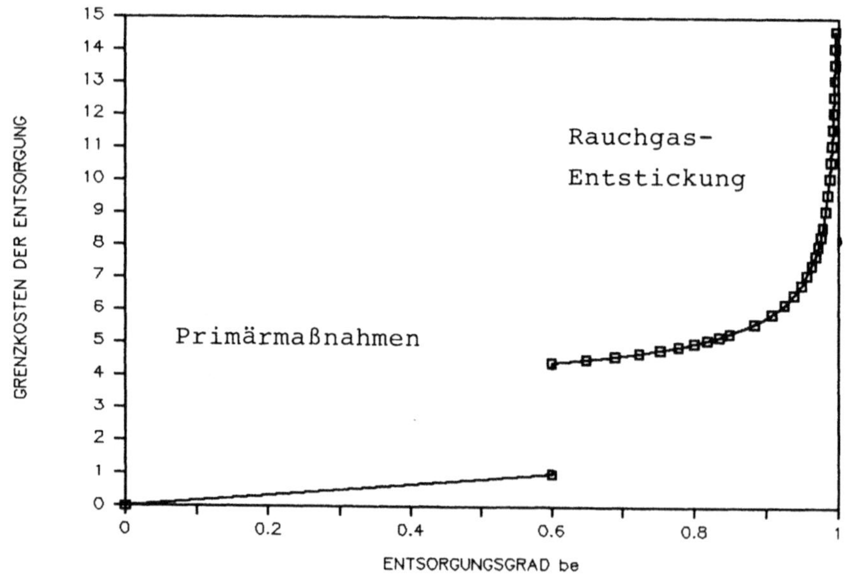

Wie aus der Abbildung zu ersehen ist, wird ein Unternehmen, das Schadstoffe entsorgt, zunächst Primärmaßnahmen anwenden. Ab einem Entsorgungsgrad von 60% müssen allerdings Rauchgas-Entstickungsanlagen verwendet werden.

7 Vgl. bezüglich der Höhe der Kosten für Primärmaßnahmen Voß/Reuter (1988,83-4). Die erreichbaren Entsorgungsgrade sind Staatsministerium (1986,66-8) entnommen.

Anhang 3: Modell-Kalibration im Basisjahr

Kalibration ist eine bei CGE-Modellen übliche Methode der Parameterbestimmung. Die Parameter des Modells werden so festgelegt, daß sich im Basisjahr die vorgegebenen Werte, insbesondere der Input-Output-Tabelle und der volkswirtschaftlichen Gesamtrechnung, für die Volkswirtschaft ergeben.[1] Im folgenden wird beschrieben, wie die Parameter des ENEAS-Modells bestimmt werden.

1. Produktion

Die Verteilungsparameter der sektoralen Produktionsfunktionen (2.7) lassen sich über die Nachfragefunktionen nach den vier Inputs bzw. Inputaggregaten berechnen. Dies wird durch die folgenden Eigenschaften der Produktions- und Kostenfunktionen im Basisjahr vereinfacht:
Im Basisjahr hat der Produktivitätsindex Q(I) für jeden Sektor den Wert Eins. Dies ergibt sich aus Gleichung (2.19), da im Basisjahr gilt: $I = I_0$. Bei der Berechnung der Kostenfunktionen für die Produktionsfunktionen (2.7) kann daher hier davon abgesehen werden, daß der Kapitalstock eigentlich fix ist: die Kostenfunktionen mit fixem und die mit variablem Kapitalstock ergeben im Basisjahr das gleiche Ergebnis.
Im Basisjahr werden alle Preise des Modell auf Eins normiert. Dies ist für das Basisjahr eine übliche Vorgehensweise in CGE-Modellen, um eine Trennung von realen Größen und Preisen durchzuführen.[2]
Unter diesen Annahmen für das Basisjahr ergibt sich beispielhaft für die Nachfragefunktion nach dem Energieaggregat E eines Sektors:

---

[1] Vgl. die ausführliche Darstellung der Methode der Kalibration in Mansur/Whalley (1984) sowie die eigene Bewertung dieser Methode in Kapitel (3.1.1).

[2] Vgl. Whalley (1985,18).

(A.3.1) $E = d_1^{\sigma} \; PX^{\sigma} \; P_E^{-\sigma} \; X$

Für den Verteilungsparameter d_1 gilt nun:

(A.3.2) $d_1 = \left(\frac{E}{X}\right)^{1/\sigma}$

Auf diese Weise lassen sich bei Vorgabe der Substitutionselastizitäten alle Verteilungsparameter der Produktionsfunktionen berechnen.[3] Die Werte für den Output X und die eingesetzten Inputmengen können der Input-Output-Tabelle des Basisjahres entnommen werden.[4]

2. Konsum

Bei den Nachfragefunktionen des privaten Verbrauchs für dauerhafte und nicht-dauerhafte Güter (2.56) und (2.57) müssen für

---

3 Im ENEAS-Modell werden die Werte der Substitutionselastizitäten frei gesetzt. Dabei werden für jeden Sektor die gleichen Werte angenommen. Eine Differenzierung ist allerdings grundsätzlich möglich. Die konkreten Werte sind in Kapitel (2.2.6) angegeben.

4 Die Input-Output-Tabelle für Baden-Württemberg von 1978 zeigt nicht, wie sich die Wertschöpfung der Sektoren auf Arbeit und Kapital aufteilen. Zur Durchführung dieser Aufteilung wurde auf die Input-Output-Tabelle des Statistischen Bundesamtes für die Bundesrepublik zurückgegriffen; siehe Statistisches Bundesamt, Fachserie 18, Reihe 2, 1978.

Die Werte für die sektoralen Kapitalstöcke K sind für Baden-Württemberg nicht in der notwendigen sektoralen Aufteilung verfügbar. Aus Walter (1983) sind sektorale Kapitalstöcke für Baden-Württemberg zu entnehmen, die allerdings die Kapitalstöcke des Verarbeitenden Gewerbes in einem Wert zusammenfassen. Die Aufteilung des gesamten Kapitalstockes für die einzelnen Sektoren des Verarbeitenden Gewerbes wird analog der für die Bundesrepublik gültigen Aufteilung vorgenommen; vgl. Schmidt (1982). Aus Schmidt (1982) sind ebenfalls die sektoralen Abschreibungen entnommen.

Zur Bestimmung der sektoralen Werte der user-cost UC muß ein Wert für den gesamtwirtschaftlichen Zinssatz R vorgegeben werden. Für das Basisjahr gilt R = 0,05. Nach Berechnung der user-cost lassen sich die optimalen Kapitalstöcke errechnen. Danach ist es möglich, die im Basisjahr gültigen sektoralen Werte der flexiblen Akzeleratoren m zu berechnen.

das Basisjahr folgende Werte festgelegt werden: die Werte für den Basiskonsum γ_i (i=1,...,20) und ζ_j (j=1,2,3) sowie die Werte für die Überschuß-Budgetanteile β_i (i=1,...,20) und η_j (j=1,2,3).
Für die Festlegung der Überschuß-Budgetanteile können die Gleichungen (2.49) herangezogen werden: nach Vorgabe der Einkommenselastizitäten für die einzelnen Güter sind die Überschuß-Budgetanteile bestimmt. Die Werte der Einkommenselastizitäten sind vorwiegend aus Schöll (1985,A59-A62) entnommen. Zurückgegriffen wurde auch auf Angaben in Rettig (1983,219). Die Werte der Einkommenselastizitäten beziehen sich auf die Bundesrepublik.
Der Basiskonsum der einzelnen Güter läßt sich nun aus den Nachfragefunktionen im Basisjahr ermitteln. Es muß lediglich noch die Höhe des Einkommensteils spezifiziert werden, der für den Basiskonsum im Basisjahr 1978 ausgegeben wird.
Die Aufteilung der Stromnachfrage für den Betrieb der dauerhaften Konsumgüter ist Zentralverband (1985) entnommen.

3. Übrige Bereiche des Modells

a) Die Anzahl der Arbeitnehmer je Sektor wurden unveröffentlichten Angaben des Statistischen Landesamtes entnommen. Die Höhe der Erwerbspersonen je Jahr sind für die Jahre 1978 bis 1984 den Statistischen Berichten des Statistischen Landesamtes zu Bevölkerung und Erwerbstätigkeit entnommen. Für die Jahre 1985 bis 1996 wurden die Werte so gesetzt, daß sich für den Basislauf sinnvolle Werte der Arbeitslosigkeit ergeben.

b) Die Werte für die Importpreise der Importe aus dem Ausland sind für die Jahre 1978 bis 1985 den Statistischen Jahrbüchern, Index der Einfuhrpreise 22.17, entnommen. Die Höhe des Welthandelsniveaus für die Jahre 1978 bis 1985 findet sich in den Statistischen Jahrbüchern, Internationale Übersichten 8.1.

Anhang 4: Die Berechnung der Entsorgungsgrade für den Basislauf

In der Basissimulation wird Umweltregulierung durch die Vorgabe von Entsorgungsgraden durchgeführt; die Entsorgungsgrade geben den prozentualen Anteil der Schadstoffe an, die entsorgt werden müssen. Die im ENEAS-Modell implementierten Entsorgungsgrade stellen Adaptionen der in der TA-Luft'86 und der GFAVO[1] gesetzlich festgelegten Entsorgungsgrade dar. Im folgenden wird beschrieben, wie die im Modell vorgegebenen Entsorgungsgrade berechnet wurden.

1. Es wird angenommen, daß im Sektor Elektrizitätswirtschaft (2) die Feuerungsanlagen eine Leistung von durchschnittlich mehr als 300 MW aufweisen. Damit gelten für diesen Sektor die Vorschriften der GFAVO für Anlagen von mehr als 300 MW.
Für die Industriesektoren wird angenommen, daß die durchschnittliche Feuerungswärmeleistung zwischen 1 und 50 MW, bzw. für Gas zwischen 10 und 100 MW liegt. Hier finden somit die entsprechenden Vorschriften der TA-Luft'86 Anwendung.[2]

2. Im Modell werden im Bereich der Industrie folgende neun Sektoren durch Emissionsstandards reguliert (Sektornummer in Klammern):[3] Chemie (4), Mineralölerzeugnisse (5), Steine, Erden, Glas (6), Eisen, Gießereien, NE-Metalle (7), Maschinenbau (8),

---

1 GFAVO = Großfeuerungsanlagen-Verordnung = 13. Bundesimmissionsschutz-Verordnung.

2 Diese pauschale Zuordnung von durchschnittlichen Anlagegrößen zu einzelnen Sektoren bzw. Sektorgruppen stellt natürlich eine starke Vereinfachung dar. Aus Meyer-Haitz (1981) wird ersichtlich, daß es im Bereich der Industrie zahlreiche Unternehmen gibt, deren Feuerungsanlagen eine Größe von mehr als 50 MW aufweisen. Diese Feuerungsanlagen unterliegen damit den Vorschriften der GFAVO. Im ENEAS-Modell können jedoch nur Durchschnittswerte für die Anlagegröße innerhalb der Sektoren berücksichtigt werden. Vom Durchschnittswert ausgehend liegt die Anlagegröße jedoch unterhalb von 50 MW, so daß die Vorschriften der TA-Luft'86 Anwendung finden.

3 Es sind dies die gleichen Sektoren von denen im Modell angenommen wird, daß sie Entsorgungsanlagen betreiben können. Siehe dazu Anhang 2, Teil 1.

Fahrzeugbau (9), Papier und Pappe (13), Bekleidung (15), Nahrungsmittel (16).
Die Auswahl dieser Sektoren erfolgt über statistische Angaben über die Größe der sektoralen Feuerungsanlagen und die Menge der verwendeten fossilen Brennstoffe.[4]

3. Die Emissionsstandards, die in der TA-Luft'86 und der GFAVO angegeben werden, liegen in den Einheiten [mg Schadstoff /m^3 Abgas] vor. Für das ENEAS-Modell werden jedoch Entsorgungsgrade, d.h., Angaben zur prozentualen Verminderung der Schadstoffemissionen benötigt.
Die Umrechnung der Emissionsstandards in Entsorgungsgrade erfolgt über Emissionsfaktoren in den Einheiten [mg Schadstoff /m^3 Abgas]. In Umweltbundesamt (1980) werden Emissionsfaktoren in diesen Einheiten angegeben. Sie beziehen sich auf die Emission der jeweiligen Schadstoffe in einer durchschnittlichen Feuerungsanlage vor Durchführung von Entsorgung. Da die gesetzlichen Emissionsstandards die erlaubten Schadstoffemissionen angeben, sind somit die Entsorgungsgrade leicht berechenbar.

4. Die im folgenden angegebenen Entsorgungsgrade beziehen sich nur auf Neuanlagen.[5] Für Altanlagen gelten nach eine Übergangsfrist die gleichen Entsorgungsgrade. Im ENEAS-Modell

---

4 Die Bedeutung des Einsatzes von Feuerungsanlagen für fossile Brennstoffe in den einzelnen Industriesektoren kann näherungsweise erschlossen werden aus den Angaben zum Verbrauch fossiler Brennstoffe in Statistisches Landesamt Baden-Württemberg (1985,44-5) und Statistisches Landesamt (1979,73). Die durchschnittliche Größe der Feuerungsanlagen einiger Sektoren wird in Meyer-Haitz (1981) wiedergegeben. Diejenigen Sektoren, von denen angenommen wird, daß sie weder von der GFAVO noch von der TA-Luft'86 reguliert werden, setzen Feuerungsanlagen überhaupt nicht oder nur in sehr geringem Umfang ein, teilweise vergleichbar privaten Haushalten.

5 Als Neuanlagen werden alle diejenigen Feuerungsanlagen bezeichnet, die nach Inkrafttreten der entsprechenden Umweltschutzgesetze gebaut werden. Entsprechend sind Altanlagen diejenigen Anlagen, die vor Inkrafttreten der Umweltgesetze vollständig oder teilweise gebaut waren.

werden folgende Übergangsfristen angenommen:[6]

Elektrizitätswirtschaft	1984 bis 1988
Industrie	1987 bis 1991

Während der Übergangsfristen werden die Entsorgungsgrade für Altanlagen gleichmäßig um jeweils denselben Prozentsatz erhöht, bis sie den gleichen Wert wie für Neuanlagen haben. Nach der Übergangsperiode bleiben alle Entsorgungsgrade konstant.

Die folgende Übersicht gibt alle im ENEAS-Modell verwendeten Entsorgungsgrade mit ihren jeweiligen Differenzierungen an:

(a) Elektrizitätswirtschaft

Staub	Steinkohle (Altanlagen	98,6% 96,5%)
Schwefeldioxid	Steinkohle	77,7%
	Heizöl, schwer	77,1%
Stickoxide	Steinkohle	76,5%
	Heizöl, schwer	83,0%
	Gas	84,4%

(b) Industriesektoren

Staub	Steinkohle	94,2%
	Heizöl, schwer	20,0%
Schwefeldioxid	Heizöl, schwer	2,9%
Stickoxide	Heizöl, schwer	31,0%

6 Für Altanlagen wird im Regelfall eine Frist von fünf Jahren zur Anpassung an die Emissionsvorschriften für Neuanlagen gewährt. Die Frist beginnt ab dem Inkrafttreten der entsprechenden Umweltvorschriften. Die GFAVO trat Mitte 1983 in Kraft. Im ENEAS-Modell wird angenommen, daß die Anlagenbetreiber ab 1985 beginnen, Entsorgungsanlagen aufzubauen. Die für die Industriesektoren relevante TA-Luft'86 trat Anfang 1986 in Kraft. Im Modell werden Entsorgungsanlagen in den betreffenden Sektoren ab 1988 aufgebaut.

Heizöl, leicht	47,0%
Gas	50,0%

Die folgenden Tabellen geben die für die Berechnung der obigen Entsorgungsgrade notwendigen Angaben zu den Emissionsstandards und den Emissionsfaktoren wieder.

1. Gesetzlich vorgeschriebene Emissionsstandards[7]

a) Elektrizitätssektor

Input	Staub	SO_2	NO_x
Steinkohle	50	400	200
Gas	5	35	100
Heizöl, schwer	50	400	150

b) Industriesektoren

Input	Staub	SO_2	NO_x
Steinkohle	50	2000	500
Gas	5	35	200
Heizöl, schwer	80	1700	450
Heizöl, leicht	80	1700	250

[7] Alle Angaben in [mg Schadstoff/m^3 Abgas]. Quellen: (1) GFAVO für den Elektrizitätssektor, (2) TA-Luft'86 für die Industriesektoren; beide abgedruckt in Feldhaus/Hansel (1986). Für die NO_x-Emissionen zusätzlich Minderung (1984).

2. Emissionsfaktoren[8]

Die oben angegebenen Entsorgungsgrade werden berechnet durch die folgende Formel:[9] (1 - (Emissionsstandard : Emissionsfaktor)).
Der Emissionsfaktor gibt die tatsächlichen Emissionen vor Regulierung an. Im folgenden werden die für die Berechnung der Entsorgungsgrade verwendeten Emissionsfaktoren angegeben.

a) Elektrizitätswirtschaft[10]

Input	Staub	SO_2	NO_x
Steinkohle	3570	1790	850
Gas	0,8	25	640
Heizöl,schwer	45	1750	880

b) Industriesektoren[11]

Input	Staub	SO_2	NO_x
Steinkohle	857	1670	400
Gas	0,8	25	400
Heizöl,schwer	100	1750	650
Heizöl, leicht	8	501	470

---

8 Quelle: Umweltbundesamt (1980,45-78); für Ölfeuerungen 47-54; für Gasfeuerungen 55-61; für Kohlefeuerungen 62-78. Alle Angaben in [mg Schadstoff/m^3 Abgas].

9 Natürlich nur dann, wenn der Emissionsstandard kleiner ist als der entsprechende Emissionsfaktor.

10 Die Angaben beziehen sich auf Feuerungsanlagen mit einer Größe von mehr als 100 GJ/h = 277,78 MW.

11 Die Angaben beziehen sich auf Feuerungsanlagen mit einer Größe von 4 bis 40 GJ/h = 11,1 bis 111,1 MW.
Die Angaben für Stickoxide sind entnommen: Staatsministerium (1986,131).

Literaturverzeichnis

Adelman, Irma and Sherman Robinson (1988), Macroeconomic Adjustment and Income Distribution, Journal of Development Economics 29, 23-44.

Alfsen, K.H. (1989), Environmental Economics Based on General Equilibrium Models: the Norwegian Experience, Discussion Paper, Central Bureau of Statistics of Norway, Oslo.

Armington, Paul S. (1969), A Theory of Demand for Products Distinguished by Place of Production, IMF Staff Papers 16, 159-178.

Arrow, Kenneth J. (1980), Microdata Simulation: Current Status, Problems, Prospects, in R.H. Haveman and K. Hollenbeck (1980), Microeconomic Simulation Models for Public Policy Analysis, New York u.a., 253-265.

Atkinson, Scott E. and Donald H. Lewis (1974), A Cost-Effectiveness Analysis of Alternative Air Quality Control Strategies, Journal of Environmental Economics and Management 1, 237-250.

Atkinson, Scott E. and Donald H. Lewis (1976), Determination and Implementation of Optimal Air Quality Standards, Journal of Environmental Economics and Management 3, 363-380.

Ayres, Robert U. and Allen V. Kneese (1969), Production, Consumption, and Externalities, American Economic Review 59, 282-297.

Baumol, W.J. and W.E. Oates (1971), The Use of Standards and Prices for the Protection of the Environment, Swedish Journal of Economics 73, 42-54.

Bergman, Lars (1988), Energy Policy Modeling: A Survey of General Equilibrium Approaches, Journal of Policy Modeling 10, 377-399.

Bergman, Lars (1990), General Equilibrium Effects of Environmental Policy: a CGE-Approach, Discussion Paper, Stockholm School of Economics, Stockholm.

Bergstrom, Theodore C. (1976) Regulation of Externalities, Journal of Public Economics 5, 131-138.

Berndt, Ernst R., Catherine J. Morrison and G. Campbell Watkins (1981), Dynamic Models of Energy Demand: An Assessment and Comparison, in E.R. Berndt and B.C. Field (1981), Modeling and Measuring Natural Resource Substitution, Cambridge, Mass., 259-289.

Boadway, Robin W. and Neil Bruce (1984), Welfare Economics, Oxford.

Bomsdorf, Eckart (1977), Das verallgemeinerte Input-Output-Modell als Grundlage für Input-Output-Analysen: Theoretische Voraussetzungen und empirische Untersuchungen, Meisenheim am Glan.

Borges, Antonio M. (1986), Applied General Equilibrium Models: An Assessment of their Usefulness for Policy Analysis, OECD Economic Studies No. 7, 7-43.

Börlin, Max (1974), Economic-Environmental Input-Output Models, in OECD (1974), 107-129.

Bös, D., M. Rose und C. Seidl (1988), Welfare and Efficiency in Public Economics, Berlin u.a.

Bovenberg, Lans (1987), The General Equilibrium Approach: Relevant for Public Policy?, in H.M. Kar and B.L. Wolfe (1987), The Relevance of Public Finance for Policy-Making, Detroit, 33-43.

Bower, Blair T. (1975), Studies of Residuals Management in Industry, in Mills (1975), 275-324.

Braat, Leon C. and Wal F.J. van Lierop (1987), Integrated Economic-Environmental Modeling, in Braat/Lierop (1987a), 49-68.

Braat, Leon C. and Wal F.J. van Lierop (1987a), Economic-Ecological Modeling, Amsterdam u.a.

Briassoulis, Helen (1986), Integrated Economic-Environmental-Policy Modeling at the Regional and Multiregional Level: Methodological Characteristics and Issues, Growth and Change 10, 22-34.

Brody, A. and A.P. Carter (1972), Input-Output Techniques, Amsterdam, London.

Brown, Drusilla K. (1989), Market Structure, the Exchange Rate, and Pricing Behavior by Firms: Some Evidence from Computable Equilibrium Trade Models, Weltwirtschaftliches Archiv Bd. 125, 441-463.

Burkard, Reinhard (1984), Zum Emissionspotential der Industrie, Baden-Württemberg in Wort und Zahl 32. Jg, 334-339.

Burkard, Reinhard und Walter Stenius (1989), Verkehrsemissionen am Wendepunkt?, Baden-Württemberg in Wort und Zahl 37.Jg., 76-87.

Conrad, Klaus (1976), Einbeziehung von Umweltbelastung und Entsorgungsleistung in preisabhängige Input-Output Koeffizienten, Jansen/Moeschlin/Rentz (1976), 127-153.

Conrad, Klaus (1977), Energieprojektionen mit einem ökonometrischen Makro- und Input-Output-Modell für die Bundesrepublik Deutschland, in C. König (1977), Energiemodelle für die Bundesrepublik Deutschland, Basel, Stuttgart, 161-190.

Conrad, Klaus (1979), Input-Output-Analyse bei preisabhängigen Koeffizienten, Zeitschrift für die gesamte Staatswissenschaft Bd. 135, 629-656.

Conrad, Klaus (1982), Die Anpassung der Volkswirtschaft beim Übergang zu neuen Energieversorgungssystemen: Die theoretischen Grundlagen eines Energiemodells für die Bundesrepublik Deutschland, in H. Siebert (1982), Reaktionen auf Energiepreissteigerungen, Frankfurt/Main, 1-37.

Conrad, Klaus (1984), Konsumnachfrage, Folgekosten und Kostenpreise, Zeitschrift für Wirtschafts- und Sozialwissenschaften 104. Jg., 251-268.

Conrad, Klaus und Iris Henseler-Unger (1984), Die internationale Wettbewerbsfähigkeit der Bundesrepublik mit und ohne Kernkraftwerke, in H. Siebert (1984), Quantitative Ansätze zur Modellierung des Energiesektors, Frankfurt/Main, 87-119.

Conrad, Klaus und Iris Henseler-Unger (1984a), Der Einfluß alternativer Technologien in der Elektrizitätswirtschaft auf sektorale Preisstrukturen und langfristige Allokation der Produktionsfaktoren, in H. Siebert (1984), Intertemporale Allokation, Frankfurt/Main, 551-579.

Conrad, Klaus und Iris Henseler-Unger (1986), The Economic Impact of Coal Fired versus Nuclear Power Plants - An Application of a General Equilibrium Model -, The Energy Journal 7, 51-63.

Conrad, Klaus und Iris Henseler-Unger (1986a), Applied General Equilibrium Modelling for Longterm Energy Policy in the Fed. Rep. of Germany, Journal of Policy Modelling 8, 531-549.

Conrad, Klaus und Iris Henseler-Unger (1988), Income Tax Reduction and the Quantification of Welfare Gains - An Applied General Eqilibrium Analysis -, in D. Bös, M. Rose, C. Seidl (1988).

Conrad, Klaus und Michael Schröder (1987), Die Effekte einer Rohölpreissenkung auf Produktionsauslastung und Wohlfahrt - Eine Anwendung der temporären Gleichgewichtsanalyse -, Jahrbücher für Nationalökonomie und Statistik 203, 390-407.

Conrad, Klaus und Michael Schröder (1988), Effekte einer Emissionssteuer auf sektorale Produktionsstrukturen am Beispiel Baden-Württembergs, in H. Siebert (1988), 1-32.

Conrad, Klaus und Michael Schröder (1990), An Evaluation of Recent Proposals in Environmental Policy: An Applied General Equilibrium Approach, Discussion Paper No. 412-90, Institut für Volkswirtschaftslehre, Universität Mannheim; erscheint demnächst in einem Sonderband der Schweizerischen Zeitschrift für Volkswirtschaft und Statistik.

Conrad, Klaus und Michael Schröder (1990a), The Control of CO_2 Emissions and its Economic Impact: An AGE Model for a German State, Discussion Paper No. 421-90, Institut für Volkswirtschaftslehre, Universität Mannheim.

Cumberland, John H. and Bruce N. Stram (1973), An Interindustry Approach to Modeling Economic-Environmental Systems, IEEE Transactions on Systems, Man, and Cybernetics, vol. SMC-3, 562-7.

Decaluwé, Bernard and André Martens (1988), CGE Modeling and Developing Economies: A Concise Empirical Survey of 73 Applications to 26 Countries, Journal of Policy Modeling 10, 529-568.

Den Hartog, H. and A. Houweling (1976), Pollution, Pollution Abatement, and the Economic Structure of the Netherlands, in Polenske/Skolka (1976), 389-408.

Diewert, W.E. (1971), An Application of the Shephard Duality Theorem: A Generalized Leontief Production Function, Journal of Political Economy 79, 481-507.

Diewert, W.E. (1974), Intertemporal Consumer Theory and the Demand for Durables, Econometrica 42, 497-516.

Diewert, W.E. (1982), Duality Approaches to Microeconomic Theory, in K.J. Arrow and M.D. Intriligator (1982), Handbook of Mathematical Economics, vol. 2, 535-599.

Dinwiddy, C.L. and F.J. Teal (1988), The Two-Sector General Equilibrium Model, New York.

Economic Commission for Europe (1986), NO_x Task Force: Technologies for Controlling NO_x Emissions from Stationary Sources, Institute for Industrial Production, University of Karlsruhe.

Epstein, Larry G. and Michael G. Denny (1983), The Multivariate Flexible Accelerator Model: Its Empirical Restrictions and an Application to U.S. Manufacturing, Econometrica 51, 647-674.

Førsund, Finn R. (1985), Input-Output Models, National Economic Models, and the Environment, in Kneese/Sweeney (1985), 325-341.

Førsund, Finn R. and Steinar Strøm (1976), The Generation of Residual Flows in Norway: An Input-Output Approach, Journal of Environmental Economics and Management 3, 128-141.

Faber, Malte, Horst Niemes und Gunter Stephan (1983), Umweltschutz und Input-Output-Analyse, Tübingen.

Feldhaus, Gerhard und Horst D. Hansel (1986), Bundesimmissionsschutzgesetz, Wiesbaden.

Forster, Bruce A. (1984), The Backward Incidence of Pollution Control: A Dual Approach, Journal of Environmental Economics and Management 11, 14-17.

Freeman, A. Myrick III (1985), Methods for Assessing the Benefits of Environmental Programs, in Kneese/Sweeney (1985), 223-270.

Gass, Saul I. (1983), Decision-Aiding Models: Validation, Assessment, and Related Issues for Policy Analysis, Operations Research vol. 31, 603-631.

Giarratani, Frank (1975), Air Pollution Abatement and Manpower Requirements: A Regional Input-Output Analysis, The Annals of Regional Science 9, 83-90.

Ginsburgh, Victor A. and Jean L. Waelbroeck (1981), Activity Analysis and General Equilibrium Modelling, Amsterdam, New York, Oxford.

Grandmont, Jean-Michel (1982), Temporary General Equilibrium Theory, in K.J. Arrow and M.D. Intriligator (1982), Handbook of Mathematical Economics vol.2, Chapter 19.

Gronych, Ralf (1980), Allokationseffekte und Außenhandelswirkungen der Umweltpolitik, Tübingen.

Haasis, Hans-Dietrich (1987), Entwicklung und Analyse von Emissionsminderungsstrategien mittels eines optimierenden Energie-Umwelt-Modells, Dissertation, Universität Karlsruhe (TH).

Haasis, Hans-Dietrich und Otto Rentz (1988), Entwicklung von techno-ökonomischen Strategien zur Minderung der anthropogen freigesetzten Stoffe Schwefeldioxid und Stickoxide in Baden-Württemberg mittels des Energiemodells Message, Zeitschrift für Umweltpolitik und Umweltrecht 2/88, 11. Jg., 169-182.

Hafkamp, Wilhelmus A. (1984), Economic-Environmental Modeling in a National-Regional System, Amsterdam u.a.

Harris, Richard (1985), Applied General Equilibrium Analysis of Small Open Economies with Scale Economies and Imperfect Competition, American Economic Review 74, 1016-1032.

Henseler-Unger, Iris (1986), Ein dynamisches Modell des allgemeinen Gleichgewichts als Energiemodell für die Bundesrepublik Deutschland, Frankfurt/Main.

Highton, Nicolas H. and Michael G. Webb (1981), Pollution Abatement Costs in the Electricity Supply Industry in England and Wales, Journal of Industrial Economics 30, 49-65.

Highton, Nicolas H. and Michael G. Webb (1984), The Effects on Electricity Prices in England and Wales of Notional Sulphur Dioxide Emission Standards for Power Stations, Journal of Environmental Economics and Management 11, 70-83.

Hildebrandt, T. (1982), Die Wechselwirkungen zwischen Energiewirtschaft und Gesamtwirtschaft. Analysen mit einem disaggregierten Simulationsmodell, Angewandte Systemanalyse Nr.31, Kernforschungsanlage Jülich.

House, Peter W. and John McLeod (1977), Large-Scale Models for Policy Evaluation, New York u.a.

House, Peter W. and Richard H. Ball (1980), Validation: A Modern Day Snipe Hunt? Conceptual Difficulties of Validating Models, in Saul I. Gass (1980), Validation and Assessment Issues of Energy Models, Proceedings of a Workshop, NBS Special Publication 564, Washington D.C., 153-165.

Hudson, Edward A. and Dale W. Jorgenson (1974), U.S. Energy Policy and Economic Growth, 1975-2000, Bell Journal of Economics and Management Science 5, 461-514.

Ikeda, S. (1987), Economic-Ecological Models in Regional Total Systems, in Braat/Lierop (1987a), 185-202.

James, D.E., H.M.A. Jansen and J.B. Opschoor (1978), Economic Approaches to Environmental Problems: Techniques and Results of Empirical Analysis, Amsterdam, Oxford, New York.

James, David (1985), Environmental Economics, Industrial Process Models, and Regional-Residuals Management Models, in Kneese/Sweeney (1985), 271-324.

Jansen, Peter-Jörg, Otto Moeschlin und Otto Rentz (1976), Quantitative Modelle für ökonomisch-ökologische Analysen, Meisenheim am Glan.

Jorgenson, Dale W. (1984), Econometric Methods for Applied General Equilibrium Analysis, in Scarf/Shoven (1984), 139-203.

Jorgenson, Dale W. and Peter J. Wilcoxen (1989), Environmental Regulation and U.S. Economic Growth, Discussion Paper No. 1458, Harvard Institute of Economic Research, Harvard University, Cambridge, Mass.

Keepin, Bill (1986), Review of Global Energy and Carbon Dioxide Projections, Annual Review of Energy 11, 357-92.

Kehoe, Timothy J. and Jaime Serra-Puche (1983), A Computational General Equilibrium Model with Endogenous Unemployment, Journal of Public Economics 22, 1-26.

Kemper, Manfred (1989), Das Umweltproblem in der Marktwirtschaft, Berlin.

Ketkar, Kusum W. (1983), Pollution Control and Inputs to Production, Journal of Environmental Economics and Management 10, 50-59.

Kneese, A.V. and B.T. Blair (1972), Environmental Quality Analysis: Theory and Method in the Social Sciences, Baltimore, London.

Kneese, A.V. and J.L. Sweeney (1985), Handbook of Natural Resource and Energy Economics, vol. 1, Amsterdam, New York, Oxford.

Kohn, Robert E. (1975), Input-Output Analysis and Air Pollution Control, in Mills (1975), 239-272.

Kokoski, Mary F. and V. Kerry Smith (1987), A General Equilibrium Analysis of Partial-Equilibrium Welfare Measures: The Case of Climate Change, American Economic Review 77, 331-341.

Korbach, Robert (1973), A Regional Environmental Input-Output Model, Ph.D. thesis, University of Maryland.

Lakshmanan, T.R. (1985), National and Regional Models for Economic Assessment of Energy Projects, in Lakshmanan/Johansson (1985), 187-214.

Lakshmanan, T.R. and B. Johansson (1985), Large-Scale Energy Projects: Assessment of Regional Consequences, Amsterdam u.a.

Lee, Kwang-Soo (1982), A Generalized Input-Output Model of an Economy with Environmental Protection, Review of Economics and Statistics 64, 466-473.

Lehbert, Berndt (1972), Die volkswirtschaftlichen Kosten des Umweltschutzes, Weltwirtschaftliches Archiv 108, 298-317.

Leontief, Wassily (1970), Environmental Repercussions and the Economic Structure: an Input-Output Approach, Review of Economics and Statistics 52, 262-271.

Leontief, Wassily and Daniel Ford (1972), Air Pollution and the Economic Structure: Empirical Results of Input-Output Computations, in Brody/Carter (1972), 9-30.

Lesch, Karl und Wilfried Bach (1989), Reduktion des Kohlendioxids, Energie 41, 30-40.

Lesuis, Piet, Frederik Muller and Peter Nijkamp (1980), An Interregional Policy Model for Energy-Economic-Environmental Interactions, Regional Science and Urban Economics 10, 343-370.

Liew, Chung Ja (1984), Pollution-Related Variable Input-Output Model: The Tulsa SMSA as a Case Study, Journal of Urban Economics 15, 327-349.

Lingg, Christian (1989), Mikroökonomische Kosten:Wirksamkeits-Analysen für Instrumente der Luftreinhaltepolitik, Frankfurt/Main.

Lucas, Robert E. (1967), Optimal Investment Policy and the Flexible Accelerator, International Economic Review 8, 78-85.

Mäler, Karl-Göran (1974), Environmental Economics: A Theoretical Inquiry, Baltimore, London.

Mäler, Karl-Göran (1985), Welfare Economics and the Environment, in Kneese/Sweeney (1985), 3-60.

Maloney, Michael T. and Bruce Yandle (1984), Estimation of the Cost of Air Pollution Control Regulation, Journal of Environmental Economics and Management 11, 244-263.

Manne, Alan S. (1985), Economic Equilibrium: Model Formulation and Solution (Mathematical Programming Study 23), Amsterdam, New York, Oxford.

Manne, Alan S. (1990), Global 2100: An Almost Consistent Model of CO_2 Emission Limits, Discussion Paper, Stanford University, Stanford.

Mansur, Ahsan and John Whalley (1984), Numerical Specification of Applied General Equilibrium Models: Estimation, Calibration, and Data, in Scarf/Shoven (1984), 69-127.

Martin, Anton F. (1982), Techno-Ökonomie von Wirbelschichtfeuerung, Berlin.

Meyer-Haitz, Doris (1981), Die industrielle Kraftwirtschaft in den siebziger Jahren, Baden-Württemberg in Wort und Zahl 29. Jg., 2-7.

Mills, Edwin (1975), Economic Analysis of Environmental Problems, New York.

Minderung (1984), Minderung der Stickoxidemissionen aus Großfeuerungsanlagen, Umwelt Nr. 102, 27-8.

Montgomery, W. David (1972), Markets in Licenses and Efficient Pollution Control Programs, Journal of Economic Theory 5, 395-418.

Morrison, Catherine J. (1988), Capacity Utilization and Productivity Measurement: An Application to the U.S. Automobile Industry, in Ali Dogramaci, Rolf Färe (1988), Applications of Modern Production Theory, Boston u.a., 163-193.

Muller, Frederik (1979), Energy and Environment in Interregional Input-Output Models, Boston u.a.

Münzenmaier, Werner (1981), Ökonomische Aspekte des Umweltschutzes, Teil 2, Baden-Württemberg in Wort und Zahl, 29.Jg., 168-174.

Nickell, S.J. (1978), The Investment Decision of Firms, Cambridge.

Nijkamp, Peter (1980), Environmental Policy Analysis, Chichester u.a.

Nordhaus, William D. and Gary W. Yohe (1983), Future Carbon Dioxide Emissions from Fossil Fuels, in Changing Climate (1983), (Report of the Carbon Dioxide Assessment Commitee), Washington D.C., 87-153.

Norton, Roger D. and Pasquale L. Scandizzo (1981), Market Equilibrium Computations in Activity Analysis Models, Operations Research 29, 243-262.

OECD (1974), Energy and Environment, Paris.

Page, B. (1983), Der Gültigkeitsnachweis von komplexen Simulationsmodellen, Angewandte Informatik 4/83, 149-157.

Page, Talbot and John Ferejohn (1974), Externalities as Commodities: Comment, American Economic Review 64, 454-459.

Parvin, Manoucher and Gus W. Grammas (1976), Optimization Models for Environmental Pollution Control: A Synthesis, Journal of Environmental Economics and Management 3, 113-128.

Pasurka, Carl A. (1984), The Short-Term Impact of Environmental Protection Costs on U.S. Product Prices, Journal of Environmental Economics and Management 11, 380-390.

Patzak, Richard und Ulrich Schöler (1980), Umweltschutzinvestitionen in der Energiewirtschaft und deren gesamtwirtschaftliche Auswirkungen, Zeitschrift für Energiewirtschaft 2/80, 4. Jg., 95-107.

Pereira, Alfredo M. and John B. Shoven (1988), Survey of Dynamic Computational General Equilibrium Models for Tax Policy Evaluation, Journal of Policy Modeling 10, 401-436.

Pethig, Rüdiger (1977), Die gesamtwirtschaftlichen Kosten der Umweltpolitik, Zeitschrift für die gesamte Staatswissenschaft Bd. 133, 322-342.

Phillips, Robert L. (1985), Computing Solutions to Generalized Equilibrium Models by Successive Under-Relaxation, in Manne (1985), 192-209.

Piggott, John and John Whalley (1985), New Developments in Applied General Equilibrium Analysis, Cambridge u.a.

Polenske, Karen and Jiri Skolka (1976), Advances in Input-Output Analysis, Cambridge, Mass.

Rentz, Otto (1976), Ökologische Input-Output-Modelle und Umwelttechnik, in Jansen/Moeschlin/Rentz (1976), 208-231.

Rentz, Otto (1979), Techno-Ökonomie betrieblicher Emissionsminderungsmaßnahmen, Berlin.

Rentz, O, Th. Hanicke und R. Hempelmann (1981), Einbeziehung der Umweltbelastung in Energiemodelle vom MESSAGE-Typ, Karlsruhe.

Rettig, Rudi (1983), Ein vollständiges Nachfragesystem für den Privaten Verbrauch, Zeitschrift für Wirtschafts- und Sozialwissenschaften 103, 205-224.

Ruff, Larry E. (1972), A Note on Pollution Prices in a General Equilibrium Model, American Economic Review 62, 186-192.

Russell, Clifford S. and Walter O. Spofford (1972), A Quantitative Framework for Residuals Management Decisions, in Kneese/Bower (1972), 115-179.

Russell, Clifford S. and William J. Vaughan (1974), A Linear Programming Model of Residuals Management for Integrated Iron and Steel Production, Journal of Environmental Economics and Management 1, 17-42.

Scarf, Herbert E. and John B. Shoven (1984), Applied General Equilibrium Analysis, Cambridge u.a.

Schäfer, Dieter und Carsten Stahmer (1989), Input-Output-Modelle zur gesamtwirtschaftlichen Analyse von Umweltschutzaktivitäten, Zeitschrift für Umweltpolitik und Umweltrecht 2/89, 12. Jg., 127-158.

Schärer, Bernd und Norbert Haug (1982), Zur Wirtschaftlichkeit der Abgasentschwefelung: Maßnahmen, Kosten, Wirksamkeit, Staub - Reinhaltung der Luft 42, 406-410.

Schmidt, Joachim (1982), Das Anlagevermögen für die Bundesrepublik Deutschland 1960 bis 1978, RWI-Papiere Nr. 17, Essen.

Schöll, Wolfgang (1985), Konsumentenverhalten in der Bundesrepublik Deutschland 1958 bis 1982, Thun u.a.

Schumann, Jochen (1968), Input-Output-Analyse, Berlin, Heidelberg, New York.

Seeliger, Jochen und Günter Zimmermeyer (1979), Energiepolitik und das CO_2-Problem, Umwelt 2/79, 126-9.

Seskin, Eugene P., Robert J. Anderson and Robert O. Reid (1983), An Empirical Analysis of Economic Strategies for Controlling Air Pollution, Journal of Environmental Economics and Management 10, 112-124.

Shannon, Robert E. (1975), Systems Simulation, New Jersey.

Shortle, James S. and Keith D. Willett (1986), The Incidence of Water Pollution Control Costs: Partial vs. General Equilibrium Computations, Growth and Change 17,32-43.

Shoven, John B. and John Whalley (1984), Applied General-Equilibrium Models of Taxation and International Trade: An Introduction and Survey, Journal of Economic Literature 22, 1007-1051.

Siebert, Horst (1976), Analyse der Instrumente der Umweltpolitik, Göttingen.

Siebert, Horst (1987), Economics of the Environment, 2nd edition, Berlin u.a.

Siebert, Horst (1988), Umweltschutz für Luft und Wasser, Berlin u.a.

Sprenger, Rolf-Ulrich (1989), Beschäftigungswirkungen der Umweltpolitik, Berlin.

Staatsministerium Baden-Württemberg (1983), Energiebedarf-Umwelt-Kraftwerksbetrieb, Stuttgart.

Staatsministerium Baden-Württemberg (1984), Minderung von Stickoxidemissionen aus Kohlekraftwerken in Baden-Württemberg, Stuttgart.

Staatsministerium Baden-Württemberg (1986), Wirtschaftliche Entwicklung-Umwelt-Industrielle Produktion, Stuttgart.

Stähler, Frank (1988), Der Erklärungswert von Weltenergieszenarien zur Abschätzung zukünftiger CO_2-Emissionen, Zeitschrift für Energiewirtschaft 12.Jg., 273-284.

Statistisches Landesamt Baden-Württemberg (1979), Bergbau und Verarbeitendes Gewerbe 1977 und 1978, Reihe: Statistik von Baden-Württemberg Bd. 264, Stuttgart.

Statistisches Landesamt Baden-Württemberg (1979a), Daten zur Umwelt, Reihe: Statistik von Baden-Württemberg Bd. 321, Stuttgart.

Statistisches Landesamt Baden-Württemberg (1984), Emissionen und Immissionen von Schwefeldioxid und Stickoxid 1982, Reihe: Statistische Berichte, Umwelt.

Statistisches Landesamt Baden-Württemberg (1985), Energiebilanzen 1973 bis 1983, Reihe: Statistik von Baden-Württemberg Bd. 343, Stuttgart.

Steenge, Albert E. (1978), Environmental Repercussions and the Economic Structure: Further Comments, Review of Economics and Statistics 60, 482-486.

Stephan, Gunter (1989), Pollution Control, Economic Adjustment and Long-Run Equilibrium, Berlin u.a.

StromDISKUSSION (1989), Weltklima in Gefahr?, Hrsg.: IZE, Frankfurt/Main.

Thomas, Vinod (1980), Welfare Cost of Pollution Control, Journal of Environmental Economics and Management 7, 90-102.

Thoss, Rainer (1976), A Generalized Input-Output Model for Residuals Management, in Polenske/Skolka (1976), 411-430.

Tietenberg, T.H. (1973), Controlling Pollution by Price and Standard Systems: A General Equilibrium Analysis, The Swedish Journal of Economics 75, 193-203.

Tietenberg, T.H. (1973a), Specific Taxes and the Control of Pollution: A General Equilibrium Analysis, The Quarterly Journal of Economics 87, 503-522.

Tietenberg, T.H. (1974), Derived Decision Rules for Pollution Control in a General Equilibrium Space Economy, Journal of Environmental Economics and Management 1, 3-16.

Tietenberg, T.H. (1974a), On Taxation and the Control of Externalities: Comment, American Economic Review 64, 462-466.

Treadway, Arthur B. (1970), Adjustment Costs and Variable Inputs in the Theory of the Competitive Firm, Journal of Economic Theory 2, 329-347.

Umweltbundesamt (1980), Emissionsfaktoren für Luftverunreinigungen, Berlin.

Umweltbundesamt (1981), Luftreinhaltung '81, Berlin.

Umweltbundesamt (1986), Daten zur Umwelt 1986/87, Berlin.

Varian, Hal R. (1984), Microeconomic Analysis, 2nd edition, New York, London.

Voß, A. und A. Reuter (1988), Kosten-Effektivitäts-Analysen als Grundlage praktischer Umweltpolitik, in Siebert (1988), 71-92.

Waelbroeck, Jean (1986), Some Pitfalls in Applied General Equilibrium Modelling, CORE Discussion Paper No. 8640, Université Catholique de Louvain, Belgium.

Walfridson, Bo (1987), Dynamic Models of Factor Demand: An Application to Swedish Industry, Dissertation, Universität Göteborg.

Walter, Ilse (1983), Struktur und Altersaufbau des Anlagevermögens, Baden-Württemberg in Wort und Zahl 31. Jg, 332-341.

Welsch, Heinz (1989), Kosten der SO_2-Minderung unter alternativen umweltpolitischen Strategien: Ergebnisse eines Simulationsmodells des westeuropäischen Kraftwerkssektors, Zeitschrift für Energiewirtschaft 1/89, 13. Jg., 51-59.

Whalley, John (1985), Operationalizing Walras: Experience with Recent Applied General Equilibrium Tax Models, Working Paper No. 8534C, Department of Economics, University of Western Ontario, Canada.

Whalley, John (1986), What Have We Learned from General Equilibrium Tax Policy Models?, Working Paper No. 8625C, Department of Economics, University of Western Ontario, Canada.

Whalley, J. and R. Wigle (1989), Cutting CO_2 Emissions: the Effects of Alternative Policy Approaches, Discussion Paper, University of Western Ontario, London, Canada.

Wiegard, Wolfgang (1983), Regulierung der Umweltverschmutzung durch Emissions- und Produktsteuern, in Eberhard Wille (1983), Beiträge zur gesamtwirtschaftlichen Allokation, Frankfurt/Main, Bern, New York, 205-236.

Wiegard, Wolfgang (1985), Empirische Allgemeine Gleichgewichtsanalyse: Von der Theorie zur Empirie, List Forum Bd. 13, 159-176.

Wiegard, Wolfgang (1985a), Die Algorithmen von Scarf und Merrill zur numerischen Berechnung allgemeiner Gleichgewichte, Zeitschrift für Wirtschafts- und Sozialwissenschaften 105.Jg., 709-741.

Wiegard, Wolfgang (1988), An Introduction to Applied General Equilibrium Tax Modelling, in D. Bös, M. Rose und C. Seidl (1988), 167-203.

Willett, Keith D. (1985), Environmental Quality Standards: a General Equilibrium Analysis, Managerial and Decision Economics 6, 41-49.

Yan, C.S., A.M. Chung, E.C. Koziara and A.G. Verzilli (1975), Air Pollution Control Costs and Consumption Pattern Effects: a Regional Analysis, Journal of Environmental Economics and Management 2, 60-68.

Yohe, Gary W. (1979), The Backward Incidence of Pollution Control - Some Comparative Statics in General Equilibrium, Journal of Environmental Economics and Management 6, 187-198.

Yu, Eden S. and Charles A. Ingene (1982), The Backward Incidence of Pollution Control in a Rigid-Wage Economy, Journal of Environmental Economics and Management 9, 304-310.

Zentralverband Elektrotechnik- und Elektronikindustrie (1988), Energiebericht der Elektroindustrie, Frankfurt/Main.

GPSR Compliance

The European Union's (EU) General Product Safety Regulation (GPSR) is a set of rules that requires consumer products to be safe and our obligations to ensure this.

If you have any concerns about our products, you can contact us on ProductSafety@springernature.com

In case Publisher is established outside the EU, the EU authorized representative is:

Springer Nature Customer Service Center GmbH
Europaplatz 3
69115 Heidelberg, Germany

Batch number: 10816188

Printed by Printforce, the Netherlands